HEYNE <

Dan Millman

Mit friedvollem Herzen und dem Geist eines Kriegers

Auf der Suche nach dem guten Leben

Aus dem Amerikanischen übersetzt
von Juliane Molitor

WILHELM HEYNE VERLAG
MÜNCHEN

Die Originalausgabe erschien 2022 unter dem Titel *Peaceful Heart, Warrior Spirit. The True Story of my Spiritual Quest*
bei New World Library, Novato, California, einem Imprint von
Simon & Schuster, Inc., New York, USA.

MIX
Papier | Fördert gute Waldnutzung
FSC® C083411
FSC
www.fsc.org

Verlagsgruppe Penguin Random House FSC® N001967

Erste Auflage 2023

Covergestaltung: Guter Punkt, München, nach einer Designvorlage
von © Bruce Oliver / *the*BookDesigners
Covermotiv: © Shutterstock.com
Satz: Satzwerk Huber, Germering
Druck und Bindung: CPI books GmbH, Leck
Printed in the EU
ISBN 978-3-453-70463-3

www.heyne.de

Gewidmet
meiner persönlichen Familie,
meiner erweiterten Familie
und meiner spirituellen Familie.
Möge diese Spur aus Brotkrumen euch helfen,
euren eigenen Weg zu finden.

Mögen die Sterne euch führen
durch den dunklen und mit Sonnenflecken gesprenkelten Wald,
auf gewundenen Pfaden der Leidenschaft.
Mögt ihr aus euren Wanderungen lernen …
so dass ihr stärker und weiser zurückkehrt,
ins Hier und Jetzt, wo ihr euch zuhause fühlt.

Agnieszka Rajczak

Inhalt

Dritter Teil:
Lehren und Lernen im neuen Jahrtausend 253

Vorwort

Ein unerwartetes Leben

Nicht jeder, der wandert, verirrt sich.

J. R. R. TOLKIEN

Ich möchte Ihnen eine wahre Geschichte erzählen. Vor langer Zeit habe ich mich auf die Suche nach Sinn in der modernen Welt gemacht. In den folgenden Jahren habe ich mich von einem jungen Sportler zu einem älteren Lehrer für praktische (einige nennen es auch spirituelle) Lebenskompetenz entwickelt. Die Ereignisse haben sich so entfaltet, wie ich sie beschreibe – nicht metaphorisch oder in einer parallelen Dimension, sondern in der stürmischen Arena des Alltags.

Seit mittlerweile Jahrzehnten beschreibe ich in meinen Büchern und Vorträgen, wie man das Leben mit einem friedvollen Herzen und einem Kriegergeist angehen kann. Dieser offene Weg, der jedem zugänglich ist, wurde gebahnt in jahrzehntelangem Training in Turnen und Kampfkunst und mithilfe spiritueller Führer, die ich unterwegs kennengelernt habe. Einsicht kam erst nach einer langen Vorbereitungszeit, nach vielen Kurskorrekturen und demütigenden Weckrufen.

Ich bin zwar von vielen Autoren und Vorbildern inspiriert worden, aber vier Mentoren hatten den größten Einfluss auf mein Leben und meine Arbeit. Ich werde sie im zweiten Teil dieses Buches namentlich nennen, aber hier beziehe ich mich auf die archetypischen Rollen, die sie bei unseren Begegnungen gespielt haben.

Der Professor: Ein bolivianischer Wissenschaftler und Mystiker, der eine Schule gründete, auf deren Lehrplan ein Erbe spiritueller Übungen aus vielen Traditionen stand, die schrittweise zur Erleuchtung führen.

Der Guru: Ein in Amerika geborener spiritueller Meister, dessen radikale Lehren über bereits bestehende Techniken hinausgingen, dessen späteres Verhalten mir jedoch Lektionen ganz anderer Art erteilte.

Der Kriegerpriester: Ein Kampfkünstler, Metaphysiker, Heiler und charismatisches spirituelles Schlitzohr mit der Fähigkeit, Seelen zu retten und mir Türen zu meiner künftigen Karriere und Berufung zu öffnen.

Der Weise: Ein Fan der Wirklichkeit, dessen paradoxe Lehre – einfach und vielschichtig, praktisch und idealistisch zugleich – eine neue Klarheit bewirkte, die im bewussten Handeln im gegenwärtigen Moment wurzelt.

Meine ersten beiden Mentoren, der Professor und der Guru, inspirierten mich, *Der Pfad des friedvollen Kriegers* zu schreiben, während der Kriegerpriester und der Weise alles Folgende beeinflussten. Jeder von ihnen hatte seine eigenen Begabungen und blinden Flecken. Sie erschienen in einem ganzen Feld mit anderen Lehrern, Gurus und spirituellen Autoritäten, einige wohlwollend, andere gefährlich oder verblendet. Es war nicht immer einfach, den einen Typ vom anderen zu unterscheiden. Die

Umstände, die mich zu jedem Mentor hingezogen haben, und warum ich schließlich weitergezogen bin, bilden den Kern meiner Geschichte.

Manche Leser fragen jetzt vielleicht: Was ist mit deinem Lehrer Socrates? Ist er einer der vier Mentoren? Wenn nicht, warum ist er keiner der vier? Diese Frage ist verständlich, weil sich in der Friedvoller-Krieger-Saga meines ersten Buchs Autobiografie und Fiktion vermischen und gerade genug Mehrdeutigkeit bleibt, um dem alten Weisen von der Tankstelle, den ich Socrates nannte, einen Hauch von Mysterium zu verleihen.

Um diese Mehrdeutigkeit aufzulösen, hier eine kleine Offenbarung: *Ich bin Socrates.* Das heißt, die literarische Figur, die ich nach dem alten Griechen benannt habe, ist eine Projektion meiner eigenen Psyche. Ich war nicht Socs Schüler, sondern vielmehr sein Schöpfer. Als meine Muse half er mir bei seiner eigenen Schöpfung. Unsere Dialoge waren aber keine erinnerten Gespräche. Sie flossen aus mir heraus, während ich sie schrieb. Mein Roman *Socrates. Der friedvolle Krieger* von 2007 vermittelt das imaginäre Leben dieser literarischen Figur und die Erfahrungen, die ihren Geist geformt haben.

Anders ausgedrückt: *Socrates ist real. Dan Millman ist eine fiktive Figur.* Diejenigen unter meinen Lesern und Seminarteilnehmern, die sich einen Lehrer wie Socrates wünschten, hatten ihn die ganze Zeit. So wie der junge Artus, der Merlin hatte, wie Frodo, der Gandalf hatte, wie Luke Skywalker, der Yoda hatte, wie Daniel-san, der Mr. Miyagi hatte, und wie Carlos Castaneda, der Don Juan Matus hatte – Mentoren und Schüler aus Leben und Legende –, so hatte ich meinen Socrates. Seine Lehren wurden aus den Erfahrungen geboren, die ich in den folgenden Kapiteln beschreiben werde.

Ein Memoirenschreiber mag noch so akribisch sein – er bleibt doch ein unzuverlässiger Erzähler und seine Erinnerung an die eigene Vergangenheit ein Flickenteppich, weil sie durch persönliche Filter und Vorurteile läuft. Als Protagonist meines eigenen Lebens wäre es für mich ein Leichtes, ein Selbstporträt in Farben zu malen, die im Laufe der Zeit immer rosiger, geistreicher oder bedeutungsvoller erscheinen. Doch habe ich alle Ereignisse so genau wie möglich erzählt und meine eigenen Erinnerungen mit denen von Freunden und Familienmitgliedern verglichen. Ich hoffe, dass Authentizität und Offenheit sämtliche Mängel kompensieren. Was folgt, ist die Geschichte einer transformativen Suche und musste bis jetzt warten, um erzählt zu werden.

»Jetzt« ist schon immer meine Lieblingszeit gewesen. Und die folgende Geschichte ist zwar meine, aber der Weg gehört uns allen.

DAN MILLMAN, SOMMER 2021

Schlüsselbegriffe

SPIRITUALITÄT

Das, was inspiriert und erhebt.

Manche, wie ich, fangen gerade erst an,
eine Ahnung von der mächtigen Religion des
ganz gewöhnlichen Lebens zu bekommen –
von einer Spiritualität der frisch gewischten Böden,
des Geschirrs, das sich stapelt, und von der Wäsche,
die auf der Leine hängt und im Wind weht.

ADAIR LARA

WEISHEIT

Perspektive. Realitätssinn. Verstehen.

Wissen spricht,
aber Weisheit hört zu.

JIMI HENDRIX

ERLEUCHTUNG

Erwachen zur Wirklichkeit.
Eine Erkenntnis. Eine Übung.

Man wird nicht dadurch erleuchtet,
dass man sich Lichtgestalten vorstellt,
sondern durch Bewusstmachung der Dunkelheit.
Letzteres ist jedoch unangenehm
und daher nicht sehr populär.

Carl Gustav Jung

GOTT

Alles, was ist.

Wohin ihr euch auch immer wendet,
dort ist Gottes Angesicht.

Mohammed

Erster Teil

Grundlagen

Wir erinnern uns nicht an Tage,
sondern an Momente.

CESARE PAVESE

Erfahrung mag der beste Lehrer sein, aber wann machen wir die ersten prägenden Erfahrungen – bei der Geburt, bei der Empfängnis oder, wie manche Weisen behaupten, in früheren Leben? Wie auch immer die Antwort lautet, wir können uns wohl darauf einigen, dass unser erwachsenes Selbst aus den Samen unserer Kindheit erwächst.

Die Momente meiner eigenen Kindheit haben den Grundstein für alles gelegt, was dann folgte. Für mich war es eine faszinierende Übung, Ereignisse aus meiner Jugend zu überdenken, die sowohl unerwartet als auch irgendwie unvermeidlich waren. Mein Leben und meine Karriere als Lehrer und Autor ergeben erst in der Rückschau einen Sinn.

In diesem ersten Teil des Buches lege ich meine Karten alle auf den Tisch – die, die an mich ausgeteilt wurden, und die, die ich ausgespielt habe. Ich hoffe, meine Leser genießen das Spiel, während es sich entfaltet.

Kapitel 1

Prägende Momente

Es gibt Zeiten, in denen dein einziges verfügbares Transportmittel ein Vertrauensvorschuss ist.

MARGARET SHEPHERD

Vorfrühling 1964. London, 10:15 Uhr GMT.

World Trampoline Championship in der Royal Albert Hall – und ich bin dabei. Nachdem ich die ersten beiden Doppelsaltos mit Drehung im Zehnsprung-Programm absolviert habe, ist die Luft raus. Mein letzter Sprung floppt total. Sekundenbruchteile scheinen sich in Ewigkeiten zu dehnen. Wie soll ich da jetzt rauskommen?

Nun, angesichts der Tatsache, dass ich frühmorgens von Kalifornien her eingeflogen war, mit nur vier Stunden unruhigem Schlaf, kam mein Versagen nicht ganz überraschend. Dieser eingefrorene Moment, hoch oben in der Hallenluft, hatte eine geradezu traumhafte Qualität. Ja, warum denn jetzt nicht träumen? Zu Hause war es doch gerade 02:15 Uhr.

Als ich wenig zuvor die Wettkampfetage der Royal Albert Hall betreten hatte, konnte ich mir das kontrollierte Chaos auf der Ebene darunter anschauen: Athleten aus vierzehn Ländern, die sich auf vier Trampolinen aufwärmten. Ich sah Gary Erwin, den amtierenden Meister der National Collegiate Athletic Association (NCAA), im sogenannten Taucher-Stil brillieren. Ihn hatte ich bereits im Fernsehen gesehen. Dann erregte Wayne Miller meine Aufmerksamkeit. Er zeigte ein Element, das er selbst erfunden hatte und das deshalb seinen Namen trug. Ich selbst hatte es nie hingekriegt. Immerhin war ich der aktuelle Landesmeister der US Gymnastics Federation (USGF). Deshalb hatte man mich auch eingeladen.

Gary, Wayne und ihre Trainer (die, wie ich erfuhr, auch in der Jury sitzen würden) waren schon Tage zuvor angereist, wegen der Zeitumstellung. Und ich selbst? War gerade mal achtzehn Jahre alt, litt unter Jetlag und fühlte mich mutterseelenallein.

Niemand, der gesehen hatte, wie ich ein paar grundlegende Aufwärmsequenzen machte, hätte auf mich gewettet. Ich musste nicht auf Gottvertrauen, sondern auf Selbstvertrauen bauen. *Es spielt keine Rolle, wer die Aufwärmübungen gewinnt*, sagte ich mir.

Erst als ich für meine Endrunde auf dem Trampolin stand, wurde mir klar, dass ich alles andere als allein war. Ich ließ meinen Blick über das erwartungsvolle Publikum schweifen, das mucksmäuschenstill verharrte, und über die Jury. Dann blinzelte ich hoch zum Sprecherpult und erkannte nicht nur George Nissen, den Erfinder des Trampolins und Veranstalter der Meisterschaften, sondern zu meiner Verwunderung und Freude auch Xavier Leonard, meinen früheren Klassenlehrer und ersten Trampolintrainer. Er strahlte stolz zu mir herüber!

Ein Schauer war mir über den Rücken gelaufen.

Und jetzt, hoch droben in der Luft, wo die Decke der mächtigen Halle fast bedrohlich nahe zu kommen scheint, da steht alles auf dem Spiel: Ich muss weitermachen, ganz einfach weitermachen – etwas tun, irgendetwas! Und ich tue es. Nicht mein Bewusstsein entscheidet darüber, sondern mein Körper: Und siehe, meine Bewegungen geschehen von ganz allein, ein komplizierter Ablauf folgt auf den anderen.

»Zen-Springen« würde ich es heute nennen, was ich da erlebte. Vollendung in Bewegung durch Nicht-Denken (*Mushin*), wie die Samurai-Krieger es nannten. Ein Zustand der Vertiefung, den heutige Psychologen als Flow oder Gipfelerfahrung bezeichnen.

Sportarten wie Tennis, Golf, Baseball und Schwimmen erfordern von Spitzenkönnern immense athletische Fähigkeiten, aber es ist doch sehr unwahrscheinlich, dass jemand beim Training zu Tode kommt. Sportarten wie Trampolinspringen und Turnen, Free-Solo-Klettern, Big-Wave-Surfen, Base-Jumping dagegen sind etwas anderes. Sie erfordern nicht nur extreme körperliche Herausforderungen, sondern auch den Geist eines Kriegers, weil wortwörtlich alles auf dem Spiel steht – jederzeit. Ein einziger Moment der Unaufmerksamkeit, ein einziger Ausrutscher, und es kann für immer vorbei sein.

Vor Jahren hatte ich mir mit einem Freund ein riskantes Herausforderungsspiel auf dem Trampolin geliefert, bei dem ich einen Salto rückwärts nach dem anderen machte, bis mein Freund einen besonders schwierigen Bewegungsablauf aufrief, nämlich einen doppelten Salto rückwärts mit doppelter Drehung. Sein Kommando schien meinen Verstand sofort stillzulegen und richtete sich direkt an mein Körperbewusstsein. Jedenfalls führte ich den Ablauf wie von selbst aus, ohne willentliche Anstrengung. Es fühlte sich beängstigend und aufregend zugleich an, auf diese Weise über die eigenen Grenzen hinauszugehen. Nie aber hätte ich mir träumen lassen, welch tiefe Bedeutung diese spielerische

Unbeschwertheit gewinnen kann, bis jener eingefrorene Moment in der Royal Albert Hall sich förmlich in Luft auflöste.

Keine Vergangenheit, keine Zukunft, kein Selbst. Nur kinästhetisches Bewusstsein, während mein Körper Sprünge und Wendungen wie am Fließband vollführt: ein Doppelsalto mit voller Drehung, eine weitere Mehrfachdrehung ...

Da ich mir unterdessen gar nicht mehr sicher war, wie viele Durchgänge ich schon absolviert hatte, musste ich mich auf das unterschwellige Zählen verlassen, in dem ich jahrelange Übung hatte. Ich schloss mit einem Eindreiviertel-Salto rückwärts und einem Doppelsalto rückwärts aus der Bauchlage – und landete schließlich sicher auf den Füßen. Das war's. Ich blickte auf und streckte die Arme nach oben, wie alle Turner es zum Abschluss tun, und genoss den Applaus.

Als ich zu meinem Platz zurückkehrte, spürte ich, dass mir viele Hände auf Schulter und Rücken klopften. Jetzt erst drang die Realität durch: *Ich habe die Trampolin-Weltmeisterschaft gewonnen.* Nur vage kann ich mich heute erinnern, Gary und Wayne die Hand geschüttelt zu haben, als ich das Siegertreppchen bestieg. Musik ertönte, während George Nissen mir einen silbernen Pokal überreichte. Blitzlichter zuckten, Kameras klickten.

Als ich mit dem Taxi zurück nach Heathrow fuhr, um meinen Heimflug anzutreten, fiel mir auf, dass der Fahrer rein gar nichts von dem Wettkampf wusste, ebenso wenig wie die Massen von Londonern und Touristen, die durch ihr eigenes Leben eilten. Auch in der Sportgeschichte war dieser Tag nicht mehr als eine Fußnote. Für mich selbst war das anders. Nichts weniger als mein Sinn für die Möglichkeiten des Lebens hatte sich verändert. Nein, ich würde nie selbst eine sportliche Legende werden, aber schon nach achtzehn Lebensjahren hatte ich eine innere Erfahrung gemacht, die mir nie mehr genommen werden konnte.

Mit einem Seufzer der Erleichterung machte ich es mir auf meinem Sitz bequem, als der Flieger abhob. Obwohl zutiefst erschöpft, konnte und wollte ich nicht schlafen. Stattdessen driftete ich ab in einen Fluss der Erinnerungen an all das, was mich an diesen Punkt gebracht hatte …

Anfänge

Als Kleinkind lebte ich in einer Mietwohnung am Silver Lake Boulevard, einer belebten Durchgangsstraße in Los Angeles, die der Familienüberlieferung zufolge fast der Ort meines Hinscheidens geworden wäre, als ich in den schnell fließenden Verkehr hinauswatschelte, um einen Ball zu holen, der auf die Straße gehüpft war. Mein Vater, der mich kurz aus den Augen gelassen und mir damit meinen kleinen Ausflug ermöglicht hatte, riss mich von der Bordsteinkante zurück und verpasste mir die einzige Tracht Prügel meiner Kindheit.

Ein weiteres Beispiel dafür, dass ich früh Risiken eingegangen bin: Auf einem Strandausflug mit der Familie stürzte ich mich in die heranrollenden Wellen. Ich ging zu Boden, geriet unter Wasser und erblickte erst einen blauen Himmel mit kleinen Wölkchen und dann sonnenbeschienene Muscheln, die auf dem sandigen Boden funkelten, bevor die starken Arme meines Vaters mich, plappernd, aus der Brandung hoben.

Als ich sechs Jahre alt war, zogen wir in unser eigenes Haus in einem Viertel mit Einwanderern aus Japan und Lateinamerika, deren Kinder meine Schulkameraden wurden. Ich spielte vor allem mit Steve Yusa, der neun Jahre alt war, so alt wie meine Schwester DeDe, und ganz schön pfiffig. Was immer ich von Steve gelernt habe, gab ich an meine jüngeren Freunde aus der Nachbarschaft weiter, an Timmy und Tootie. Schon damals spielte ich die Doppelrolle: Schüler und Lehrer.

Eines Nachmittags begleitete ich Steve und seine älteren Freunde, die ein im Bau befindliches Haus erkunden wollten, um von der Dachschalung in luftiger Höhe die Aussicht zu genießen. Sechs Meter tiefer war ein großer Sandhaufen aufgeschüttet: Sofort-Abenteuer.

Steve sprang als Erster, dann seine Freunde. »Du bist dran, Danny«, rief er zu mir hoch.

Ich näherte mich dem Rand und machte dann mit klopfendem Herzen einen Schritt zurück. »Los!«, schrie Steve.

»Ich kann nicht, es ist zu hoch!«

»Komm schon!«, entgegnete er. Dann sagte Steve etwas, woran ich mich für den Rest meines Lebens erinnere: *»Hör auf zu denken, spring einfach!«* Also bin ich gesprungen. Dieser Moment des Mutes brachte mir ein paar schwerelose Flugsekunden ein, gefolgt von einer sanften Landung, bei der ich bis zu den Knien im Sandhaufen versank. Wir verbrachten die nächste Stunde damit, immer wieder hochzuklettern und vom Dach zu springen. So kam ich auf den Geschmack, was draufgängerische Stunts betrifft, und fand es spannend, am Rand der Angst zu spielen.

Schon bald landete ich wieder auf dem Boden der Tatsachen. Früh im Kindergarten angemeldet und stets das jüngste Kind in meiner Klasse, war ich sozial weniger reif und körperlich kleiner als die anderen, langsamer im Begreifen mathematischer Konzepte und nicht in die Geheimnisse eingeweiht, die für meine Altersgenossen keine zu sein schienen. Ich fühlte mich wie Clark Kent und träumte davon, ein Superheld zu werden.

Vielleicht ist das der Grund, aus dem Peter Pan und Superman in meiner Kindheit eine so große Rolle gespielt haben. Rückblickend muss Peter die ewige Kindheit und Freiheit verkörpert haben, während Superman Macht und menschliches Potenzial repräsentierte. Und beide konnten fliegen. Auf der Suche nach Höhe kletterte ich auf Bäume, schwang mich an Seilen hoch und sprang mit provisorischen Fallschirmen von niedrigen Dächern, weil ich mich so danach sehnte, mich über die alltägliche Welt zu erheben.

Damals war meine Welt klein und mein Horizont begrenzt. Meine Mutter, die meine frühen Ansichten beeinflusste, sprach von der Zahnfee, dem Osterhasen, dem Weihnachtsmann und Gott als gleichwertigen Fiktionen. Den Einfluss meines Vaters habe ich hauptsächlich im Bereich Gesundheit und Fitness gespürt. Vater fühlte sich verpflichtet, mich über meine jüdische Herkunft aufzuklären, und ermutigte mich, es mit der Hebräischen Schule zu versuchen, aber sie passte nicht zu mir. Ohne Verbindung zu religiösen Lehren oder Traditionen musste ich meinen eigenen Weg finden, der sich in einem wachsenden, sich ständig verändernden Glauben an das geheimnisvolle Wirken der natürlichen Welt ausdrückt.

Bumerangs und ein Luftgewehr

In den 1950er-Jahren wanderte ich durch ein Reich der Fantasie, an das ich episodische Erinnerungen habe. Mein Cousin Davy und ich waren so hypnotisiert von den Zauberer-Angestellten bei Hollywood Magic, dass wir unser Taschengeld mal für eine Finger-Guillotine, mal für ein verschwindendes Kartenspiel ausgaben. Wir haben auch Bumerangs im Park geworfen, und ich war bald geschickt genug mit der Lederpeitsche, um Davy einen Strohhalm aus dem Mund zu reißen. In meiner Kindheit habe ich mir auch Kenntnisse in Jo-Jo-Stunts angeeignet, im Steinschleuderschießen, im Frisbeewerfen, im Schwingen an Tarzan-Lianen, im Zwirbeln von Lassos und darin, alles in Reichweite mit ihnen einzufangen. Nach einem Abstecher zum Bauen und Fliegen eines Kastendrachens nahm ich Fechtunterricht, bevor ich mich mit meiner eigenen Charlie-McCarthy-Handpuppe ins Bauchreden vertiefte.

Das Einüben all dieser Fähigkeiten hat mich früh gelehrt, dass alles nur so lange schwierig ist, bis es einfach wird.

Nach langem Bitten und Flehen kaufte mir mein Vater ein Luftgewehr und überreichte es mir zusammen mit einem Vortrag über seine sichere Verwendung. Ich war ein guter Schütze und übte mit der gleichen obsessiven Leidenschaft, mit der ich mich meinen früheren Beschäftigungen gewidmet hatte. Aber eines Tages zielte ich aus einer Laune heraus auf den winzigen Umriss eines Vogels, der drei Häuser entfernt auf einem Draht saß. Natürlich rechnete ich nicht damit, ihn zu treffen. Ich feuerte den Schuss ab und sah den Vogel fallen. Weil ich fürchtete, den Vogel verletzt zu haben, und er jetzt vielleicht leiden müsse, rannte ich die Straße hinunter, stieg eine Treppe hinauf und kletterte auf das Dach. Der Vogel lag tot da mit einem Loch im Kopf, von der Kugel aus meinem Luftgewehr.

Ein paar Wochen später, als ein Spatz über uns hinwegflog, hielt ich den Lauf meines Gewehrs lässig gen Himmel und schoss wild, also ohne zu zielen. Im nächsten Moment stürzte der Vogel in ein Gebüsch. Entsetzt rannte ich los, um nach ihm zu suchen. Als ich mich dem Busch näherte, hob der Spatz ab und flog davon, sehr zu meiner Erleichterung.

Noch am selben Tag verschenkte ich das Luftgewehr.

Tutus, Strumpfhosen und ein Trampolin

Als ich zehn Jahre alt war, gaben zwei scheinbar unzusammenhängende Ereignisse einen Hinweis auf meine Zukunft.

Weil meine Mutter, die in einem Modern-Dance-Kurs Klavier spielte, keinen Babysitter bezahlen wollte, fand ich mich umgeben von Trikots und Tutus in einer Gruppe wieder, die aus ungefähr zehn Mädchen und mir bestand. Wir trugen alle Strumpfhosen, weil unsere Lehrerin darauf bestand. Trotz meiner anfänglichen Zurückhaltung lernte ich durch Modern Dance Muskelbeherrschung, Geschmeidigkeit, Rhythmus und wie man sich auf Zehenspitzen bewegt.

In jenem Sommer entdeckte ich auf einem Tagescamp zufällig ein altes Bodentrampolin, das mich von der Schwerkraft befreite, wenn auch nur für ein paar Sekunden. Danach verbrachte ich jede freie Minute damit, darauf zu hüpfen, meistens allein, und einen Salto vorwärts zu versuchen. In meiner letzten Woche versuchte ich wiederholt, es ganz herum auf meine Füße zu schaffen, bis ich mich so schnell überschlug, dass ich auf dem Gesicht landete und es mir so schlimm aufschürfte, dass sich Schorf auf meiner Stirn, meinen Wangen, meinem Kinn und meiner Oberlippe bildete. Aber ich stand auf meinen Zehenspitzen, und mein Enthusiasmus war ungebrochen.

Ein Jahr sollte vergehen, bis ich ein anderes Trampolin fand.

Fieslinge

Als Kind mochte ich Bücher wie *Ferdinand, der Stier*, in dem der Stier-Protagonist lieber still dasitzt und an den Blumen riecht, als im Ring zu kämpfen. Kleiner als meine Klassenkameraden und manchmal zu gesprächig, als gut für mich war, erregte ich die Aufmerksamkeit eines wütenden Jungen, der mich schlug. Eher überrascht als verletzt, ging ich ihm anschließend aus dem Weg.

Ein zweiter Vorfall ereignete sich in der sechsten Klasse. Ein anderer Junge mochte mich nicht – aus Gründen, die vermutlich keiner von uns verstand. Irgendwie beeinflusste er meine Klassenkameraden dahin gehend, dass sie nicht mehr mit mir redeten. In den nächsten paar Tagen hatte ich Angst, zur Schule zu gehen. Ich hatte Magenschmerzen und keinen Appetit mehr. Dann erwischten mich der Schläger und ein paar seiner Freunde auf dem Heimweg von der Schule. Erst drohten sie mir, und dann boxte mir einer in den Magen. Als sie meine Tränen sahen, waren sie zufrieden und machten sich aus dem Staub. Nach ein paar weiteren Tagen, in denen ich von allen gemieden wurde, außer von meinen zwei besten Freunden (sie sprachen nur flüsternd mit mir), war ich verzweifelt genug, meine Lehrerin zu fragen, ob ich vor der Klasse etwas sagen dürfe. Verwirrt stimmte sie zu und bat alle, still zu sein. Mit zitternder Stimme erzählte ich den anderen Kindern, wie sehr es mich störe, dass niemand mit mir reden wolle. Danach normalisierte sich alles wieder, aber ich fing an, darüber nachzudenken, warum sich Menschen wohl so verhielten.

In diesem Sommer führte ich meine jüngeren Schützlinge Tootie und Timmy zum Spielplatz am Silver Lake. Ich hatte mein Lasso dabei. Als ich ihnen zeigte, wie man das Lasso wirft, umringten uns drei Schläger, bedrohten mich und forderten das Lasso. Mit bebenden Lippen und schlotternden Knien gab ich es ihnen. Sie benutzten es, um mich direkt vor dem Spielplatz an einen Telefonmast zu fesseln. Dann gingen sie lachend fort und überließen es Timmy und Tootie, mich wieder loszubinden. Mit tränenfeuchten Wangen und gesenktem Kopf ging ich nach Hause. Meine jungen Freunde folgten mir schweigend.

Der Ruf des Kriegers

Schließlich kochten meine kindliche Angst und mein Kummer über und verwandelten sich in Wut. Ich war es leid, mich so eingeschüchtert zu fühlen, und fragte meinen Vater, wie ich lernen könne, mich zu verteidigen. Er nahm mich mit in ein Boxstudio, aber ich wollte nicht geschlagen werden oder jemand anderen schlagen. Also arrangierte er ein paar Privatstunden bei Bruce Tegner, einem Hollywood-Karate-Sensei von George Reeves, der Superman im Fernsehen spielte. Sensei Bruce brachte mir ein paar Bewegungen bei, die mein Selbstvertrauen stärkten. Das Beste war, dass er mir eine Autogrammkarte von Superman schenkte.

Als ich elf Jahre alt war, veränderte sich mein Körper. Und in meiner Nachbarschaft veränderte sich auch etwas. Auf einem leeren Grundstück die Straße hinauf stand jetzt ein neues japanisches Kulturzentrum. Am Eröffnungstag sahen Papa und ich uns eine Judo-Show an, bei der Kinder größere Erwachsene mittels Hebelkraft auf die Matte warfen. Jeder der Angreifer landete mit einem dumpfen Schlag und fing den eigenen Sturz ab, ohne sich zu verletzen. Schon eine Woche später nahm ich regelmäßig mit vielen japanischen Schülern Gruppenunterricht in einem *Dojo* (Schule des Weges). Ich mochte die Verbeugungsrituale sowie meinen *Gi*, das Gewand mit dem brandneuen weißen Gürtel.

Im Laufe der Monate lernte ich Judorollen, Fall- und Wurftechniken. Ein freundlicher, rothaariger Riese mit schwarzem Gürtel namens Gene LeBell ließ sich von uns Kindern auf die Matte werfen. Alle waren begeistert. Bei meinem ersten Turnier mit einem Jungen in meinem Alter, der 9 Kilo mehr wog als ich, versuchte ich einen Kopfwurf (*Tomoe-nage*). Er fiel auf mich und hielt mich unten. Das Judo-Training wich bald anderen Interessen, etwa an Akrobatik, wo mein Erfolg nicht vom Versagen anderer abhing.

Kapitel 2

Wiedergeburt

Ein Lehrer beeinflusst die Ewigkeit.
Er kann nie sagen, wo sein Einfluss aufhört.

HENRY ADAMS

Wie sagt man so schön: »Die beiden wichtigsten Tage in deinem Leben sind der Tag, an dem du geboren wirst, und der Tag, an dem du erfährst, warum.« An meinem ersten Morgen in der Mittelstufe war ich dabei, einen wichtigen Grund herauszufinden: Mein Klassenlehrer Xavier Leonard, ein ehemaliger Akrobat, kündigte an, eine Nachmittagsgruppe zu gründen, einen Trampolin- und Tumblingclub. »Wer möchte mitmachen?« Meine Hand schoss nach oben.

Dieser Club und die Akrobatik wurden zu meinem täglichen Anker, zu meinem Lebensmittelpunkt. Außerhalb des Unterrichts trainierte ich meine Trampolin-Fähigkeiten in meiner Fantasie und machte einen Handstand nach dem anderen in unserem Wohnzimmer und fiel immer wieder in ein paar Wurfkissen auf dem Parkettboden. Schon bald lernte ich Rad zu schlagen, stabil auf den Händen zu stehen und sicher darauf zu springen und erwarb elementare Fähigkeiten auf dem Trampolin.

Am Ende meines ersten Semesters war ich der Einzige im Club, der auf Mr. Leonards Schultern balancieren und dann abspringen, auf dem Trampolin landen und einen Purzelbaum zurück auf seine Schultern machen konnte.

Eines Nachmittags, nachdem alle anderen Kinder gegangen waren, betrat ein lächelnder Mann die Turnhalle. Mr. Leonard stellte mir seinen alten Freund George Nissen vor, den Erfinder des Trampolins. Mr. Nissen bat mich, ihm ein paar Sprünge zu zeigen. Ich war plötzlich befangen, wollte aber unbedingt gefallen. Daher machte ich ein paar einfache Saltos und merkte selbst, dass sie nicht ganz vollkommen waren. Dann führte ich einen schwierigen Trick vor, den ich gerade erst gelernt hatte. Er heißt Cody – ein Rückwärtssalto aus der Bauchlage. Als Mr. Nissen sah, wie ich mich abkämpfte, sprang er auf, zeigte mir einen Dreiviertelsalto rückwärts mit Landung auf dem Bauch und sagte: »Wenn du erst einmal diesen Ablauf schaffst, Danny, wird dir der Cody anschließend leichterfallen. Warum probierst du es nicht mal?«

Ich lehnte ab und murmelte: »Mache ich … vielleicht morgen.« (Normalerweise zu allem bereit, hatte ich diesmal Angst, es zu vermasseln und vor Mr. Nissen dumm dazustehen.) Er zuckte mit den Achseln und sprach mit Mr. Leonard über andere Dinge.

An diesem Abend ging ich wie unter einer dunklen Wolke nach Hause.

Sieben Jahre später sollte ich George Nissen in der Royal Albert Hall in London wiedersehen.

Durch Widrigkeiten: Stärke

Die Fieslinge und Mobber waren auf dieser Klassenstufe noch schlimmer. Zwischen zwei Schulstunden kam mir ein Junge, den ich nicht einmal kannte, auf dem Flur entgegen, verzog höhnisch das Gesicht und nannte mich einen »dreckigen Juden«. Dann drehte er sich um und ging weg. Es war das erste Mal, dass ich die Wörter *dreckig* und *Jude* zusammen hörte. Da ich regelmäßig duschte, verwirrten mich seine Worte, und sein Tonfall erschütterte mich.

Kurz darauf meinte sich ein anderer Schlägertyp mich beim Verlassen der Turnhalle vorknöpfen zu wollen. Ich versuchte auszuweichen und vermied Augenkontakt. Doch er nahm mich in den Schwitzkasten und drohte, mir eine reinzuhauen, während sich Schaulustige um uns versammelten.

Ich stand nach vorn gebeugt, wie eingefroren in seinem festen Griff. Sämtliche Judo-Techniken, die ich gelernt hatte, waren plötzlich wie weggeblasen. Da erinnerte ich mich an eine einfache Bewegung, die mein Vater mir einmal gezeigt hatte. Es war wieder einer dieser »Hör auf zu denken und spring«-Moment: Ich schob ein Bein hinter die Beine des Fieslings, richtete mich abrupt auf und breitete die Arme weit aus.

Es funktionierte! Er fiel nach hinten auf den Beton, stand aber schnell auf und verfluchte mich. Dann aber ging er einfach weg. Ich stand da, durchgeschüttelt von einem Hormoncocktail aus Adrenalin und Hochgefühl.

Danach begann ich unter den wachsamen Augen meines Sensei Gordon Doversola mit *Okinawa-te*, einer Kampfkunst, bei der die linearen Schläge und Tritte des japanischen Karate mit den fließenden, kreisenden, tierähnlichen Bewegungen des chinesischen *Wushu* kombiniert werden.

Akrobatendämmerung

Am Ende dieses Schuljahres kündigte Mr. Leonard das Ende der Welt an –meiner Welt jedenfalls: seinen Wechsel zu einer Schule am anderen Ende der Stadt. Ab dem nächsten Jahr also kein Mr. Leonard, kein Trampolin- und Tumblingclub mehr. Zum ersten Mal in meinem jungen Leben war ich so überwältigt von Trauer, dass ich Tränen vergoss, um ein schmerzliches Gefühl des Verlustes zu lindern.

Mr. Leonard spürte meinen Kummer, fuhr mich am darauffolgenden Wochenende ein paar Meilen nach Burbank und parkte vor einem Betonblockgebäude, durch dessen Panoramafenster eine Reihe von sechs Bodentrampolinen zu sehen war. Wenn ich mir jemals ein himmlisches Reich vorgestellt hätte, so hätte es ausgesehen. Dann stellte er mich Jess und Abby Robinson vor, die bald so etwas wie Ersatzeltern für mich wurden. Und ich lernte *Trampoline Inc.* kennen. Es sollte mein zweites Zuhause werden.

In den nächsten fünf Jahren wartete ich jeden Dienstagabend und jeden Samstagmorgen vor der Tür, bis Jess und Abby kamen, um aufzuschließen, und zur Ladenschlusszeit mussten sie mich hinausschieben. Zunächst sorgten meine Eltern für meinen Hin- und Rücktransport, aber dann fand ich selber hin und wieder zurück – mit dem Bus, inklusive zweimal umsteigen.

Jess, ein ehemaliger Lithograf, hatte Trampoline Inc. gegründet, weil sein Sohn Dar so begeistert vom Trampolinspringen gewesen war. Aber weil Jess keine akrobatischen Vorkenntnisse besaß, musste ich mir selbst überlegen, wie ich weitere Fortschritte machen konnte. Ich unterteilte jeden Bewegungsablauf in kleinere Elemente. Mit meinen Trampolin-Kumpel experimentierte ich beispielsweise verschiedene Möglichkeiten, Saltos zu schlagen. Mit Dar, der irgendwann ein berühmter Stuntman werden sollte, verband mich eine freundschaftliche Rivalität. Immer wieder forderten wir uns gegenseitig heraus, wie etwa hundert Saltos rückwärts hintereinander zu machen.

Wir spielten auch *Add-On*, ein Spiel, bei dem der Erste mit einem bestimmten Element begann, der Zweite dann ein anderes hinzufügte, der Erste dann wiederum ein weiteres und so weiter, bis wir beispielsweise zwölf, fünfzehn oder sogar zwanzig unterschiedliche Schraubensalti nacheinander vollführten und dabei sowohl unsere Ausdauer als auch unser Gedächtnis auf die Probe stellten.

Erstes Mal, erster Platz

Mit zwölf Jahren hatten wir beide uns als vielversprechend genug erwiesen, um von Jess und Abby ins Flugzeug nach San Francisco gesetzt zu werden. Dort wurden wir zum Berkeley-YMCA gefahren, wo ich bei meinem ersten offiziellen Trampolin- und Tumbling-Treffen ein Programm vorführen sollte. Nachdem ich mich an Seilen vom Balkon geschwungen und einige verrückte Stunts ausprobiert und dabei so viel mit Dar gelacht hatte, dass ich kaum noch atmen konnte, kroch ich in der Nacht in meinen Schlafsack und schlief auf den Turnmatten ein, ohne zu wissen, dass ein paar Blocks weiter, nämlich an der Ecke Oxford Street/Hearst Avenue, eine alte Texaco-Tankstelle auf mich wartete.

Am nächsten Morgen kündigte der Wettkampfleiter an, dass jeder Teilnehmer zehn Sprünge hintereinander ausführen und dabei in der Mitte des Trampolins bleiben sollte. Nachdem ich einigen anderen bei ihren Programmen zugesehen hatte, kletterte ich hinauf, sprang mich ein und absolvierte dann meine zehn Bewegungsabläufe. Die Kampfrichter hoben Punktekarten mit

Zahlen hoch, die ich allerdings ohne Brille, die ich selten trug, nur verschwommen erkennen konnte. Man musste es mir mündlich bestätigen, dass ich gewonnen hatte.

Übergangsrituale

Als ich vierzehn war, gewann ich die California State Senior Men's Trampolin Championships in einem Starterfeld von College-Athleten. Der Frühling desselben Jahres markierte den Beginn eines nationalen Trampolin-Hypes. Innerhalb weniger Monate tauchten überall in den Vereinigten Staaten Bodentrampolin-Zentren auf, die auch die Aufmerksamkeit eines Fotografen vom *LIFE-Magazine* erregten. Ein paar Freunde und ich landeten auf dem Cover der Ausgabe vom Mai 1960, und auf einer ganzen Seite demonstrierte ich ein paar Saltos. Natürlich hoffte ich, dass vielleicht einige meiner Schulfreunde es sehen würden, wie cool ich war.

In diesem und im nächsten Schuljahr traf ich mit meinen Freunden in den Mittagspausen, um in einer nahe gelegenen Turnhalle am Reck und Barren zu üben – Überschläge, Kniewellen, Riesenfelgen und fliegende Abgänge. Während ich darauf wartete, dass ich an der Reihe war, sah ich mir jemandes Exemplar der Zeitschrift *Modern Gymnast* an mit Fotos von College-Turnern, die ganz erstaunliche Kunststücke vollführten. Der Ehrgeiz packte mich – ich wollte sie alle nachmachen!

Als Heranwachsender musste ich auf der Suche nach Nervenkitzel manchmal Schmerzen ertragen. Beim Schwingen am Reck rissen Hitze und Reibung Hautfetzen von meinen Handflächen. Ich punktierte Blasen mit einer Nadel, damit sie ablaufen und heilen konnten. Als Ritual für den Übergang zur Männlichkeit besprühte ich meine blutigen Rippen mit einer Substanz namens Tough Skin, die höllisch brannte, klebte Klebeband darüber, schnallte meine ledernen Handschützer um und machte weiter, bis es zur nächsten Stunde klingelte.

Ich strebte nun danach, dem Gymnastikteam der nahe gelegenen John Marshall High School beizutreten, in der Hoffnung, dort bei Turnieren auftreten zu können. Selbst wenn ich nie Superman sein würde, könnte ich doch zumindest die Superkraft entwickeln, um einen Kreuzhang an den Ringen zu vollführen.

Kapitel 3

Hohe Ansprüche

Lehrer öffnen die Tür,
eintreten müssen wir selbst.

CHINESISCHES SPRICHWORT

»Wer ist hier der beste Voltigierer auf dem Sprungpferd?« Das waren die Worte, die ich am ersten Tag in der Highschool an Mr. James Bogle, unseren stämmigen Biologie- und Turnlehrer, richtete.

»Das wäre Tom Whisenhunt«, antwortete er. »Er ist Primaner und Mannschaftskapitän.«

»Nun, ich werde ihn schlagen«, sagte ich in jugendlichem Draufgängertum.

»Wirklich?«, sagte Mr. Bogle mit einem schiefen Lächeln, »dann teil ihm das doch selbst gleich mit, damit er auf der Hut ist.« Er deutete auf einen Achtzehnjährigen, der ein paar Meter entfernt auf einem Hocker saß und unser Gespräch amüsiert mitverfolgt hatte. Trotz dieses Fehlstarts wurden Tom und ich bald

Freunde, auch wenn ich gleich einige Preise abräumte, darunter den für den besten Voltigierer.

In diesem Sommer lernten wir im Trampolin-Übungsteam, zwei Schritte eine senkrechte Wand hochzulaufen und von da einen Rückwärtssalto zu machen. Wir »rannten« auch an Bäumen, Telefonmasten und sogar an geparkten Bussen hoch und stürzten uns wieder herunter ...

Ordentlich aufgebretzelt für ein Date, erwähnte ich auf dem Weg zum Kino meiner Verehrten gegenüber ganz beiläufig einen »interessanten Stunt«, den ich ihr gleich zeigen würde. Es hatte geregnet, alles war voller Pfützen, und wir gingen eine Seitenstraße entlang. »Okay, hier ist die Überraschung!«, sagte ich, rannte leichtfüßig auf die Mauer zu und hob ab …

Leider hatte ich wegen der schwachen Beleuchtung meinen Abstand von der Wand falsch eingeschätzt. Also warf ich mich, anstatt einen Salto rückwärts zu machen, in die Luft und blieb, fast wie eine Zeichentrickfigur, einen Moment lang in der Luft, bevor ich flach auf dem Rücken in einer Pfütze landete. Da lag ich nun, in meinen besten Klamotten, und musste in die staunenden Augen der jungen Dame sehen.

»Ich habe die Wand verfehlt«, presste ich das Offensichtliche heraus.

Nach einem Moment des Schweigens sagte sie: »Oh, das war wirklich … interessant.«

Ich erinnere mich nicht, welchen Film wir gesehen haben, nur dass es die ganzen zwei Stunden gedauert hat, bis ich endlich trocken war.

Trotz gelegentlicher Missgeschicke gaben mir meine akrobatischen Unternehmungen ein Gefühl von Zielstrebigkeit und Fortschritt, ermöglichten mir aber auch eine willkommene Flucht vor dem Stress zu Hause. Meine Teenagerjahre waren eine beunruhigende Zeit für meine große Schwester DeDe, deren emotionale Ausbrüche mit Türenschlagen, abwechselnd mit komplettem Rückzug, mich stets verwirrt und gestresst zurückließen. Ich verstand die Quelle ihres Unglücks nicht.

Sie war dieselbe Schwester, die mir Tanzschritte für die wenigen Partys beibrachte, an denen ich teilnahm; dieselbe Schwester, deren Coaching es mir ermöglichte, im Tippen perfekt zu werden und mich auf eine schreibende Zukunft vorzubereiten. Ich war alles andere als immun gegenüber ihren emotionalen Stürmen, wollte ihr helfen, konnte es aber nicht und fühlte mich machtlos.

DeDe und ich hatten auch einige glückliche Phasen, aber ich wusste nie, wann etwas, das ich sagen oder tun würde, sie aufregen würde. Also zog auch ich mich zurück und konzentrierte mich auf mein eigenes Leben, fand Trost und Vergessen in der Turnhalle, wenn ich bei meinen Sprüngen über dem Trauma, dem Drama und der Angst zu schweben schien.

Zwei Schullehrer

Jede Woche zeigte Ivan Smith, ein humorvoller, aber anspruchsvoller Englischlehrer der neunten Klasse, uns ein abstraktes Gemälde, oder er spielte eine LP mit klassischer Musik ab und forderte uns anschließend auf, eine Kurzgeschichte von genau zwei Seiten zu schreiben, die von dem jeweiligen Kunstwerk inspiriert war. Die Geschichte musste makellos getippt sein, wobei der rechte Rand ungefähr einer geraden Linie entsprechen sollte. Mit anderen Worten, ich musste ständig Worte ändern, um sie seinen Anforderungen anzupassen. Obwohl meine frühe Fanfiction – rückblickend gesehen – eine frappierende Ähnlichkeit mit *The Twilight Zone* aufwies, bekam ich für meine Ergebnisse stets eine glatte Eins. Es bewies mir, dass es zwar erhebliche Anstrengungen erforderte, etwas gut Geschriebenes hervorzubringen, aber ebenfalls, dass Turnen nicht meine einzige Stärke war. Auch kreatives Schreiben konnte regelrecht berauschend sein! Noch während ich in der Pubertät war, hatte meine Initiation ins Schreiben damit schon begonnen.

In der zehnten Klasse erweckte ein anderer begabter Lehrer, Mr. Thompson, auch die Literatur für mich zum Leben. Ich erinnere mich, dass wir *Die Meuterei auf der Bounty* durchnahmen. Später lasen wir Shakespeare mit verteilten Rollen. Und, für mich besonders bewegend, Thornton Wilders Stück *Unsere kleine Stadt.*

Wenn ich heute über diese beiden Lehrer – Mr. Smith und Mr. Thompson – nachdenke, wird mir klar, wie viele Menschen an meiner Entwicklung mitgewirkt haben: Autoren, ältere Menschen, Kollegen und Vorbilder, einschließlich meines Vaters und meiner Mutter, jeder und jede von ihnen ein Licht auf meinem Weg. Die Führung und Ermutigung dieser Menschen bereiteten mich auf das vor, was folgen sollte.

Risiko und Glück

An meinem sechzehnten Geburtstag fragte ich meine Eltern, ob sie mir helfen würden, ein Motorrad zu kaufen. »Es ist viel billiger als ein Auto und leicht zu parken«, meinte ich selbstbewusst.

»Es ist einfach zu riskant«, entgegnete Mama entschieden, »aber wir haben einen Gebrauchtwagen gefunden, der dir gefallen könnte.«

Wir fuhren zu einer Wohnung in Westwood, und als wir dort waren, kam ein Mann mit einem Schlüsselbund heraus und deutete auf ein 1958er Corvette-Cabriolet mit Hardtop. Mit offenem Mund wandte ich mich meinen Eltern zu, die mich beobachteten. Mein Gesichtsausdruck sagte mehr als alle begeisterten Worte.

Frisch gewartet von Jerry, unserem Automechaniker aus der Nachbarschaft, hob diese Corvette ab wie eine Rakete, und die G-Kraft drückte mich in die maßgefertigte Tuck-and-roll-Polsterung. Ein paar Tage später wollte ich in Jerrys Reparaturwerkstatt kurz Hallo sagen. Dort ging es einen Pfad hinunter, und natürlich wollte ich schwungvoll einfahren. Unmittelbar am Eingang stand eine aufgebockte Ford-Limousine, deren Räder ausgebaut waren. Ich meinte die Bremsung entsprechend dosiert zu haben, um ein paar Meter davor anzuhalten, aber auf dem Rollsplit rutschte der Wagen einfach weiter …

Die Zeit schien sich wie zur Ewigkeit zu dehnen, und ja, auch die Corvette wurde langsamer, aber sie rutschte eben ein paar Zentimeter zu weit nach vorn. Kaum dass die Stoßstange das Heck des Ford berührte – es hätte nicht einmal für eine Beule gereicht –, aber der Stoß war doch ausreichend, um alle vier Stützen umzukippen, auf denen der schwere Wagen ruhte. Mit fürchterlichem Knirschen krachte das Fahrwerk auf den Beton, das ganze Gewicht auf der Antriebswelle. Ich schnappte nach Luft und sah Jerry durchs Fenster seines Büros wie erstarrt dastehen, mit Telefonhörer am Ohr.

Während ich mich immer wieder kleinlaut entschuldigte, hatte er den Schaden bald geschätzt. Ja, es war bitter, würde aber finanziell zu verkraften sein. Doch dann atmete Jerry tief durch, um mir Folgendes zu erzählen: Noch weniger als eine Minute bevor ich das Auto von den Blöcken stieß, hatte er *darunter* gelegen. Dann klingelte das Telefon, und er hastete ins Büro. In der darauffolgenden Woche gab ich einen Teil meiner Ersparnisse, die ich mir mit der Arbeit in einem Supermarkt verdient hatte, dafür aus, Jerry und den Mann, der ihn angerufen hatte, zum Abendessen in ein schickes Restaurant einzuladen.

Im Frühjahr meines ersten College-Jahres nahmen mehrere Coaches Kontakt mit mir auf, unter anderen Harold Frey von der University of California. Er ließ mich nach Berkeley kommen, damit ich den weitläufigen, parkähnlichen Campus besichtigen konnte. Sein Team wies eine beeindruckende Bilanz auf – nur der begehrte NCAA-Teamtitel war ihnen bisher versagt geblieben. Es war klar, was er sich erhoffte, wenn ich dazustoßen würde.

Noch während meines Highschool-Abschlussjahrs bewarb ich mich an der Cal und wurde auch angenommen. Die Studiengebühren waren nicht von Pappe und Berkeley ein recht teures Pflaster. Aber ich bekam eine Art Stipendium: Nach den Matches der Footballmannschaft der Uni durfte ich die Tribünen putzen. Das half doch sehr, um mich über Wasser zu halten.

Kapitel 4

Erwachsenwerden

Ich habe keine Angst vor Stürmen.
Ich lerne, wie ich mein Schiff steuern muss.

LOUISA MAY ALCOTT

Als am Ende meines ersten Semesters an der Cal die Noten bekannt gegeben wurden, fand ich mich auf eine Art Abschussliste befördert. Diese Nachricht erschütterte mich, doch dann wurde ich gebeten, am folgenden Wochenende in der Halbzeit eines Punktspiels unserer Basketballmannschaft, zusammen mit zwei Teamkollegen, eine Trampolinvorführung zu geben. Davor wurde jeder von uns durch den Co-Trainer Chuck Keeney dem Publikum vorgestellt, und es gehörte sich so, dabei akademische Leistungen zu benennen. Meine Kommilitonen hatten so einiges vorzuweisen! Jeder von ihnen erhielt denn auch den verdienten Applaus. Dann kam ich dran. Und was sagte Mr. Keeney? »Das hier ist Dan Millman, der aktuelle Trampolin-Weltmeister. Wer so turnen kann, braucht der dann noch Zensuren?«

Gleichwohl: Mein Notendurchschnitt war weder für mich noch für Coach Frey ein Spaß. Wenn sich meine Ergebnisse nicht verbesserten, würde ich für die Wettbewerbe nicht mehr zugelassen werden und müsste vielleicht sogar die Universität verlassen. Zu scheitern war mir indes nicht fremd. Jeder Leistungssportler kennt es, weil es sein Job ist, die eigenen Grenzen immer wieder zu erweitern. Ich wusste also, wie ich reagieren musste: Prioritätenverschiebung! Ich begann, mein Studium mit der gleichen Rigorosität anzugehen, wie ich es immer mit dem Turnen getan hatte. Wie das Training eine Probe für den Wettkampf ist, so sollte das Studium nun zur Probe für die Prüfung – und fürs Leben – werden. Ich prägte mir Informationen auf die gleiche Weise ein, wie ein Schauspieler Zeilen auswendig lernt: Jeden Abend tippte ich meine gekritzelten Notizen ab und zwang mich dazu, das gedankliche Material zu ordnen und zu festigen. Ich las alle Lehrbücher und holte mir die wichtigsten Informationen heraus. Am Ende des Jahres konnte ich meine Bewährungsfrist mit einem Notenspiegel leicht über Durchschnitt abschließen. Ich hatte bewiesen, dass ich mich in diesem Umfeld auch intellektuell behaupten konnte.

Damit wurde mir wiederum etwas sehr Wesentliches klar, nämlich die Zusammengehörigkeit zwischen körperlichem und geistigem Training. *Egal was wir im Einzelnen tun, wir tun es doch immer auch so, wie wir alles tun*, erkannte ich. Damit erschloss sich ein weiterer Zusammenhang: wie wichtig es ist, vom spezialisierten Können zur Meisterschaft im Leben voranzuschreiten.

Als Coach Frey meine verbesserten Noten sah, bedrängte er den Sportdirektor, dem einzigen Weltmeister an der Cal ein volles Sportstipendium für die nächsten drei Jahre zu gewähren und damit die finanzielle Last von den Schultern meiner Eltern zu nehmen. Es gelang. Kein Putzen und Aufräumen im Footballstadion mehr! Ab jetzt würde ich am Ersten eines jeden Monats einen Scheck statt Essenskarte und dazu einen Campus-Job haben. Turnen war zu einem Beruf geworden, der mich im Grundstudium ernährte.

In meinem zweiten Jahr als Student gewann unser Team die Conference Championships und ich meinen ersten NCAA-Titel im Voltigieren. (Oben auf dem Siegertreppchen erinnerte ich mich an den Tag, an dem ich mir geschworen hatte, der beste Voltigierer meiner Highschool zu werden.) Am Ende wählte ich Psychologie als Hauptfach, aber es war nicht wirklich eine Berufswahl. Ich hielt immer noch daran fest, dass die Zukunft für sich selbst sorgen würde – eine entweder sehr weise oder sehr einfältige Vorstellung, je nach Verlauf.

In meinem Juniorjahr an der Cal wurde ich gebeten, in der Winterpause junge Turner in Trampolin- und Tumbling-Fertigkeiten zu unterrichten. Als einer meiner Schüler bemerkte: »Du wärst ein großartiger Trainer, Dan«, tat ich es nur achselzuckend ab. Noch konnte ich mir eigentlich gar nichts Rechtes für meine Zukunft vorstellen. Jahre später hörte ich die Komikerin Lily Tomlin sagen: »Ich wollte immer *jemand* sein, aber vielleicht hätte ich genauer sein müssen.« Das hätte damals auch bei mir den Nagel auf den Kopf getroffen.

Aus freien Stücken erklärte ich mich bereit, am Samstagmorgen im Berkeley YMCA einen Tumbling-Kurs für Kinder zu geben. Anfangs brachte ich eine große Kiste mit, voller Medaillen, Plaketten und Trophäen, die ich im Laufe der Jahre gewonnen hatte. Die Uni ließ sie dann mit den Namen meiner kleinen Schüler neu gravieren, um sie für ihre Teilnahme an meinen Kursen zu belohnen. Das motivierte sie spürbar und gab dem ganzen Ehrungs-Plunder noch einen echten Sinn. Meine persönliche Leistung ist mir immer sehr viel wichtiger gewesen als alle Urkunden und Medaillen.

Den *Deadheads* über den Weg gelaufen

»Würdest du eine Sturmhaube aufsetzen«, fragte der Mann, »und ein paar Sprünge auf dem Trampolin machen, während diese Lichter blitzen?«

Der Mann deutete auf eine beeindruckende Batterie Stroboskop-Strahler. »Sicher«, sagte ich und deutete auf den Laubengang mehrere Meter über uns. »Möchten Sie, dass ich mein Programm mit einem Sprung von dieser Brüstung beginne?« Ihm gefiel die Idee, also setzte ich beim San Francisco Trips Festival von 1966 die Haube auf, machte den gewünschten Sprung von weit oben und vollführte in einem gewaltigen Blitzlichtgewitter etwa zwanzig mehrfach eingedrehte Saltos. Anschließend machte ich, dass ich wegkam. Von der Szene um mich herum nahm ich nur wenig wahr, zum einen, weil sie mir krass surreal erschien, zum anderen, weil ich von den Lichtblitzen immer noch geblendet war.

Meinen Auftritt auf dem Spitzenevent der kalifornischen Hippie-Szene hatte Coach Frey mit deren Organisator Stuart Brand vereinbart. Lesungen von Ken Kesey und das Debüt einer Band, die später als The Grateful Dead weltberühmt wurde, waren dort in einen groß angelegten, öffentlichen Acid-Test eingebettet. Neun Monate später wurde das LSD verboten. In einem Interview mit dem Streamingdienst NPR Arts, einem Sprachrohr der US-amerikanischen Popkultur, frischte Stuart Brand 2016 die Erinnerung an das legendäre Event auf:

NPR: *An welche Höhepunkte denken Sie, wenn Sie heute an das Trips-Festival zurückdenken?*

Brand: Spontan daran, was der Turner und Akrobat Dan Millman machte. Das war sozusagen der Höhepunkt der ganzen Verrücktheit. Wir hatten ein Trampolin, das ich mir vom San Francisco State College geliehen hatte, in den Innenhof der

Longshoremen's Hall gebracht und gruppierten eine ganze Batterie Stroboskop-Strahler drum herum. Und dann stürzte er zu aller Überraschung von oben mit einer Sturmhaube auf dem Kopf herab, landete auf dem Trampolin, sprang immer wieder hoch und höher, wobei er Mehrfachsalti und andere spektakuläre Sprünge vollführte. Und dazu dieses Geblitze! Die Zuschauer fassten sich an den Kopf und fragten sich gegenseitig: »Siehst du, was ich sehe?« Sie waren high und echt nicht mehr sicher, ob das, was da war, wirklich real war oder nur in ihrem Kopf existierte. Es haute dich einfach um! Und Millman? Er hat sich sofort davongeschlichen. Ich habe ihm noch fünfzig Dollar in die Tasche gesteckt, glaube ich.

Ein paar Sekunden im Showbiz

Das Schuljahr endete mit gemischten Ergebnissen. Positiv war, dass ich respektable Noten hatte, aber in der Turnarena besiegte uns in einer Ligameisterschaft die University of Washington, angefeuert vom heimischen Publikum und begünstigt von dortigen Preisrichtern. Viele Zuschauer und Trainer zweifelten das Ergebnis an. Aber diese bittere Enttäuschung verstärkte nur unsere Entschlossenheit, im folgenden Jahr unseren ersten nationalen College-Mannschaftstitel zu gewinnen.

Das Tolle am Sport: Es gibt immer eine nächste Saison.

In jenem Frühsommer lud die US Gymnastics Federation (USGF) Sid und mich – wir waren beide Kandidaten für Olympia – zu einem zweiwöchigen Trainingslager der Penn State University ein. Zu wissen, dass ich von Spitzentrainern betreut würde, inspirierte mich zu neuen Höhen des Wagemuts. Als Joker der Gruppe, der sich auf Innovation (und gelegentliche Wunder) verließ, probierte ich mehrere für mich neue Sprünge aus, darunter auch solche, die meines Wissens zuvor noch niemand geschafft hatte. Am Ende des Camps beschloss die USGF, Sid und mich kurz vor Beginn des Schuljahres nach Ljubljana, Jugoslawien (heute Slowenien), zu schicken, um für die Weltmeisterschaften im Turnen mit Eliteturnern zu trainieren und international bekannt zu werden.

Alles fügte sich zusammen. Ich war in der Form meines Lebens und fühlte mich für mein letztes Jahr im Hochschulwettbewerb gut gerüstet. Nach allem, was Coach Frey für mich getan hatte, wollte ich ihm helfen, seinen Traum von einer Nationalmannschaftsmeisterschaft zu verwirklichen, bevor ich mich ganz auf die US Olympic Trials konzentrierte.

Gegen Ende des Sommers verkaufte ich trotz der Bedenken meiner Eltern die Corvette und legte mir ein Triumph-Motorrad mit 500 ccm Hubraum zu. Und gerade als ich dachte, es könne nicht besser werden, wurde ich zusammen mit meinem langjährigen Trampolinkumpel Steve Lerner für einige Sekunden turnerische Stunts im Hollywoodfilm *Die nackten Tatsachen* mit Tony Curtis, Claudia Cardinale und Sharon Tate ausgewählt. Tony Curtis wurde von unserer Performance auf den Geschmack gebracht. In den Drehpausen ließ er sich vom Stunt-Performer Russ Saunders und mir einen tragbaren Sicherheitsgurt anlegen, um einen Rückwärtssalto auf dem Trampolin hinzukriegen.

Nach diesem kurzen Kontakt mit Hollywood vergingen die letzten Tage des Sommers wie im Fluge. Da ich vorhatte, am Tag vor meinem Flug nach Jugoslawien mit der Triumph Richtung Norden nach Berkeley zu fahren, beschloss ich, meine Schwester in West Los Angeles zu besuchen. Als ich meinen Helm schnappte und nach unten ging, rief mein Vater aus dem Fenster: »Sei vorsichtig, Dan!«

»Bin ich«, rief ich zurück, ließ das Motorrad auf Touren kommen und fühlte mich supercool in meinem sportlichen T-Shirt, den ausgeblichenen Levi's Jeans und meiner Gitarre auf dem Gepäckträger.

Kapitel 5

Planänderung

Zahllos sind deine Lehrer.
Die Gelegenheit, die sich dir bietet, ist dein Lehrer.
Der Schmerz, der dir zugefügt wird, ist dein Lehrer.
Alles, was dir das Herz so zerreißt,
dass die Tränen fließen, ist dein Lehrer.

BAUL-VERS

Als ich die Wohnung meiner Schwester verließ, gingen in der frühen Dämmerung bereits die Straßenlaternen an. Belebt von der kühlen Abendluft, fuhr ich auf der Western Avenue nach Norden, wo ich in der Gegenrichtung vor mir einen hellen Cadillac bemerkte, der nach links abbiegen wollte. Ich wurde langsamer – eine Vorsichtsmaßnahme, die mir vielleicht das Leben rettete. Gerade als ich in die Kreuzung einfuhr, schoss der Cadillac nach vorn und bog direkt vor mir links ab.

Ich trat auf die Bremse und bekam nur noch ein erstarrtes Bild vom entsetzten Gesicht des Fahrers vor Augen. Dann wurde die

Welt schwarz, mit einem fürchterlichen Knall und dem Klirren von Glas. Ein Zeuge sagte später aus, mein Körper sei über das Fahrzeug geschleudert worden und dann mit einem üblen Geräusch aufgeschlagen. Als ich kurz darauf wieder zu mir kam, lag ich mit dem Rücken auf dem Asphalt.

Ich schaute an mir nach unten und sah, dass der weiße Knochen aus dem zerrissenen Leder meines linken Schuhs ragte. Ein rot glühender Schraubstock schien meinen rechten Oberschenkel nun noch zu versengen, nachdem er ihn doch schon zerquetscht hatte. Dann überwältigte mich der Schmerz, und als ich wieder zu Bewusstsein kam, sah ich in Richtung Himmel einen Kreis sorgenvoller Gesichter über mir schweben. Die Stimmen, die ich hörte, schienen weit weg zu sein. Dann das Heulen der Sirene. Man nahm mir den Helm ab, hielt meinen sinkenden Kopf fest und hob mich auf eine Trage.

Während der Fahrt in die Notaufnahme des Orthopädischen Krankenhauses von Los Angeles suchten mich quälende Visionen heim: kreisende, vage Eindrücke vom Inneren des Krankenwagens, der wie durch eine Zeitschleife raste. Die Schicht des diensthabenden Chirurgen war offenbar fast zu Ende. »Ich bin doch schon fix und fertig«, höre ich ihn heute noch sagen.

Während mein rechtes Bein pochte und krampfte, versuchte ich stöhnend, meine schnelle, flache Atmung zu verlangsamen. Mein aschfahles Gesicht, kalter Schweiß und aufsteigende Übelkeit signalisierten, dass ich unter Schock stand. Was bedeutete, dass der Notarzt mich nicht sedieren konnte. Ich war also bei vollem Bewusstsein, als er die ausgerenkten Zehen meines linken Fußes einzeln herauszog, in ihre jeweilige Gelenkpfanne zurückschob und dann den Knochen meines linken großen Zehs wieder an seinen Platz drückte und schließlich die Wunde nähte. Dann richtete der Chirurg seine volle Aufmerksamkeit auf meine primäre Verletzung, bohrte eine lange Schraube durch meinen Unterschenkel direkt unter dem Knie, schloss ein Kabel an und hängte Gewichte daran, um Zugkraft zu erzeugen. Zudem streckte er meinen Oberschenkel, um die Krämpfe zu lindern und den Knochen zu entlasten, der in etwa dreißig Fragmente zertrümmert war.

Völlig orientierungslos fragte ich den Arzt, ob ich in zwei, drei Tagen trotzdem nach Übersee fliegen könne, um bei der WM zu trainieren. Seine einzige Antwort war: »In vielleicht sechs Monaten sollten Sie nach der Reha wieder einigermaßen normal gehen können.«

Wenige Stunden darauf besuchten mich Mama, Papa und meine Schwester. Sie sahen blass aus und wirkten gequält. Jetzt erst holte mich die ganze verheerende Wirklichkeit ein. Ich kämpfte mit Tränen des Selbstmitleids, bis sie von selbst versiegten. Über Nacht fiel ich in einen unruhigen Schlaf.

Am nächsten Morgen rief ich Coach Frey an. Ich holte tief Luft und erzählte ihm alles. Für einige Augenblicke hörte ich nur Stille. Dann wünschte er mir gute Genesung und sagte, er würde die Sportabteilung benachrichtigen. »Im Moment ist es deine Hauptaufgabe, wieder ganz gesund zu werden, Dan. Ich melde mich nächste Woche wieder.« Ich spürte seine Enttäuschung. Und ich gewahrte: Als ich mir dieses Motorrad kaufte, hatte ich nur an meine Selbstdarstellung gedacht, nicht an das Team, den Trainer und schon gar nicht an meine Familie.

An jenem Tag stellte mich der Orthopäde vor die Wahl, ob ich mich für sechs Monate Streckverband oder für eine Operation entscheiden wolle. Die Entscheidung fiel mir nicht schwer.

Ein paar Tage vor der Operation besuchte mich ein befreundeter Arzt und überreichte mir eine Broschüre über die Vorteile vegetarischer Ernährung. Bis zu diesem Zeitpunkt hatte ich nicht viel darüber nachgedacht, was ich aß. Jetzt aber stand die Heilung im Vordergrund. Die Broschüre ergab so viel Sinn, dass ich beschloss, keine Tiere mehr zu essen. Mit einer leichteren, fleischlosen Ernährung würde ich wahrscheinlich gesünder leben. Das leuchtete mir unmittelbar ein – die Vorteile einer hauptsächlich pflanzlichen Ernährung auch für unseren Planeten wurde mir erst viel später bewusst.

In der folgenden Woche schnitt der Chirurg eine lange rote Linie tief in die Außenseite meines rechten Oberschenkels und durchtrennte die Muskeln, die so gut für mich gearbeitet hatten. Er entfernte Knochenmaterial aus meinem Becken und verpflanzte es auf den zerschmetterten Knochen. Dann hämmerte er einen Marknagel aus Titan längs durch das Zentrum meines Femurs, von der Hüfte fast bis zum Knie, was die Funktion eines inneren Gipsverbands erfüllte.

Als ich aufwachte, waren die Schmerzen so stark, dass ich alle vier Stunden eine Demerol-Spritze brauchte, ein starkes Schmerzmittel mit beruhigender Wirkung. Anschließend fiel ich in einen tiefen Schlaf, bis ich von den Schmerzen wieder geweckt wurde. In den nächsten Tagen vegetierte ich in einem Rhythmus von drogeninduziertem Schlaf, dann Schmerz, dann wieder Schlaf, bis der Schmerz ein paar Tage später schließlich abebbte. Nichts, entdeckte ich, ist angenehmer, als wenn solche Schmerzen nachlassen.

Erst später erfuhr ich, dass ich Besuch von einem jungen Mann namens Steve Hug bekommen hatte. Steve, einen brillanten Highschool-Turner, hatte ich kennengelernt, als wir beide ein Programm beim Santa Monica Beach Gymfest aufführten. Ich erinnere ich mich gut an den Bericht der Krankenschwester, dass Steve fast eine Stunde lang still an meinem Bett gesessen hatte, während ich schlief.

Ein anderes Leben

Nachdem ich drei Wochen lang flach auf dem Rücken gelegen hatte, wurde ich fast ohnmächtig, als ich am Tag meiner Entlassung das erste Mal aufstand. Ich brauche keinen externen Gips, hieß es, sei aber mindestens drei Monate auf Krücken angewiesen. Ich hatte so viel Gewicht verloren, dass meine Hose nicht oben bleiben wollte, als ich sie zum ersten Mal wieder anzog. Nachdem ich mit den Krücken Treppensteigen trainiert und mich von den diensthabenden Schwestern verabschiedet hatte, war ich startklar.

Eine frische Brise streichelte mein Gesicht an diesem selten smogfreien Tag, als ich mit Krücken über den Krankenhausparkplatz zum Auto meiner Eltern ging. Der Wind trug Düfte zu mir, die ich fast vergessen hatte. Aus dem Zwitschern der Vögel in einem nahe gelegenen Baum ergab sich zusammen mit dem Geräusch des Verkehrs eine Art Symphonie für meine frisch erwachten Sinne. So seltsam es unter diesen Umständen schien, ich war in einem glückseligen Geisteszustand, frei von jenem selbst auferlegten Leistungsdruck, der mich jahrelang getrieben hatte – einen Druck, den ich nun plötzlich erkannte, und nur deshalb, weil er plötzlich nicht mehr da war. Und um wie viel schlimmer hätte die Verletzung wohl auch sein können? Ich hatte weder Kopf- noch Wirbelsäulenschäden. So fand ich Frieden sogar im Raum der Ungewissheit, weil überhaupt nicht klar war, welchen Fitnesszustand ich jemals zurückerlangen würde. Ich musste tun, was ich konnte, und schauen, was sich ergab.

Kaum war ich zu Hause angekommen, setzte ich mich auf einen Hocker in die Dusche. Das heiße Wasser spülte tatsächlich einen Gutteil meiner schmerzhaften Erinnerungen ebenso weg wie die Tatsache, dass ich so viele Menschen enttäuscht hatte:

meinen Trainer, meine Teamkollegen, meine Familie und nicht zuletzt mich selbst.

Ich blieb ein paar Tage bei meinen Eltern, ruhte mich in der heißen Sonne aus und schwamm langsam durch das flache Ende ihres kleinen Swimmingpools, wobei ich meine zusammengenähten Beinmuskeln unter Schmerzen zum Funktionieren zwang. Ich aß wenig, je nach Geschmack und Hunger: frisches Gemüse und Obst, Joghurt, Nüsse, Eier, Vollkornprodukte und Käse, um meine Vitalität allmählich zurückzuerlangen.

Das vermeintlich kugelsichere Draufgängertum, das für Mittzwanziger so typisch ist, war für mich verschwunden. Ich war auf einmal ruhiger, nachdenklicher und dankbarer, erkannte, dass ich der Illusion aufgesessen war, mich nicht mehr auf andere verlassen zu müssen. Der Unfall hatte meinen Blickwinkel auf das, was wirklich zählt, geschärft und neue, tiefere Fragen nach dem Leben aufgeworfen.

Körperlich war ich nun behindert. Der Chirurg hatte meine Beinlängen gemessen und festgestellt, dass das rechte, operierte Bein einen halben Zentimeter kürzer war als das linke. Außerdem stand es unterhalb der Operationsstelle um 15 Grad nach außen. Die Chancen, wieder normal gehen, geschweige denn sich erneut dem Team anschließen zu können, standen also ganz schlecht. Ich würde jeden Tag so nehmen müssen, wie er kam.

Da das Herbstsemester bereits im Gange war, hatte es keinen Zweck, schon nach Berkeley zurückzukehren. Als Freunde mich einluden, für ein paar Wochen bei ihnen in Santa Monica zu wohnen, fünf Häuserblocks vom Strand entfernt, nahm ich dankend an.

Also ging ich die nächsten vier Wochen jeden Morgen auf Krücken zum Strand, mit einem Strandtuch, drei Jonglierbällen, Latexschläuchen für das Krafttraining und einem Buch im Gepäck, und beschäftigte mich abwechselnd mit Lesen und Krafttraining. Ich verbrachte jeden Tag mehrere Stunden damit, in der heißen Sonne zu schwitzen. Ich drückte mich immer wieder in den Handstand und schnaufte vor Anstrengung, bis jeder Muskel bis an seine Grenze gearbeitet hatte. Dann hüpfte ich auf einem Bein in die seichte Brandung, saß da und träumte von hohen Überschlägen, bis das Salzwasser meinen Schweiß und meine hochfliegenden Träume ins Meer spülte.

In diesen vier Wochen war ich einer der regelmäßigen Strandbesucher, die das Meer und den Sand zur Bühne ihrer Daseinsform gemacht hatten. Malcolm, der Masseur, erzählte Witze; Doc, Think-Tank-Experte der Rand Corporation, kam jeden Tag bei mir vorbei und sprach mit mir über Politik und Frauen. Meistens über Frauen. Mittlerweile waren meine Oberkörpermuskeln wieder so hart und definiert wie eine Marmorstatue, aber mein rechtes Bein sah immer noch aus wie ein Stock.

Als ich bereit war, nach Cal zurückzukehren, war mein Freund Sid bereits in Übersee und hatte mit den weltbesten Turnern trainiert. Nun bereitete sich das Team auf die kommende Saison vor. Meine Pläne aber lagen am Boden wie umgeworfene Kegel.

Mein Leben als Gespenst

Zurück in Berkeley, bezog ich in den letzten Wochen des Jahres 1966 eine winzige Wohnung in einer Pension, ein paar Blocks von der Turnhalle entfernt. Ich war froh über den Wiedergewinn an Selbstständigkeit und schaffte es immerhin, die mit Teppich ausgelegte Treppe auf Krücken zu überwinden, sogar mit einem Wäschesack oder einer Einkaufstasche im Gepäck. Die Einsamkeit passte zu meiner mönchisch-kontemplativen Blase.

Als ich das erste Mal ins pralle Leben der Turnhalle zurückkehrte, war sie mir schon etwas fremd geworden. Außer den bekannten Gesichtern waren auch neue zu sehen. Rick, Sid und ein paar andere Teamkollegen kamen auf mich zu. Mit einem Blick auf die Krücken kommentierten sie, wie dumm es doch gewesen sei, »mit einem Motorrad den Hollywood Boulevard hinunterzurasen« (was ich nicht getan hatte). Herb schalt mich dafür, dass ich in seinem Abschlussjahr unsere Chancen auf eine Nationalmannschaftsmeisterschaft sabotiert hatte. Nichts anderes als so etwas hatte ich erwartet – und es war mir auch viel lieber als eine zur Schau gestellte Sympathiebekundung.

Danach war ich jeden Morgen in der Turnhalle, meine Krücken fest umklammert, trainierte an den Kraftgeräten und fiel danach erschöpft ins Schwimmbassin. Unterstützt durch den Auftrieb, versuchte ich zu gehen, indem ich die Muskulatur meines verletzten Beines bis an die Schmerzgrenze zwang. Immer bis dahin, aber nicht weiter. Danach lag ich auf dem Rasen hinter der Turnhalle und dehnte meine Muskeln, um Geschmeidigkeit zu erlangen, die ich für jede Art künftigen Trainings brauchen würde. Zum Schluss ruhte ich mich aus, las in der Bibliothek und driftete dabei nicht selten in einen leichten Schlaf.

Wenn ich langsam über den Campus navigierte, fühlte ich mich wie unsichtbar, als eine gespenstische Präsenz: da und doch nicht da, auf dem Campus, aber kein Student, in der Turnhalle, aber nicht im Team. Während alle anderen für die Abschlussprüfungen lernten, trainierte ich allein im Kraftraum oder in einer Ecke der Turnhalle, während meine Teamkollegen am Barren turnten, Überschläge und Sprünge machten und sich auf eine Saison vorbereiteten, die ich mir von der Tribüne aus ansehen würde.

Als ich die Krücken nicht mehr brauchte, spendete ich sie, kaufte mir einen Stock und begann, die Leistungsfähigkeit meines rechten Beins zu testen, angefangen mit 5-Pfund-Gewichten und endend mit einer sanften Massage.

Da ich derzeit nicht als Vollzeitstudent am College eingeschrieben war, wurde ich zu einer Einberufungsuntersuchung gebeten, weil die Vereinigten Staaten immer tiefer in den Vietnamkrieg hineingezogen wurden. Ich brauchte nur das Röntgenbild des Marknagels in meinem Oberschenkel vorzuzeigen, um als dienstunfähig eingestuft zu werden.

Mitte Dezember, kurz vor der Winterpause, kam eine schlanke, rothaarige Frau mit Nickelbrille auf ihrem hübschen Gesicht in die Turnhalle, um der Mannschaft beim Training zuzusehen. Sie fiel mir sofort auf. Kurz darauf wechselten wir ein paar Worte. Ihr Name war Linda, und sie war Studentin im ersten Semester. Sie lud mich zum Abendessen in ihre Wohnung ein. Als ich wieder ging, war es fast drei Uhr morgens.

Auf meinem Heimweg erwartete mich das Schicksal an der Ecke Oxford Street/Hearst Avenue unter einem sternenklaren Himmel.

Eine Zufallsbegegnung

Auf meinem Gehstock nach Hause humpelnd, erhaschte ich einen flüchtigen Blick auf einen gut beleuchteten, schlichten Geschäftsraum, der sich aus einer dunklen Wildnis geschlossener Läden abhob. Diese Texaco-Tankstelle hatte die ganze Nacht über geöffnet. Ich beschloss, mir einen Snack aus dem Automaten zu holen, und traf auf den einsamen Nachttankwart. Sein faltenloses Gesicht, die klaren Augen und seine entspannte Art machten es schwierig, sein Alter zu schätzen. Er schien sich über Gesellschaft zu freuen. Also vertieften wir uns in ein Gespräch, das auf irgendeine Weise zum Sinnieren über die Natur der Wirklichkeit führte. Da ich in einem sehr aufnahmefähigen Zustand war – vielleicht eine Entschädigung des Universums für den Motorradunfall –, öffneten sich in meinem Kopf gleichsam alle Türen.

Ich erinnere mich heute nur noch an wenige Details dieses Gesprächs, sehr wohl aber noch daran, wie die Stimme und die Ausstrahlung dieses Mannes etwas in mir auslösten, was ich nicht benennen konnte. Und das brachte eine Präsenz in meine Welt, die ich später Socrates nannte, nach dem altgriechischen Athener Philosophen. Nachdem ich diesem einfachen Tankwart begegnet war, traf ich nie wieder Annahmen über die Weisheit oder das Gewahrsein von jemandem nur aufgrund der Rolle, die er oder sie im äußeren Leben spielte.

Nachdem ich gegangen war, um den Mann nie wiederzusehen, tauchten Wortketten in meinem Kopf auf, die sich in ein zehnseitiges Gedicht verwandelten, das ich schnell hinkritzelte, sobald ich wieder in meinem Zimmer war. Das Gedicht, inspiriert von unserer beiläufigen Begegnung, ging im Laufe der Zeit verloren. Einige Kernsätze aber sollten vierzehn Jahre später den Keim eines an meiner eigenen Autobiografie orientierten Romans bilden.

Linda und ich sahen uns im Frühjahr 1967 häufiger, bis sie beschloss, die Cal zu verlassen und nach Los Angeles zu ziehen, um Arbeit zu finden. Danach telefonierten wir oft und schrieben einander Briefe.

Kapitel 6

Treibsand

Das Schweigen habe ich von den Redseligen gelernt,
die Toleranz von den Unduldsamen,
die Freundlichkeit von den Übelgelaunten.
Seltsam, dass ich diesen Lehrern
nicht auch dankbar bin.

KAHLIL GIBRAN

Mein Freund und Teamkollege Herb Solomon hat den Zeitgeist der 1960er-Jahre während unserer Collegezeit in einem nachdenklichen Brief eingefangen, den er unmittelbar vor unserem 50-jährigen Klassentreffen an unser Team schrieb:

> »Das Campusleben war unglaublich cool. Hier gab es alles, was uns damals anmachte: Kampf gegen die Rassentrennung, Proteste gegen den Vietnamkrieg, die Flower-Power-Bewegung. Alles kam im Sammelbecken von Berkeley zusammen, mit Prominenten der

> Black Panthers wie Stokely Carmichael, LSD-Propheten wie Richard Alpert und Timothy Leary, Pop-Größen wie Bob Dylan, Bands wie Jefferson Airplane und The Grateful Dead. Um nur die größten und bekanntesten Protagonisten zu nennen. Der UCLA-Campus fühlte sich an wie das Zentrum des Universums. Und in gewisser Weise war er das auch …«

Obwohl sich meine Wege mit denen von ein paar dieser Protagonisten kreuzten und ich mit wegweisenden Entwicklungen in Berührung kam, verlagerte sich meine Aufmerksamkeit weitgehend nach innen, in ein Paralleluniversum zur angesagten Lebensart. Wenn man so will, war ich wie der Reiter, der auf die Frage, wohin es geht, antwortet: »Da musst du das Pferd fragen.« Das Pferd meiner Psyche hatte sich einem unerwarteten Terrain zugewandt, war aus dem Tritt und aus der Zeit geraten, während es sich nach dem Zeitlosen sehnte. Und ändern sich nicht alle Moden immer wieder auch, selbst wenn sie von spirituellen Strömungen getragen werden?

Mein verspätetes letztes Jahr an der Cal fand vor dem Hintergrund wachsender Proteste gegen den Vietnamkrieg statt. Man ging über die Sproul Plaza, auf Schritt und Tritt umgeben von »Make Love, Not War«-Plakaten und Menschen in Batikhemden. Ja, auch ich war gegen diesen Krieg. Aber ich mied Menschenmassen. Konzentrierte mich auf Studium, Rehabilitation und Training, um meinen eigenen Traum zu entwickeln und irgendwann wahr werden zu lassen.

Das Team beendete eine respektable Saison ohne mich, verlor aber sein erstes Heimspiel seit zehn Jahren. Niemand im Team, mich eingeschlossen, wusste, ob ich noch einmal antreten würde. Ich hatte immer noch einen seltsamen Gang und warf beim Gehen eine Hüfte zur Seite, weil das obere Ende des langen Marknagels in meinem rechten Femur meine Hüfte reizte.

Trotzdem machte ich weiter, wechselte vom Krafttraining zu mehr Handständen und etwas Schwungarbeit an den Ringen und am Stufenbarren, ließ mich langsam vom Gerät fallen und landete auf einem Bein. Als ich meine ersten Riesenfelgen um den oberen Holm machte, blieben Sid und Tom in der Nähe, stets bereit, mich aufzufangen. Wir waren immer ein eingeschworenes Team gewesen, eine Art Bruderschaft. Aber jetzt benahmen sie sich wie die Glucken. Mich brachte das nur dazu, noch mehr Risiken einzugehen, etwa Rückwärtssaltos zu machen und mit einem Bein zu starten und auf diesem Bein auch wieder zu landen.

Lucy in the Sky with Diamonds

Nachdem der Motorradunfall mein Leben zerstört hatte, war ich mir meiner Sterblichkeit jetzt überaus bewusst und verspürte einen wachsenden Drang, mehr über innere Welten und persönliches Wachstum zu erfahren. Weil LSD ein tiefes Verständnis einer für den Alltagsverstand nicht wahrnehmbaren Realität bringen sollte, beschloss ich, tief in meine Psyche einzutauchen.

Nachdem mich ein Klassenkamerad mit der Tablette versorgt hatte, fragte ich meinen Teamkollegen Herb, wie ich mich darauf vorbereiten sollte.

»Hast du jemals Gras geraucht, Dan?«

»Nein. Ich mag die Vorstellung nicht, Rauch in meine Lunge einzuatmen.«

»Warst du jemals betrunken?«

»Nö. Ich habe mir nie was aus Bier oder Wein gemacht. Vielleicht ist das eine genetische Sache.«

»Nun, dann schlage ich vor, du bekiffst oder betrinkst dich erst mal, bevor du dich auf einen LSD-Trip begibst.«

Also rauchte ich ein bisschen Gras. Es war das erste Mal, dass ich klassische Musik und eine Heißhungerattacke wirklich genießen konnte – erweiterter Geschmack, gesteigerter Klang und Pseudobedeutung, eine Art »Mann, krass«-Tiefsinn, der sich in Luft auflöste, sobald das High nachließ. Was nach oben geht, kommt auch wieder nach unten. Das High hinterließ bei mir eine nur zu vertraute Unzufriedenheit. Mir war klar, dass ich wieder und wieder high werden und dennoch immer am selben Ort landen würde. Was sinnlos erschien. Zudem verspürte ich auch eine instinktive Abneigung dagegen, in meiner Freizeit bewusstseinsverändernde Substanzen einzusetzen. (Ich rauchte noch ein paar Mal Gras, aber es war nie wirklich mein Ding.)

Um mich auf meine LSD-Reise vorzubereiten (das Wort *Trip* erschien mir zu trivial), las ich *Psychedelische Erfahrungen. Ein Handbuch nach Weisungen des Tibetanischen Totenbuches* von Timothy Leary, Ralph Metzner und Richard Alpert. Wie Leary einmal sagte: »Das Schlimmste, was einem passieren kann, nachdem man LSD genommen hat, ist, als dieselbe Person zurückzukehren, die man war.«

Ungefähr zu dieser Zeit erzählte mir Ray Hadley, ein Psychologiestudent und Eliteturner, der mit dem Team trainierte, in seiner Wohnung in der University Avenue sei ein Zimmer frei. Nachdem ich eingezogen war, saß ich dann hoch über dem Verkehrslärm auf dem Dach des Gebäudes, las und bereitete mich gedanklich auf die bevorstehende Reise vor.

Ich bat Ray, mich im Auge zu behalten, während er den Vormittag damit verbrachte, die Sonntagszeitung zu lesen. In sicherer Umgebung, mit indischer Sitar-Musik im Hintergrund nahm ich also die Tablette. Ray erzählte mir später, ich habe in den folgenden vier Stunden absolut still auf der Couch gelegen. Dabei habe ich unerforschte psychische Räume besucht und bin durch den Kosmos in mir selbst geflogen, mit LSD als Reisevermittler. Ich gab mich sämtlichen Visionen hin, die wie lebendige Traumbilder auftauchten: Ich schwebte im Raum, zersprang in Millionen Kristallsplitter, wurde erneut zusammengesetzt, löste mich nochmals auf, erlebte die dunkle Nacht der Seele, den Tod des Egos und dann die Wiedergeburt. Ich sah das Göttliche überall, weil alles einen Sinn ergab und jene tiefe Bedeutung erfahrbar wurde, die William Blake so beschrieben hat: »Um die Welt in einem Sandkorn zu sehen und den Himmel in einer wilden Blume, halte die Unendlichkeit auf deiner flachen Hand, und die Stunde rückt in die Ewigkeit.« Irgendwann während dieser Magical Mystery Tour verschmolz ich mit der Erde, den Bäumen, den Bergen, den Flüssen, dem Himmel zu einer einzigen Vision der Möglichkeiten.

Diese kleine LSD-Tablette enthüllte eine außergewöhnliche Wirklichkeit, die meinen alltäglichen Geisteszustand transzendierte und erleuchtete, um eine numinose Dimension offenzulegen, eine spirituelle Wirklichkeit, in der Dan Millman nur ein Regentropfen des Bewusstseins in einem Ozean der Glückseligkeit war. Meine psychedelische Erfahrung brachte neue Möglichkeiten ans Licht, verschob meine Prioritäten und inspirierte die visionären Reisen, die ich ein Jahrzehnt später in *Der Pfad des friedvollen Kriegers* beschrieben habe. Doch wie der Psychologe Richard Alpert (später als Ram Dass bekannt) entdeckt hat, mag LSD zwar richtungsweisend sein, aber nur eine kontinuierliche spirituelle Praxis kann zur Transzendenz führen.

Beschleunigung

Nach meiner LSD-Erfahrung, die den bewussten Beginn meiner Suche nach Erleuchtung markierte, begann ich, in der Buchhandlung die Regale zu den Themen Philosophie, Psychologie und Religion zu durchstöbern. Nachdem ich mich durch ein paar Klassiker gearbeitet hatte, fühlte ich mich zu modernen Schriftstellern wie Alan Watts und Aldous Huxley hingezogen, die auf eine Weise schrieben, die ich besser verstehen konnte als die geheimnisvollen Worte, die für frühere Zeiten und Kulturen geschrieben wurden. Auf der Telegraph Avenue traf ich auf Bohème-Seelen, die ihre Wahrheit, ihren Lehrer oder ihren Weg verkündeten, aber es war nicht meine Natur, auf den Zug anderer aufzuspringen. Eine innere Stimme flüsterte: *Auf geht's!*, und trieb mich einem unbekannten Ziel entgegen.

In jenem Sommer, ein Jahr nach meinem Motorradunfall, entfernte der Chirurg den Nagel aus meinem Femur, sodass ich, mit einer Erhöhung in einem Schuh, wieder normal gehen konnte. Zum ersten Mal dachte ich: *Vielleicht habe ich eine Chance, zu meinem Team zurückzukehren.* Ich klammerte mich an diese Hoffnung und arbeitete daran, mein Studium und meine letzte Saison als Turner abzuschließen. Und konzentrierte mich ganz auf ein Ziel: die NCAA-Meisterschaften, einen lang gehegten Traum von Coach Frey. Ich durfte den Coach und das Team nicht noch einmal im Stich lassen.

In meinen letzten Sommerferien im August 1967 besuchte ich Linda in Los Angeles. Und während wir am Strand von Santa Monica in der warmen Sonne auf einer Decke lagen, überraschte ich uns beide damit, dass ich sie spontan bat, mich zu heiraten. Wir kannten einander noch nicht so lange, und wir kannten uns selbst kaum. Sie war neunzehn, ich einundzwanzig.

Vor diesem Moment hatte ich nie ans Heiraten gedacht. Ich grübelte darüber nach und versuchte, meine Motive zu ergründen. Vielleicht wurde ich von Rick beeinflusst, der ein paar Monate davor seine langjährige Geliebte geheiratet hatte, und von Sid, der sich gerade verlobt hatte. Vielleicht musste ich aber auch einfach irgendeine Entscheidung treffen, mein Leben in die Hand nehmen. Erst später fiel mir ein, dass der Rat »Hör auf zu denken, spring einfach!« möglicherweise nicht auf jede Entscheidung zutrifft. Nun aber waren die Würfel gefallen. Nachdem wir in Berkeley standesamtlich getraut worden waren, mieteten wir eine Wohnung.

Im September fand Linda einen Job als Bankangestellte, und ich schrieb mich für mein letztes Semester an der Cal ein. Im Januar 1968 teilte mir Linda mit, sie sei schwanger. Ich nahm dies als willkommene Nachricht an und wandte mich dann wieder einer Mission zu, die vor Jahren begonnen hatte: die NCAA-Meisterschaften.

In meinem letzten Semester erinnerte ich mich an den kreativen Spaß, den ich ein Jahrzehnt zuvor beim Schreiben von Kurzgeschichten gehabt hatte, und meldete mich für einen Fernkurs an der Famous Writers School an. Nachdem ich die vier umfassenden Lehrbücher der Schule gelesen hatte, schickte ich die mir zugewiesenen Belletristik- und Sachbuchmanuskripte ein, die mir mit redaktionellen Anmerkungen zurückgegeben wurden und mir zeigten, wie ich meine Arbeit verbessern konnte. Dies war meine einzige formelle Ausbildung in der Schriftstellerei – und für mich wirklich sehr brauchbar. Ein paar Jahre später kam es zu einem Skandal um die fragwürdigen Geschäftspraktiken der Schule, aber meine eigenen Erfahrungen mit ihr waren positiv.

Dann, nur drei Wochen vor den NCAA-Meisterschaften, machte ich im März 1968 meinen Abschluss an der UC Berkeley, als Senior Athlet of the Year. Und da die NCAA-Regeln jungen Absolventen erlaubten, ihre letzte sportliche Saison zu vollenden, kehrte ich zu meinem Team nach Tucson, Arizona, zurück, um den Höhepunkt vieler Trainingsjahre zu erleben.

Wenn ich auf meine vier Studienjahre zurückblicke, sehe ich mich selbst als den archetypischen Studenten: schlau und dämlich, idealistisch und zynisch, mitfühlend und egozentrisch, unsicher und selbstgefällig. Schließlich war ich noch ein Jungspund, der erst ins Erwachsensein heranwachsen und seine eigenen Perspektiven gewinnen musste. Im College stellte ich mich strukturierten Herausforderungen, bevor ich eine Karriere begann und eine langfristige Beziehung einging, beklagenswert unvorbereitet auf beides. Ich hatte gehofft, Bildung zu erlangen, Sex zu haben, vielleicht sogar fromm zu werden. Vielleicht wollte ein Teil von mir die Welt oder einfach nur mich selbst retten (oder finden). Und, wie viele College-Studenten, wurde ich von der Hybris der Jugend getragen.

Extremes körperliches Training und mein Unfall hatten mir auch ein gewisses Maß an Demut verliehen. Was sehr half, wenn ich stolperte, hinfiel und wieder aufstand. Der Sport lehrte mich, dass Fortschritt hart erarbeitet wird und sich nicht über Nacht, sondern erst im Laufe der Zeit einstellt. Nichtsportler scheinen sich manchmal den Luxus zu gönnen, einen Stil oder eine Persönlichkeit anzunehmen oder abzulegen, wie es zu passen scheint, aber im Sport gibt es kein Vorspiegeln falscher Tatsachen. Ich habe gekämpft und bin immer wieder gescheitert, bis ich schließlich flüchtige Momente der Zufriedenheit erlebte.

Das Glücksrad

Linda und ich zogen mit etwa fünfhundert Dollar auf dem gemeinsamen Bankkonto nach Los Angeles. Ich studierte die Kleinanzeigen, fand eine Arbeit, bei der ich Lebensversicherungen verkaufte, und fühlte mich wie im Leben eines anderen. Mit einem Baby, das bald zur Welt kommen würde, und der Notwendigkeit, meinen Lebensunterhalt zu verdienen, musste ich meine olympischen Ambitionen aufgeben.

Anfang April trat ich mit meinem Team zum letzten Mal in einem hart umkämpften Wettkampf gegen die Southern Illinois University an. Es ging um die NCAA-Teammeisterschaft. Nach drei Wettkämpfen lag Cal fast zwei Punkte hinter SIU, ein deutlicher Abstand, aber jeder von uns legte ein solides Programm hin, und beim letzten Wettkampf am Reck lagen wir ganz nah beieinander.

Southern Illinois hatte immer noch einen ganzen Punkt Vorsprung, aber unser Team brannte. Ich war der letzte Mann, bereit für das letzte Programm meiner Wettkampfkarriere. Erinnerungen schossen mir durch den Kopf: die schmerzhaften Tage, nachdem mein Oberschenkelknochen zersplittert war; mein Versprechen, mich zu erholen; die Ermahnung des Arztes, das Turnen zu vergessen …

Ich spürte eine zunehmende Kraft, dann eisige Ruhe. Mein Geist war klar, mein Körper kribbelte. In der Arena war kein Geräusch zu hören, als ich zum Reck hochsprang und meine Beine nach oben stieß. Ich machte Schwünge, Sprünge, Drehungen, ließ die Reckstange los und fing das glänzende Rohr wieder auf. Ich löste mich in der Reinheit der Bewegung auf, fügte noch einen Ablauf hinzu, den ich bisher nur im Training gemacht hatte. Dann machte ich schnellere Schwünge, ließ die Stange für den

Abgang los: ein doppelter Fly-away. Ich drehte mich, schwebte im Raum, in den Händen eines Schicksals, das ich für mich selbst gewählt hatte. Ich kam auf, streckte mich und war solide auf der Matte gelandet.

Stille, dann Tumult. Coach Frey griff nach meiner Hand, schüttelte sie wie wild, und in seiner Verzückung schien er sich weigern zu wollen, sie überhaupt wieder loszulassen. In der Ferne hörte ich donnernden Applaus.

Es war vorbei. Ein lang ersehntes Ziel war erreicht. Erst da wurde mir klar, dass sich der Applaus nicht mehr gleich anfühlte. Meine Suche nach Sieg war beendet. Also zog ich mich mit Bestnote aus dem Sport zurück. Nach einem lärmenden Abschied vom Team, überschattet von einem Gefühl des Verlustes, als wir uns trennten, flog ich zurück nach Los Angeles. Als das Flugzeug im Landeanflug war, ließ ich meinen Kopf ins Kissen sinken und stellte mir vor, wie ich in einem Wohnmobil lebe, an malerischen Aussichtspunkten parke und schreibe, wenn ich gerade keine Freunde im ganzen Land besuche. Ich wachte mit einem Ruck auf, als die Räder auf dem Rollfeld aufsetzten. Und für einen kurzen Moment fragte ich mich: *Was ist aus dem Leben geworden, das ich hätte führen können?*

Sechs Wochen später, an einem Samstagabend, saß ich auf der Tribüne im Pauley Pavilion der UCLA und jubelte Sid zu, als er und andere Turnerfreunde sich Plätze im US-Olympiateam sicherten. Der erste Platz ging an den sechzehnjährigen Steve Hug, den jungen Turner, den ich einst am Strand kennengelernt hatte und der, wie mir die Krankenschwester erzählt hatte, still an meinem Krankenhausbett gesessen hatte, während ich schlief.

Nach der Olympiaqualifikation fuhr ich nach Sacramento und setzte Linda bei ihren Eltern ab. Dann fuhr ich nach Berkeley und besuchte das Harmon Gym, um mich mit Coach Frey zu treffen.

Überrascht, mich zu sehen, sagte er: »Dan, heute Morgen habe ich gehört, dass Stanford nach einem neuen Gymnastiktrainer sucht. Warum rufst du den sportlichen Leiter nicht mal an?«

Zwei Tage später wurde mir die Trainerstelle angeboten. Die Hälfte meines bescheidenen Gehalts bekam ich für das Coaching, die andere Hälfte für den Sportunterricht; nicht viel, aber wir würden es schaffen.

Bald darauf wurde unsere Tochter Holly geboren. Jetzt waren wir eine kleine Familie.

Kapitel 7

Trainerjahre

Ein Coach ist jemand, dessen Rückschau
dein Blick in die Zukunft werden kann.

ANONYM

In Stanford stand ich vor der Herausforderung, aus einer Gruppe, die im Wesentlichen auf Highschool-Niveau arbeitete, ein erstklassiges College-Männerteam zu machen. Vor meiner Ankunft erfuhr ich, dass die meisten Teammitglieder an zwei oder drei Tagen in der Woche trainierten, »wie es ihr Studium erlaubte«, und die Trainingseinheiten als so etwas wie eine entspannende Lernpause betrachteten. Das Upgrade begann bei unserem ersten Treffen, als ich verkündete: »So, Leute, ab morgen wird an fünf Tagen in der Woche drei Stunden pro Tag trainiert.«

Craig, Stanfords einziger herausragender Allround-Performer (der es vielleicht sogar ins Cal-Team geschafft hätte), hob die Hand und sagte, der Zeitplan funktioniere für ihn nicht, weil er eine hohe akademische Belastung habe. Als UCLA-Absolvent wusste ich, wovon er sprach. Dies war ein entscheidender Moment. Ich sprach über meine Ambitionen für das Programm und meine Erfahrungen an der Cal. »Jeder, der in diesem neuen Team sein möchte, muss den Standards entsprechen«, sagte ich. »Keine Ausnahmen.« Also stieg Craig aus, aber die Standards blieben bestehen.

Die Jungs, die durchhielten, haben in einer miserablen ersten Saison ihr Bestes gegeben. Ich musste alles von Grund auf neu aufbauen. Um talentierte Turner nach Stanford zu locken, schrieb ich einen Artikel für das *International Gymnast Magazine* mit dem Titel »The Art of Gymnastics«, in dem sich mein wachsendes Interesse an Zen, Taoismus und östlicher Philosophie widerspiegelte und der meine Beobachtungen über den inneren Nutzen des Trainings und seine Relevanz im Alltag darlegte.

Da ich selbst die Entwicklung durchlaufen hatte, die dem Talent eines Sportlers zum Durchbruch verhelfen, verfügte ich über die Voraussetzungen, um meine Fähigkeiten auch weiterzugeben. Indem ich in der Trainerrolle in die Turnhalle zurückkehrte, fragte ich mich: *Welche mentalen und emotionalen Eigenschaften tragen zu unserem Talent für das Leben bei?* Diese Frage führte mich zu weiteren Einsichten, die meinen Coaching-Stil veränderten. Mir wurde klar, dass Training ein Spiegel unseres Alltagslebens ist.

Weil ich selbst nicht mehr in der Turnhalle aktiv war, fing ich an zu joggen, um in Form zu bleiben. Ich begann mit einem Kilometer und verlängerte die Runden, bis ich acht Kilometer schaffte. Jede Joggingrunde war schmerzhaft, weil ich wie immer an meine Grenzen ging. Aber als mich einer meiner Turnschüler fragte, ob ich Lust hätte, mit ihm und ein paar Freunden joggen zu gehen, war ich überrascht von ihrem entspannten Tempo. Ich konnte mich nebenbei unterhalten und das Laufen wirklich genießen! Ich erinnerte mich an eine ähnliche Offenbarung, als ich zum ersten Mal einen Golfball schlug, ohne den Schwung mit reiner Muskelkraft zu forcieren, und dann dem Ball beim Fliegen zuschaute.

Als ich am nächsten Tag die Turnhalle betrat, sah ich Brian, unseren Mannschaftskapitän, der auf dem Rücken lag und seine Oberschenkelmuskulatur dehnte, indem er ein Bein gestreckt zur Brust zog. Als ich an ihm vorbeiging, hörte ich, wie er vor sich hin murmelte: »Oh! Ich hasse das. Es tut so weh!«

Ich wendete mich ihm zu und fragte: »Wer tut dir das an?« Er begriff, und beide mussten wir lachen.

Viele Athleten, die intensiv trainieren, haben am Ende Verletzungen und brennen aus. Daher riet ich meinem Team, nur 80 Prozent der maximalen Anstrengung anzustreben. Es dauert so vielleicht etwas länger, bis sie sich verbessern, aber sie bleiben gesünder und genießen den Lernprozess sogar. Dieser Rat widerspricht dem, was die »Ohne Fleiß kein Preis«-Schule propagiert. Es gibt Momente, in denen man alles geben kann, aber im Laufe der Zeit zahlt sich die Weisheit einer entspannteren Herangehensweise aus – körperlich, emotional und psychisch.

Mich von morgens bis abends auf das Team zu konzentrieren brachte eine entsprechende Unaufmerksamkeit in meiner Ehe mit sich. Während meiner Zeit in Stanford führte uns diese Kluft zu einem Besuch bei einem Eheberater, dann zu mehreren Trennungen auf Probe, die mein Innenleben in Aufruhr versetzten.

Dann klopfte eines Tages eine mögliche Lösung für meine aufgewühlten Gefühle buchstäblich an meine Tür.

Ein Mönch an der Tür

Ein Zen-Roshi (Meditationslehrer) besuchte mich im Alten Pavillon und bat mich um Erlaubnis, mit einem kleinen Kreis von Zazen-Praktizierenden am frühen Morgen in die Turnhalle kommen und auf der Bodenübungsmatte meditieren zu dürfen. Ich sagte, sie seien sehr willkommen, und schloss mich ihnen dann sogar an. Zazen-Praktizierende nennen ihre Meditationsmethode gern »nur sitzen«. Ich erhielt einfache Anweisungen zur richtigen Körperhaltung und zum Beobachten (manchmal Zählen) der Atemzüge. Als Gedanken aufkamen, richtete ich meine Aufmerksamkeit wieder auf das Einatmen … und auf das Ausatmen …

Nach ein paar Wochen Zazen-Praxis fuhr ich nach Berkeley, wo ich in die Transzendentale Meditation eingeweiht wurde, die ein Mantra anstelle des Atems zum Objekt der Aufmerksamkeit macht. Nach einem vorbereitenden Gespräch flüsterte mir der Lehrer mein Mantra ins Ohr, eine Sanskrit-Silbe. Ich wurde angewiesen, zweimal täglich zwanzig Minuten zu sitzen. Diese erste Meditation war so tief, dass es mir, als ich den leisen Gongschlag hörte, vorkam, als seien nur wenige Minuten vergangen. Ich empfand TM als eine anmutige, mühelose Praxis. Sobald ich bemerkte, dass Gedanken in meinem Bewusstseinsfeld auftauchten, konzentrierte ich mich wieder ganz auf das Mantra.

Ich habe mit diesen beiden Ansätzen experimentiert. Manchmal habe ich Zazen praktiziert, manchmal die TM-Mantra-Methode. Keiner dieser Ansätze konnte mein Beziehungsdilemma lösen, aber beide boten mir etwas Abstand von meinen wirbelnden Gedanken. Zunächst praktizierte ich TM zweimal täglich die vorgeschriebenen zwanzig Minuten lang. Im Laufe der Monate wechselte ich zu einmal täglich und dann zu gelegentlich, bis andere Ereignisse, Übungen und Umstände dazwischenkamen.

Bei dieser anfänglichen Erkundung wurde mir klar, dass der Hauptnutzen der Sitzmeditation nicht darin besteht, den Geist zu beruhigen, sondern vielmehr den Körper. Wenn der Körper wirklich zur Ruhe kommt, dann auch der Geist. Erkenntnisse dieser Art flossen in meine Coaching-Methode ein.

Anfängerspaß

Der Aufbau eines starken Teams nahm einen Großteil meiner Energie und Aufmerksamkeit in Anspruch, aber darüber vernachlässigte ich meine Trampolin- und Turnkurse für Anfänger nicht. Tatsächlich machte es mir mit der Zeit viel Spaß, diese begeisterten Neulinge zu unterrichten – manchmal sogar mehr als die Arbeit mit dem Team. Während der Wettkampfsaison standen das Team und ich unter einem unterschwelligen Druck, wie jeder Athlet oder Künstler, der sich auf einen Auftritt vorbereitet. Aber die bunt zusammengewürfelte Gruppe von Männern und Frauen in meinen Anfängerklassen freute sich über jeden Fortschritt, über jede neue Fertigkeit. Es gab keinen äußeren Druck, und der gefühlte Selbstwert hing nicht von ihren bescheidenen Leistungen ab – es ging allein um die Freude am Lernen. Das war ein Gefühl, das ich auch in der Mannschaft wiederzuerwecken versuchte.

Anfänger zu unterrichten hat mir geholfen, meine Fähigkeiten als Coach zu verbessern. Ich kann mich noch an meinen ersten Tag in meiner ersten Anfängerklasse erinnern. Wir haben mit den einfachsten Fertigkeiten angefangen. Ich demonstrierte eine Vorwärtsrolle, indem ich mich hinhockte, die Handflächen auf die Matte legte, den Kopf senkte, während ich die Beine ausstreckte, und dann die Rolle bis in die stehende Position vollendete. Ich wandte mich an die Klasse und wollte gerade sagen: »Jetzt versucht es selbst«, als ich ihre verwirrten, unsicheren Blicke sah. Einer von ihnen fragte: »Ähm, aber wie kriege ich meinen Hintern über den Kopf?«

Mir wurde klar, dass ich die Übung in kleinere Teile zerlegen musste. Nachdem sie diese jeweils gemeistert hatten, konnten sie mit der Progressionsmethode alle zu einer fließenden Bewegung zusammensetzen – genau so, wie meine Freunde und ich es als Kinder ein Jahrzehnt zuvor bei Trampoline Inc. gemacht hatten. Mit diesem Ansatz haben wir bis zum Ende des Semesters grundlegende Programme auf dem Trampolin, im Bodenturnen und an den anderen Geräten aufgebaut.

Dunkle Wolken und Erleuchtungsmomente

Kurz nachdem ich mich um eine Wohnung für Fakultätsangehörige in einem Studentenwohnheim in Stanford beworben und die Zusage erhalten hatte, entwickelte Linda ihr eigenes soziales Leben. Wir trennten uns vorübergehend und im Frühjahr meines dritten Jahres noch einmal. Dunkle emotionale Wolken überschatteten meine verbleibende Zeit an der Universität. Ich war so gestresst, dass sich jeder kleine Nietnagel oder jede Papierschnittwunde sehr schnell entzündete, ein deutliches Zeichen für das Zusammenspiel von Geist, Körper und Gefühlen.

In der Zwischenzeit tauchte ich immer tiefer in meine Coaching- und Lehrtätigkeit ein. Für die Teammitglieder, die angesichts von Wettkämpfen verunsichert waren, berief ich nach dem Training ein Meeting ein und sagte: »Wenn ich euch bitten würde, über einen Schwebebalken zu gehen, der 30 Zentimeter über dem Boden ist, würdet ihr das einfach finden. Aber nehmen wir an, ich habe denselben Balken zwischen den Dächern von zwei fünfzigstöckigen Gebäuden angebracht und würde euch bitten hinüberzugehen. Wie viele von euch würden das genauso einfach finden?« Niemand hob die Hand.

»Worin besteht der Unterschied?« fragte ich.

»Wenn du fällst, bist du tot«, sagte einer von ihnen.

»Das stimmt, aber es ist derselbe Balken, dieselbe Fähigkeit. Das Problem ist in deinem Kopf.«

Als ich sie nicken sah, fuhr ich fort: »Für viele von euch ist das Training das Abblendlicht und der Wettkampf das Fernlicht. Also tut von nun an jedes Mal, wenn ihr eine Übung macht, so, als sei sie das Fernlicht. Und wenn ihr an einem Wettkampf teilnehmt, stellt ihr euch vor, er sei das Abblendlicht. Entspannt euch einfach und erlaubt euch, außerordentlich zu sein.«

Kurz nach diesem Gespräch lud mich einer der Jungs aus dem Team in sein Studentenzimmer ein und legte eine Platte auf. Was ich dann hörte, waren die Worte des ehemaligen Harvard-Psychologieprofessors Richard Alpert, der als Ram Dass die Transformation in einen spirituellen Lehrer und Autor des spirituellen Klassikers *Be Here Now* vollzogen hatte. Anders als sein Freund und Harvard-Kollege Timothy Leary, der zum Hohepriester des LSD geworden war, hatte Alpert die Psychedelika hinter sich gelassen, um sein Leben ganz seinem Guru Neem Karoli Baba zu widmen, der ihm den Namen Ram Dass gegeben und einen Zugang zu spirituellem Wachstum ohne Drogen eröffnet hatte.

1971 war Oprah Winfrey gerade siebzehn geworden und hatte sich zum Ziel gesetzt, eine Radiosendung zu moderieren. Die 19-jährige Marianne Williamson hoffte auf etwas Größeres. Deepak Chopra war Arzt im Praktikum. Wayne Dyer war praktizierender Psychologe und plante gerade, sein erstes Buch zu schreiben. Scott Peck war Psychiater in der US-Armee. *Ein Kurs in*

Wundern gab es noch nicht, EMDR (Eye Movement Desensitization and Reprocessing; dt. »Desensibilisierung und Verarbeitung durch Augenbewegungen«) auch nicht. Das erste Testtraining war für Werner Erhard lediglich eine Keimzelle. Im selben Jahr saß ich in meinem kleinen Büro und blätterte in einem neuen Ballantine-Buch für 1,65 Dollar von Severin Peterson: *A Catalogue of the Ways People Grow* (dt. »Ein Katalog der Möglichkeiten, wie Menschen wachsen«). Und ich wollte sie alle.

In dieser Zeit las ich zufällig einen Artikel in der Zeitschrift *Look*, verfasst von einem selbst ernannten Sportrevolutionär namens Jack Scott mit einem Doktortitel in Soziologie und Sport. Dieser Artikel war eine seltsame Mischung aus fortschrittlichen Ideen und aufrührerischen Vorstellungen. Ich war neugierig, rief Mr. Scott an, stellte mich vor und teilte ihm meine ehrliche Meinung zu seinem Artikel mit. Später trafen wir uns zum Abendessen, um unser Gespräch fortzusetzen. Ich mochte seine Ideen über College-Sportler, und er schätzte meinen Ansatz. Diese scheinbar zufällige Begegnung sollte sich schon bald auf meine Zukunft auswirken.

In den kommenden Monaten saß ich morgens mit der Zen-Gruppe zusammen und las fast jeden Abend entsprechende Bücher. Erfüllt von dem Wunsch, neue Einsichten zu teilen, gab ich einen speziellen Grundkurs mit dem Titel *Leben als eine Kunst*, der mein wachsendes Interesse an asiatischen Lehren und dem größeren Bild vom Leben und seinen Versprechen widerspiegelte. Das etwas andere Angebot mit seiner östlichen Perspektive und einem kreativen Abschlussprojekt statt einer Abschlussprüfung schien den Schülern zu gefallen.

Wieder auf dem Weg des Kriegers

Etwa zu dieser Zeit wandte ich mich wieder dem Kampfkunsttraining zu und beschäftigte mich an mehreren Abenden in der Woche mit Aikido, das mit seinen fließenden Bewegungen ganz im Einklang mit meinen neu entstehenden Werten und meinen Vorstellungen von Ästhetik stand. Ich wusste zu schätzen, dass der Gründer, Morihei Ueshiba, es »die Kunst des Friedens« nannte und dass seine kreisförmigen Bewegungen in erster Linie defensiver Natur waren. Aikido fühlte sich an wie eine Übung in anmutigem Leben.

Als ich eines Abends mit meinem Sensei Robert Nadeau trainierte, fragte ich ihn, ob Aikido eine effektive Selbstverteidigungskunst sei. In seiner typisch schroffen Art antwortete er: »Wenn du Selbstverteidigung willst, nimm dir eine Waffe.« Dann wich er meinem Schlag aus und warf mich mit einem Bodyslam auf die Matte – als entscheidendes Argument, nahm ich an.

Selbst nachdem ich endlich einen *Shodan*, den schwarzen Gürtel ersten Grades, erworben hatte, konnte ich mir nicht vorstellen, Aikido-Techniken in einer chaotischen, realen, adrenalingeladenen Konfrontation anzuwenden.

Jetzt kannte ich zwar den Unterschied zwischen Kampfkunst und echter Selbstverteidigung, aber auf die Erfüllung meiner Kindheitssuche nach praktischer Selbstverteidigung musste ich weitere drei Jahrzehnte warten.

Neue Perspektiven

Während sich mein Weltbild erweiterte, führte ich das Team in das ein, was ich Zen-Turnen nannte, und erinnerte die Jungs daran, dass sie nicht nur trainierten, um Wettkämpfe zu gewinnen, sondern um Meisterschaft über sich selbst zu erlangen. Dass Turnen so etwas wie eine dynamische Meditation sei, ein Mittel, um Zugang zu höheren Bewusstseinszuständen zu bekommen, mag einem heute nicht besonders radikal vorkommen, aber in den frühen 1970er-Jahren war es bahnbrechend. Ich fügte hinzu: »Ich bitte euch nicht, euer Leben dem Training zu widmen. Ich bitte euch, das Training eurem Leben zu widmen. Und strebt nicht nach Erfolg, den ihr nicht unter Kontrolle habt. Strebt einfach nach Exzellenz, denn die habt ihr unter Kontrolle.«

Ich gab weiterhin meine Ansicht weiter, dass Turnen eine Performance-Kunst sei, die man in die Form eines Wettkampfsports gezwängt hatte, bei dem Richter kreative Programme in Zahlen verwandeln und diese Zahlen dann vergleichen, um zu sehen, wer der Beste ist. »Geht unbeschwert an den Wettkampf heran, um die Sportabteilung bei Laune zu halten, aber nehmt den Wettkampf oder euch selbst niemals zu ernst.«

Während eines wichtigen Wettkampfs nahm mich der USC-Trainer zur Seite und sagte in leicht spöttischem Ton: »Dan, ich habe gehört, dass Sie Ihr Team vor dem Wettkampf meditieren lassen.«

»Natürlich nicht«, sagte ich. »Ich lasse sie *während* der Wettkämpfe meditieren.«

Dieser lockere Akzent und der verminderte äußere Druck zu gewinnen, verbesserten die Leistung des Teams. Es verstärkte auch die Sinnhaftigkeit ihres Tuns, weil das Training zu einem Weg des persönlichen Wachstums wurde, der für ihr ganzes Leben außerhalb der Turnhalle relevant war.

Unser Team schlug USC zum ersten Mal mit Leichtigkeit. (Und ja, ich mochte dieses Ergebnis nicht ganz ignorieren, weil es für eine gute Story auf der Sportseite von *The Stanford Daily* sorgte und die Sportabteilung der Uni bei Laune hielt.) Später in diesem Jahr verdrängte Cal unser junges Team knapp und gewann die Meisterschaften. Wir zogen aber einen Neuzugang an, meinen jungen Freund, den Olympioniken Steve Hug, der seinen ersten von drei aufeinanderfolgenden NCAA-Allround-Titeln gewinnen sollte.

Nach vier Jahren des Strebens stand unser Team an der Schwelle zu wahrer Größe.

Das Leben ist nicht immer fair

Würde das Leben allein auf Leistung basieren, wäre es vorhersehbarer. Wir könnten einfach hart arbeiten und entsprechend gut abschneiden. Aber Glück und Timing können so oder so sein. Kurz nach Ende der Wettkampfsaison rief mich der stellvertretende Sportdirektor in sein Büro. Ich klopfte an seine Tür und dachte: *Vielleicht will er mir für all meine Bemühungen und die Errungenschaften des Teams seine Anerkennung aussprechen.*

Er kam gleich zur Sache und informierte mich über eine neue Richtlinie für das folgende Schuljahr: Nur Sportlehrer mit Master-Abschluss würden noch Praxis unterrichten können. Verblüfft überlegte ich, was das bedeutete. Erster Gedanke: *Ich darf nicht mehr machen, was mir so viel Spaß bringt. Turnklassen zu unterrichten.* Zweiter Gedanke: *Es halbiert sich mein ohnehin schon bescheidenes Gehalt.*

»Sie können gern einen Teilzeitjob außerhalb des Campus annehmen«, fügte er hinzu.

Als ich in jenem Sommer über meine Optionen nachdachte, drehte sich das Glücksrad noch einmal. Ich bekam einen Anruf von Jack Scott, den ich ein paar Monate zuvor kennengelernt hatte. Als Sportdirektor und Vorsitzender der Sportabteilung am Oberlin College in Ohio fragte er mich, ob es für mich infrage komme, als Assistenzprofessor an der Sportfakultät anzufangen. Die Vergütung war fast doppelt so hoch wie mein Stanford-Gehalt. Nachdem ich über diese Chance mit Linda gesprochen und einen Besuch am Oberlin gemacht hatte, nahm ich die Stelle an. Stets Optimist, dachte ich, der Umzug und die neue Umgebung könnten auch unsere Beziehung wieder aufleben lassen.

Ich schrieb jedem Mitglied meines Teams einen Brief, in dem ich die Gründe für meinen Abgang erklärte, und teilte den Jungs mit, dass ich einen hervorragenden neuen Trainer für sie empfohlen hatte. Ich schrieb, ich sei zuversichtlich, dass sie in ihrem Studium, in ihrer Ausbildung und ihrem ganzen Leben gut abschneiden würden.

Kapitel 8

Tage an der Fakultät

In einer absolut vernünftigen Gesellschaft
wären die besten von uns Lehrer
und der Rest von uns würde
sich mit anderem begnügen müssen.

LEE IACOCCA

Das Oberlin College hatte eine lange Tradition als Reform-Hochschule. Die 2900 Studenten teilten sich zwischen dem *College of Arts and Sciences* und dem hoch angesehenen *Oberlin Conservatory of Music* auf. Die kleine Universitätsstadt, eine intellektuelle und künstlerische Oase mitten in einer bäuerlichen Umgebung, hatte den Charme des Mittleren Westens, besonders wenn der Herbst die Bäume in leuchtende Farben tauchte und der Duft von Äpfeln, Kürbissen und Gewürztee in der klaren, kühlen Luft lag. Es war das erste Mal, dass ich vier klar definierte Jahreszeiten erlebte. Ich genoss meinen ersten Schneefall und breitete die Arme weit aus, während ich die Flocken mit der Zunge auffing.

Die Main Street grenzte an den Tappan Square, einen üppig gestalteten Landschaftsgarten, durchzogen von Spazierwegen zwischen dem Campus und der Stadt, in der es zwar ein Theater, aber nur einen Supermarkt und einen Baumarkt gab. Manchmal ging ich um das Arboretum herum, ein See mit Naturschutzgebiet in der Nähe eines öffentlichen 9-Loch-Golfplatzes. Einer meiner liebsten Fakultätskollegen war der Olympiasieger im 200-Meter-Lauf von 1968, Tommie Smith. Das Foto, das ihn (neben John Carlos) mit gesenktem Kopf und erhobener Faust im schwarzen Handschuh auf dem Siegertreppchen zeigt, wurde zu einer Ikone für Black Power und friedlichen Protest.

Die politischen Neigungen des College-Präsidenten Mr. Scott, eines ehemaligen Amateurboxers, erkannte man schon daran, dass er stets eine Baskenmütze mit rotem Stern auf dem Kopf trug. Er ließ sich einfach Jack nennen. Bereitwillig genehmigte er meinen Antrag auf drei Trampoline für meine neuen Kurse. Einer stand als »Mirthful Movement« (dt. »Fröhliche Bewegung«) im Veranstaltungsverzeichnis der ungewöhnlichen Lehranstalt und bot Jonglieren, Tumbling, Trampolinspringen und Seiltanz an. Zur Abschlussprüfung gehörte eine Zirkusvorstellung für die College-Community. Ich trainierte auch die Männer- und die Damenmannschaft der Kunstspringer, und beide Mannschaften sollten später Meisterschaften gewinnen.

Trotz des langen Winters in Ohio verging das erste Jahr schnell. Nachdem wir zunächst in einem College-Miethaus gewohnt hatten, zogen Linda und ich in eine Wohnung für Fakultätsangehörige in einem der Campus-Wohnheime. Meine Karriere fühlte sich stabil an, aber unsere Beziehung war distanziert und warf ihre emotionalen Schatten. Linda fühlte sich in einer konventionelleren Welt zu Hause, die mich irgendwie abstieß, ohne dass ich mir erklären konnte, warum. Eigentlich beneidete ich sie um ihr behagliches Leben. Wenn ich mich im Spiegel unserer Beziehung betrachtete, gefiel mir nicht, was ich sah. Früher hatte ich mich selbst als Ritter in glänzender Rüstung gesehen, aber jetzt war mein Schutzmantel verrostet. Selbst in der Rolle eines weisen College-Professors fühlte ich mich wie ein Scharlatan. *Wer bin ich, anderen etwas beizubringen, wenn ich anscheinend keine reife Beziehung aufrechterhalten kann?*, fragte ich mich selbst.

Linda, die meine Unzufriedenheit spürte, fand andere, befriedigendere Beziehungen, bis das Band, das uns zusammenhielt, immer schwächer wurde und schließlich zusammenbrach. Erneut beschlossen wir, uns vorübergehend zu trennen. Was mir das Herz brach, weil unsere Tochter Holly, die unschuldige Beobachterin der wachsenden Distanz zwischen ihren Eltern, arg zu kämpfen hatte.

In der Zwischenzeit wanderte ich weiter in einer spirituellen Wildnis und stolperte auf ein Licht zu, das ich kaum erkennen konnte, das gleichwohl aber immer in der Ferne flackerte.

Zweiter Teil

Die vier Mentoren

Wir empfangen die Weisheit nicht.
Wir müssen sie für uns selbst entdecken,
auf einer Reise, die niemand
für uns antreten oder uns ersparen kann.

Marcel Proust

Heute weiß ich, dass jeder Mensch auf einer spirituellen Suche ist, aber nicht alle sind sich dessen bewusst. Wer von uns sucht nicht nach Erfüllung und Sinn im Leben? Die Saat meiner eigenen Suche hatte sich mittlerweile ihren Weg durch den Boden ins Licht des bewussten Gewahrseins gebahnt, war aber noch nicht bereit, Früchte zu tragen.

Der indische Heilige Ramakrishna beschreibt, wie schwierig es ist, eine grüne Walnussschale zu öffnen, merkt aber an, dass man sie, sobald sie reif ist, mit nur einem Antippen aufbekommt. All meine Fähigkeiten und Erfahrungen waren Teil meines Reifeprozesses. Die ersten drei Lebensjahrzehnte hatten mich auf alles Folgende vorbereitet. Jetzt, wo ich bereit war, mich auf jede vielversprechende Möglichkeit zu stürzen, sollte ich in den nächsten zwei Jahrzehnten vier radikal unterschiedliche Mentoren treffen, die mir jeweils eine Initiation in meine künftige Arbeit bieten würden.

Kapitel 9

Der Professor

Erkenne dich selbst.

INSCHRIFT AM APOLLO-TEMPEL VON DELPHI

Im Frühling meines zweiten Jahres am Oberlin schaute ich einen Fakultäts-Newsletter durch und stieß auf eine Anzeige, in der es darum ging, sich für ein weltweites Reisestipendium zu bewerben, um irgendwo auf der Welt interkulturelle Forschung zu betreiben. Ich war sofort sicher: Das war etwas für mich. Als mir das Stipendium tatsächlich zugesprochen wurde, hatte ich wieder eine Richtung, wenn auch nur für drei Sommermonate – eine weitere Trennung auf Probe von Linda und eine Möglichkeit, mich wieder mit einer authentischeren Version meiner selbst zu verbinden, während ich mit verschiedenen Kulturen auf der ganzen Welt in Berührung kam, insbesondere in Asien, um Geist-Körper-Disziplinen zu studieren.

Nachdem ich ein paar Leute kontaktiert hatte, die ich auf meiner geplanten Reiseroute interviewen wollte, begann ich meine

Reise in den »Osten«, indem ich nach Westen reiste. Kurz nachdem ich in einem Hotel eingecheckt hatte, rief ich meine Tochter Holly an, um ihr Gute Nacht zu sagen, und dann spontan Herb, den ehemaligen Cal-Teamkollegen, den ich vor meiner LSD-Erfahrung konsultiert hatte. In Herbs Stimme lagen Leidenschaft und Autorität, als er ein »umwerfendes, lebensveränderndes Training« beschrieb, das er kürzlich in New York abgeschlossen hatte. Er teilte mir auch mit, dass das nächste vierzigtägige Arica-Training in nur drei Tagen in San Francisco beginnen sollte. Er empfahl mir, »alles stehen und liegen zu lassen und mich darauf einzulassen«.

Vierzig Tage?, dachte ich – und dann: *Warum nicht?* Ich hatte im Laufe der Jahre viele Möglichkeiten ausprobiert, mich zu entwickeln, hatte Erfolg im Sport und im Coaching, aber die Zufriedenheit hielt nie an. Nachdem ich das westliche Versprechen von Glück durch Leistung anzuzweifeln begonnen hatte, warf ich nun einen Blick auf das östliche Versprechen, das Wege der Selbstbeobachtung und inneren Arbeit gaben. Würden sie wirklich zu Selbsterkenntnis und Einsicht führen und sogar zu einer Möglichkeit, den Verstand zu transzendieren? So landete ich im Juni 1973 in San Francisco, in einem Zimmer mit grünem Teppichboden in der Market Street, zusammen mit siebzehn anderen spirituell Suchenden.

Keine gewöhnliche Schule

Ich ließ mich auf einem der *Zafu*-Kissen nieder, die in einem großen Kreis angeordnet waren. Niemand wollte neben mir Platz nehmen, und die anderen Kursteilnehmer vermieden jeden Blickkontakt. Das war nicht überraschend, weil meine Ohren zu grotesken Ausmaßen angeschwollen, meine Augen fast geschlossen und mein Gesicht und meine Kopfhaut rot und rosa gesprenkelt waren. Es juckte überall. Ein paar Tage zuvor hatte ich mit ein paar Freunden am Strand gecampt. Kurz nach Einbruch der Dunkelheit hatte ich geholfen, Gestrüpp und Zweige für die Feuerstelle zu sammeln, ohne zu wissen, dass ich eine Ladung Gifteiche im Arm hielt. Ich selbst hätte nun auch nicht neben mir sitzen wollen ...

Dann begann die Arbeit, und ich vergaß sofort alles andere. In wenigen Tagen verschwanden auch meine Hautausschläge, und ich fand mich eingetaucht in und sogar überwältigt von Übungen und Sichtweisen, wie ich sie noch nie zuvor erlebt hatte: Arica-Theorie und -Einsicht, gemischt mit Bewegungs- und Atemübungen, einschließlich einer neuen Art von Geist-Körper-Übungen, die alle wichtigen Gelenke und Energiezentren öffnete. Ich praktizierte Mantras und Meditationen und machte verschiedene durchaus anspruchsvolle Übungen, und zwar von dem Moment an, in dem ich morgens aufwachte, bis ich nachts die Augen schloss. Also zehn bis vierzehn Stunden am Tag.

Unsere Arica-Trainer waren auf eine Unisex-Art adrett und attraktiv, die Männer glatt rasiert und die Frauen mit relativ kurzen Haaren – alle auf eine distanzierte Art freundlich. Sie alle waren vom Gründer der Arica-Schule selbst ausgebildet worden. Sein Name war Oscar Ichazo.

Die Pflicht jedes Trainers bestand darin, Informationen und Anweisungen zu vermitteln, laut aus dem Arica-Handbuch vorzulesen und relevante Fragen zu beantworten. Sie hörten sich auch einige unserer Kleingruppendiskussionen an, um uns dabei zu helfen, auf Kurs zu bleiben. Ansonsten hielten sie sich im Hintergrund.

Eine Entstehungsgeschichte

Als Oscar auf dem Gut seines Vaters in Bolivien aufwuchs, litt er wiederholt unter lähmenden außerkörperlichen Erfahrungen, verbunden mit einer Todesahnung. Getrieben von dem Bedürfnis, seine mysteriöse Krankheit zu verstehen, verschlang er Bücher über Anatomie, Physiologie, Medizin und Psychologie und wurde so zu einer Art Wunderkind. Er hatte die Bibliothek seines Onkels geerbt, eine Sammlung von fast sechshundert Büchern über Philosophie und okkulte Wissenschaften, darunter die fünfzig Bände von *The Sacred Books of the East*, die er verschlang und die in ihm den Wunsch weckten, sich mit der Praxis dieser Traditionen vertraut zu machen.

Oscars Suche führte ihn zu einem *Curandero* und anderen Schamanen unter den Ureinwohnern in seiner Umgebung. Von diesen Kräuterheilern lernte er einiges über pflanzliche Arzneimittel sowie die richtige Anwendung von *Ayahuasca*, einem Pflanzen-Gebräu aus dem Amazonasgebiet. Dann absolvierte er ein intensives Samurai-Training mit Sensei Kentaro Ohara.

Später wurde er nach Buenos Aires eingeladen, wo er einer Gruppe fortgeschrittener spiritueller Lehrer aus unterschiedlichsten Traditionen vorgestellt wurde: Sufis, Kabbalisten, Alchemisten und Zen-Lehrer. Sie trafen sich, um sich über ihre jeweiligen spirituellen Lehren und Praktiken auszutauschen und fanden, Oscar sei ein geschickter Schüler. So wiesen sie ihm bestimmte Übungen aus allen Traditionen zu. So lernte Oscar, welche Kombinationen am effektivsten waren. Und nach drei Jahren Kundalini-Praxis befreite er sich endlich von den unbeherrschbaren außersinnlichen Erfahrungen, die ihn seit seiner Kindheit geplagt hatten.

Sein Ziel war es, »die Wurzel einer neuen Tradition zu pflanzen«, wie er es nannte: eine weltumspannende mystische Schule zu gründen, die auch vereinbar mit einem wissenschaftlichen Standpunkt sein sollte. Er nannte sie Arica, nach der chilenischen Stadt, in der er unterrichtete. Seine Herangehensweise an das Erwachen basierte auf präzisen Parametern, mit dem übergeordneten Ziel aller Mystiker: Einheit.

1970 erregte eine kurze, kryptische Botschaft Aufsehen im Esalen-Institut, dem Epizentrum der Human-Potential-Bewegung auf den Küstenklippen von Big Sur, Kalifornien. Sie lautete: *Ein von Liebe erfüllter Narr wartet in der Wüste.* Bei dieser Wüste handelt es sich um die große Atacama, die an die Stadt Arica in Chile angrenzt. Die Notiz war unterzeichnet von Oscar Ichazo, den ich von jetzt an als den Professor bezeichnen werde.

Bald darauf erklärten sich etwa fünfzig Esalen-Workshopleiter und zertifizierte Fachleute, darunter der Arzt John Lilly und der Psychiater Claudio Naranjo, bereit, für zehn Monate nach Chile zu reisen, um bei dem Professor zu studieren und seinen Schritt-für-Schritt-Prozess zur Erleuchtung zu erleben. Bei ihrer Ankunft sagte Oscar zu ihnen: »Bei allem Respekt vor der Macht des religiösen Glaubens, aber sich auf verehrte Autoritäten und nie infrage gestellte Überzeugungen zu verlassen kann den sich entwickelnden Bedürfnissen der modernen Menschheit nicht mehr gerecht werden.« In Übereinstimmung mit einem Albert Einstein zugeschriebenen Gedanken, dass wir Probleme niemals auf derselben Bewusstseinsebene lösen können, auf der sie entstanden sind, wollte der Professor die Menschheit auf eine höhere Bewusstseinsebene heben, um ihre aufkommenden Probleme zu lösen.

Nachdem sie sich in Chile zehn Monate lang intensiv mit dem Studium der Arica-Theorie und -Praxis beschäftigt hatten, zogen der Professor und seine Kerngruppe aus Lehrern in die Vereinigten Staaten um. Die Bewegung begann, wie so vieles, in New

York. Als Mitglieder der Kerngruppe – die erwartet hatten, dass er seine öffentliche Lehrtätigkeit in Esalen beginnen würde – den Professor fragten, warum er sich so entschieden habe, antwortete er: »Wenn ihr in New York City erleuchtet werden könnt, könnt ihr überall erleuchtet werden.«

Auch in San Francisco wurde ein Arica-Schulungszentrum eröffnet, was mich zu meinen eigenen Erfahrungen in der Schule des Professors zurückbringt.

Eine ursprüngliche Lehre

Zu Beginn des Arica-Trainings wurden die Männer gebeten, sich die Gesichtsbehaarung abzurasieren, und die Frauen (und einige Männer), längere Haare zurückzubinden. Ein Trainer machte dann Fotos von uns, die dem Professor zugeschickt wurden. Der analysierte anhand dieser Fotos spannungsbedingte Asymmetrien in jedem Gesicht, die etwas mit der neuralen Verdrahtung zum Gehirn zu tun haben sollten. Seine Analyse ermöglichte es dem Professor, die *Ego-Fixierung* jedes Schülers zu identifizieren, einen von neun sensiblen Punkten, die etwas über unsere unbewusste Beziehung zur Welt aussagen.

Die Vorstellung, dass die Spannungen in meinem Gesicht meine unbewussten Strategien (oder die von irgendjemandem) offenlegen könnten, war mir völlig neu. Die neun Fixierungen wurden als neunzackiger Stern in einem Kreis dargestellt – ein Enneagramm-Symbol, das zuvor von Mystikern wie George Gurdjieff verwendet worden war. Oscar Ichazo war einer der ersten, der die Strukturen des Ich auf diese Weise zum Zweck der Selbsterkenntnis analysierte. Oscars bahnbrechende Arbeit wurde später von Helen Palmer und anderen Enneagramm-Autoren adaptiert und populär gemacht, wobei diese hauptsächlich über die Fixierungen in Form von Persönlichkeitstypen schrieben.

Außer der Landkarte des Professors zur Struktur der Psyche habe ich auch eine neue Art des »Denkens mit dem ganzen Körper« kennengelernt, betrachtet, diskutiert und damit gearbeitet, also mit jedem Organ, das Antworten gab auf wesentliche Fragen wie »Was brauche ich?« oder »Wie hoch ist meine Belastbarkeit?« oder »Kann (das) eliminiert werden?«. Diese Übung inspirierte später das Konzept der *Körperweisheit* in meinem Schreiben. Wie unser Trainer aus dem Arica-Handbuch vorlas: »Der Körper ist der Projektor, der Geist die Leinwand« – eine Erkenntnis, die meiner Meinung nach aus dem Samurai-Training des Professors stammt, denn im Kampf bleibt keine Zeit zum Grübeln. Der Körper muss sofort, instinktiv und entschlossen handeln.

Die Arbeit des Professors basierte also nicht auf kognitiven Landkarten und Modellen, sondern auf seinem umfassenden Verständnis der Neuroanatomie des menschlichen Körpers. Meine Ausbildung bestand zum größten Teil aus körperlichen Übungen, um alle Organsysteme zu erwecken.

Mein Training und mein Prozess

Während meines Arica-Trainings kam ich mit mehr als dreißig spezialisierten Meditations- und Atemübungen in Kontakt. Und ich lernte so viele Landkarten zur Erweiterung des Bewusstseins für meine Psyche kennen, dass mir der Kopf schwirrte.

Eine dieser Landkarten umfasst neun elementare Wege oder Türen, die wir Menschen gewöhnlich nutzen, um den Stress des Lebens zu kompensieren, darunter Alkohol (und andere Drogen wie Tabak und Opiate), psychosomatische Erkrankungen,

Hyperaktivität, Kriminalität, psychische Panik, Psychoneurose (oder in extremen Fällen Psychose), Überfressen, Grausamkeit und Sexsucht. Unsere Klasse hielt sich jeden Tag eine Stunde in kleinen Gruppen auf und diskutierte, wann und wo wir jeweils eine oder mehrere dieser Türen benutzt hatten.

Der Professor hatte anscheinend einmal gesagt, dass die Türen Sex, Überfressen und Hyperaktivität bewusst genutzt werden können, also auf weniger extreme oder dysfunktionale Weise als einige der anderen Türen. Als Beispiel hatte er hinzugefügt: »Es ist besser, einen Keks zu essen, als Kopfschmerzen zu bekommen.«

Apropos Essen: Uns wurde geraten, Nahrung mit einem höheren Proteingehalt und weniger Kohlenhydraten zu uns zu nehmen, und während des Trainings eher Fisch als rotes Fleisch zu essen. Da ich weder Fleisch noch Fisch aß, hielt ich mich an Eier, rohe Nüsse, Bohnen und Milcheiweißquellen sowie Salate und frisches Obst.

Innere Landkarten und Übungen

Eine signifikante Arica-Landkarte, die früh im Training offenbart wurde, befasste sich mit aufsteigenden Bewusstseinsebenen, beginnend am unteren Ende der Skala mit *blindem Glauben*, dem »Gegenteil von Erleuchtung«, gekennzeichnet durch tief verwurzelte Angst (oft als Draufgängertum maskiert), angespannte Muskulatur, aufgestaute Gewalt und eine totale Identifikation mit Überzeugungen, die nichts mit der Realität zu tun haben. Der Trainer erklärte: »Laut Oscar hat ein großer Teil der Menschheit auf dieser Ebene zu kämpfen.« Ich wollte diese Aussage kaum glauben, bis ich Jahrzehnte später erkannte, dass sich ein großer Teil der Menschheit immer noch an eigentlich unhaltbare Überzeugungen und an Verschwörungstheorien klammert.

Die nächste Ebene, so unser Trainer, ist *Social Dogma*, verkörpert von Individuen, die in einer Wirklichkeit der Konventionen und des Konsens gefangen sind, sich an die populäre Denkweise, den gängigen Geschmack und entsprechende soziale Vereinbarungen halten und sich ständig Gedanken darüber machen, was »sich gehört«.

Die dritte Ebene, die von bestimmten Prominenten, Sportlern, Politikern, Rockstars und Kriminellen verkörpert wird, konzentriert sich auf ein *aufgeblasenes Selbstbild* – darauf, das eigene Ich als etwas Besonderes, Überlegenes und über den Gesetzen oder Regeln des gesellschaftlichen Zusammenlebens Stehendes zu erleben.

»Der Aufstieg auf eine höhere Ebene ist nur möglich«, sagte der Trainer, »wenn man seine aktuelle Ebene durchschaut.« Sobald sich eine Person über blinden Glauben, soziale Dogmen und ein aufgeblasenes Selbstbild hinausbewegt, klammert sich ihre Psyche an selbst erdachte Theorien zu fast allem.

Auf der nächsten Ebene geht es um eine *dunkle Nacht der Desillusionierung*, wo Theorien nicht mehr ausreichen und wir uns der Realität stellen, dass wir schlafen – eine Erkenntnis, die den Weg zu sechs höheren Ebenen des Bewusstseins öffnet und die in einem Zustand der Einheit gipfelt, auf den ich vor Jahren auf meiner LSD-Reise einen kurzen Blick geworfen hatte.

Daher begab ich mich auf einen Weg des Lernens, der so ganz anders war als meine akademische oder bisherige körperliche Ausbildung. Wir haben uns in intensiver Gruppenarbeit an diesen Arica-Landkarten abgearbeitet, was zu einer tiefen, aber ernüchternden Selbsterkenntnis geführt hat. (Ernüchternd oder desillusionierend bedeutet in diesem Fall eine Befreiung von

Illusionen, Heuchelei und bestimmten Selbstbildern.) Ich musste mich der Tatsache stellen, dass ich noch schlief und nach einer Möglichkeit suchte aufzuwachen. Diese Suche hatte mich zum Arica-Training gebracht und auf meinem Weg vorangetrieben.

Arica bot mir Landkarten des Territoriums, aber die Reise musste ich selbst machen, die Arbeit auch: intensive Selbstprüfung, beschleunigt durch den Gruppenprozess und unterstützt durch Atemarbeit und Meditationsübungen. In einer dieser Übungen saß ich einem Partner gegenüber, und wir schauten uns fünf Minuten lang in die Augen, bevor wir zum nächsten Partner übergingen. Das Entscheidende an dieser Übung war nicht persönlich, sondern transpersonal. Es ging darum, jeden von uns mit dem Herzen der ganzen Menschheit in Verbindung zu bringen.

Um uns nach psychologisch schwieriger introspektiver (Schatten-)Arbeit zu entspannen, wurden wir auch in eine Vielzahl von JERFs eingeführt, was für Joy (Freude), Energie, Relaxation (Entspannung) und Fun (Spaß) steht, etwa afrikanischen Tanz, munteren Gruppengesang, Theaterspiel und Partner- bzw. Team-Übungen, bei denen wir uns manchmal schlappgelacht haben.

Während einer neuen Meditation lag ich auf dem Rücken, die Hände hinter dem Kopf verschränkt, die Daumen auf die Ohren gepresst. In der Stille, die dann folgte, wurde ich mir nach und nach immer tieferer Schichten innerer Klänge bewusst. Danach kombinierte ich Atemarbeit mit langsamen Bewegungen, die innere Hitze erzeugten. Unser Trainer las im Handbuch und fasste die zahlreichen Vorteile einer langsamen und tiefen Atmung kurz zusammen, unter anderen »langsamere Herzfrequenz, niedrigerer Blutdruck, Stimulation des Vagusnervs, was die Kampf-oder-Flucht-Reaktion sowie Angst und Anspannung vermindert«.

Eine andere Atemübung beinhaltete ein langsames Ein- und Ausatmen, abgestimmt auf die langsam steigenden und fallenden

Refrains von Maurice Ravels *Boléro*. Diese Übung bereitete mich auf eine Kundalini-Übung vor, die den Spinalkanal öffnet: Ich visualisierte den glühenden Kopf einer Schlange, die sich in den eigenen Schwanz beißt und sich bei jedem Einatmen langsam meine Wirbelsäule hinaufbewegt. Ich hörte und spürte ein inneres Knacken oder Knallen beim Einatmen. Dann, nachdem der Kopf der glühenden Schlange durch den Atlaswirbel gestiegen war und sich durch den Hypothalamus und die Zirbeldrüse nach vorn krümmte, wanderte er mit dem Ausatmen durch den Frontallappen, das Gaumensegel, den Hals, das Herz und das Zwerchfell nach unten, pausierte am Damm und bewegte sich dann wieder die Wirbelsäule hinauf. Jeder vollständige Ein- und Ausatmungszyklus dauerte etwa eine Minute. Im Laufe einer Stunde habe ich also etwa sechzigmal ein- und wieder ausgeatmet. Als sich Schweißperlen auf meiner Stirn bildeten, verstand ich, warum diese Übung Teil einer Trainingsphase namens *Fire Week* war.

Diese Arbeit, die mit einer Vielzahl von Meditationen, Mantras, Kontemplationsübungen, Visualisierungen und Atemübungen einherging, war meinen Notizen zufolge, »wie mit verbundenen Augen auf einem dahinrasenden Fahrzeug Schlittschuhlaufen zu lernen … oder durch Schichten von Sediment zu graben, um die Mutterader zu finden«.

Ein jüngerer Körper

An einem Samstagmorgen saß ich im warmen Wohnzimmer eines alten viktorianischen Hauses in San Francisco zwischen vielen halb nackten Körpern, während zwei unserer Trainer uns Schritt für Schritt eine siebenstündige knochenmodulierende Selbstmassage beibrachten, die Oscar *Chua Ka* nannte, basierend auf einer rituellen Reinigung, die von mongolischen Kriegern verwendet wird, um chronische, auf Angst beruhende Spannungen zu lösen. »Bei dieser Form der Körperarbeit«, erklärten sie, »wird jedes Körperteil mit einer anderen Angst in Verbindung gebracht.« Beispielsweise dauerte es allein schon fast eine volle Stunde, um die Füße zu bearbeiten, von denen gesagt wird, dass sie die »Angst, man selbst zu sein« festhalten.

»Warum werden die Füße mit dieser besonderen Angst in Verbindung gebracht?« fragte ich.

»Der ganze Körper wird von den Füßen repräsentiert«, antwortete sie. »Und Spannungen dort verhindern eine bewusste Verbindung zur Erde.«

Das Ziel war, Unebenheiten oder, wie sie es nannten, »Angstkügelchen« auf der Oberfläche jedes Knochens zu glätten, zuerst mit den Händen, dann mit einem hölzernen *Ka*, einem Werkzeug, mit dem man noch tiefer gehen kann.

Einer der Trainer erklärte, diese Selbstmassage sei laut dem Professor eine Möglichkeit, »unmittelbare Verantwortung für die eigene Entwicklung zu übernehmen«. In gewisser Weise spiegelte dieser Chua-Ka-Prozess die Essenz des gesamten Trainings wider und demonstrierte die psychophysische Arbeit, die notwendig ist, um Körper und Geist auf das Erwachen vorzubereiten, ähnlich wie wir unser Zuhause reinigen und aufräumen, wenn wir einen besonderen Gast erwarten.

Als ich den Prozess durchlaufen hatte, fühlte sich mein Körper so entspannt und geschmeidig an wie der eines kleinen Kindes. Im Laufe der Monate wiederholte ich diese Selbstmassage mehrmals. Ich musste mich immer wieder daran erinnern, dass der Zweck dieser Knochenmassage nicht darin besteht, »Angst loszulassen«, sondern vielmehr, angstbasierte Anspannungen zu lösen, die sich im Laufe der Jahre in mir aufgestaut hatten.

Wiedergeburt der Sinne

Gegen Ende des Arica-Trainings suchte ich mir, wie angewiesen, ein leeres Zimmer für das Wochenende, in meinem Fall im Berkeley YMCA. Ich räumte alle Möbel bis auf eine Matratze am Boden aus dem Zimmer und deckte das Fenster mit einem Laken ab, um das Licht abzudunkeln und jeden ablenkenden Ausblick zu eliminieren. Ich brachte gerade genug Essen mit, um mich aufrechtzuerhalten, sowie knapp vier Liter Wasser. Bücher oder andere Formen der Zerstreuung waren nicht erlaubt. Wenn ich zur Toilette ging, sollte ich möglichst darauf achten, niemand anderem zu begegnen.

Ich betrat das Zimmer am Freitagabend und verließ es am Montagmorgen. An diesem langen Wochenende fand ich die Einsamkeit friedlich, langweilig und manchmal zum Verrücktwerden. Ich saß da, ging auf und ab und saß wieder eine Weile. Abgesehen von leichten Dehnungen sollte ich keine Übungen machen, nicht meditieren, nicht masturbieren – nur ich und mein sogenannter Verstand. Und die Stunden vergingen.

Am Montagmorgen trat ich hinaus in einen sonnigen Tag, überwältigt von einem Fest der Sinne: die blaue Tiefe des Himmels, die Mischung aus Verkehrsgeräuschen und Gitarrenmusik, Gelächter und Gesprächen. Ich pflückte ein Blatt ab und roch sein Aroma, erfreute mich mit den unverbrauchten Sinnen eines Kindes an der Welt.

Ich dachte darüber nach, dass Kleinkinder in einem sinnlichen Garten Eden leben, wo alles frisch ist. Unser Sündenfall beginnt, wenn Namen und Meinungen die unmittelbare Wahrnehmung verdunkeln und wir anfangen, die Welt durch einen Schleier von Assoziationen, Überzeugungen und Interpretationen zu sehen – eher Erinnerungen an die Dinge als die Dinge selbst. *Vielleicht,* dachte ich, *kann ich Befriedigung finden, indem ich nicht etwa nach mehr strebe, sondern indem ich die Fähigkeit entwickle, alles besser zu würdigen, auch wenn es weniger ist.*

Eine Stunde später war ich zurück in San Francisco, in diesem Raum mit Teppichboden, den ich so gut kannte, und beendete den letzten Tag des Arica-Trainings mit einer abendlichen Feier, voller Dankesbekundungen an unsere Trainer und an Oscar Ichazo, den Professor, obwohl ich ihm nur indirekt, nämlich durch seine außergewöhnliche Schule, begegnet war.

Weltreise – Suchen und Forschen

Nach dem Arica-Training fühlte ich mich wie ein Kosmopolit und schwamm regelrecht in einem neuen Verständnis meiner selbst und des menschlichen Daseins. Und schließlich machte ich mich zu meinen Auslandsreisen auf. Mein Open-Air-Ticket von Pan American, vom College zu einem Pauschalpreis erworben, machte es mir damals möglich, in fast jede größere Stadt zu reisen, die sie auf der ganzen Welt anflogen, ohne meinen Flug planen zu müssen. Auf meiner Reiseroute lagen Kalifornien, dann Hawaii, Japan, Okinawa, Hongkong, Indien, Griechenland und eine kurze Übernachtung an der Küste Portugals, bevor ich nach New York und dann zurück nach Ohio flog. Abgesehen davon, dass ich vor meiner Abreise ein paar Schlüsselpersonen kontaktiert hatte, waren mein Zeitplan und meine anderen Pläne weitgehend offen.

Mit leichtem Gepäck, nur einem kleinen Rucksack, flog ich von San Francisco nach Los Angeles. Nach einem herzzerreißenden Anruf bei Holly und einem kurzen Besuch bei meinen Eltern nahm ich an einer Trainingseinheit in einem örtlichen

Aikido-Dojo teil, als einer von vielen fließenden, fallenden und rollenden Körpern. Dann besuchte ich Gordon Doversola, meinen ehemaligen Okinawa-Te-Sensei, der mir half, die 108 Bewegungen des Falling-Leaf-Kata neu zu lernen – eine Übung, mit der ich bereits in der Highschool Bekanntschaft gemacht hatte.

Am California Institute of the Arts interviewte ich den Tai-Chi-Meister Marshall Ho'o und lernte Cosmic Stance kennen, eine Energiemeditation im Stehen, die ich später meinen Oberlin-Schülern beibrachte. Kurz nach diesem Kurs ergab sich eine von vielen Synchronizitäten auf meiner Reise. Völlig überraschend lief ich dem Autor Carlos Castaneda über den Weg. Da ich seine ersten beiden Bücher gelesen hatte und sie faszinierend fand, nahm ich an diesem Nachmittag an einem kurzen Vortrag von ihm im Cal Arts teil. Obwohl er darauf bestand, dass seine Bücher »wahre Berichte« seien, hatte ich meine Zweifel. Buchstäblich wahr oder nicht, sehr viele Leser waren fasziniert davon.

Auf meiner Fahrt nach Norden machte ich einen Zwischenstopp in Esalen, wo ich an einem Seminar zur Gestaltpsychologie von Fritz Perls teilnahm und dann an einem zweitägigen Intensivkurs zum Thema Erleuchtung. Darin ging es vorrangig um eine Koan-ähnliche Partnerkontemplation »Sag mir, wer du bist«, die schließlich einen (von Gedanken freien) Satori-Zustand hervorrief, der mehrere Stunden anhielt. Eine Zeit lang fühlte es sich an, als sei ich wieder im Arica-Training.

Kurz nach meiner Landung in Oahu, Hawaii, traf ich mich mit Dr. Lily Siou, Leiterin der Six Chinese Arts School für *Chi Kung.* Chi Kung kombiniert Elemente aus Atmung, Konzentration und langsamer Bewegung in Übereinstimmung mit der chinesischen Fünf-Elemente-Theorie, um die Meridiane zu öffnen, durch die das Chi zirkulieren soll. Ich hatte auch ein paar Stunden reinen Spaß mit Freunden in der Waikiki Acrobatic Troupe.

Ich machte Handstände und Purzelbäume auf einem üppigen Rasen zwischen Zoo und Strand, während eine Meeresbrise das süße Aroma von Ilima-Blüten heranwehte.

Als am Tag meiner Abreise die Sonne aufging, betrat ich die Turnhalle einer Highschool für einen Kurs mit Koichi Tohei-sensei, einem führenden Aikido-Meister, der die Kraft des *Ki* (auch *Chi* oder *Prana* genannt) an einem Test namens »Der unbeugsame Arm« demonstrierte, den ich in meinen frühen Aikido-Tagen gelernt hatte. Sie zeigt, wie ein relativ entspannter Arm ganz einfach gestreckt bleiben kann, während ein Partner zunehmenden Druck ausübt, um ihn zu beugen. Tohei, der als Kind Asthmatiker gewesen war, hatte eine beeindruckende Atemkontrolle entwickelt. Die demonstrierte er, indem er tief einatmete und dann eine volle Minute lang kontinuierlich in ein Mikrofon ausatmete, bevor er mit der verbleibenden Atemluft einen lauten Kampfkunstschrei (*Kiai*) ausstieß – meine perfekte Verabschiedung nach Japan.

Nachdem ich auf dem Flughafen Narita gelandet war, glaubte ich mich aufgrund der veränderten Umgebung und der Zeitumstellung in einer traumartigen Erfahrung. Ein hilfsbereiter älterer Japaner verließ seinen Zug, um mir den Weg zu einer kleinen Herberge in der Nähe des Bahnhofs Shinjuku in Tokio zu zeigen, wo eine Frau im Kimono sich verbeugte und mich dann anwies, meine Sandalen auszuziehen und mir die Füße zu waschen, und die mir dabei ein kleines Handtuch und ein Paar Pantoffeln überreichte. Im Foyer traf ich auf einen amerikanischen Kampfkunstlehrer namens Bill Thomas, einen kräftig aussehenden Burschen, der sich spontan bereit erklärte, mein Reiseleiter nach Kyoto zu sein.

Dort pilgerten wir gemeinsam auf den Berg Fuji, um den Sonnenaufgang vom Gipfel aus sehen zu können. Auf die siebenstündige

Wanderung nach oben folgte ein befriedigender Sprint den mit granulierter Lava bedeckten Berg hinunter, bei dem allerdings meine Turnschuhe vollkommen zerfetzt wurden. Auf meiner weiteren Reise in diesem heißen Sommer trug ich hölzerne *Geta*-Sandalen und einen Fuji-san-Spazierstock. Trotz ihres seltsamen Aussehens fand ich die *Geta* bequem, und der Spazierstock, der sogar in Flugzeugen erlaubt war, regte mich an, mich in einem ruhigen und gemessenen Tempo vorwärtszubewegen.

Nach dem Arica-Training (meine ganz persönliche Version eines Shaolin-Tempels) fühlte ich mich wie die fiktive Kung-Fu-Figur Kwai Chang Caine, ein einsamer Reisender auf der Suche.

Am nächsten Tag besuchten Bill und ich das Kodokan, Zentrum des Judo (sanfter Weg); das Hombu-Dojo, Welthauptquartier des Aikido, und die Japan Karate Association, wo ich mir, kurz bevor ich meinen nächsten Flug erwischte, eine Trainingseinheit anschaute.

Ich verbrachte einen ruhigen, aber denkwürdigen Abend in Okinawa. Als ich spätabends ein noch unverschlossenes und leeres Dojo fand, zog ich die Schuhe aus und machte die Falling-Leaf-Übung. Dann saß ich eine Weile in Meditation, bevor ich mich auf den Weg zurück zu dem winzigen Flughafen machte. Ich wusch mich im Waschraum im zweiten Stock, schlich mich durch ein offenes Fenster auf den Betonvorsprung hinaus, breitete mein Bettzeug aus und schlief unter einem von Sternen übersäten Himmel ein. Im Morgengrauen wusch ich den Schweiß der Nacht ab und flog nach Hongkong, wo ich zwei heiße Nächte in einem heruntergekommenen Hotel verbrachte, dessen Klimaanlage aus einem ratternden Deckenventilator bestand. Am nächsten Morgen machte ich bei Sonnenaufgang zusammen mit älteren Chinesen Tai-Chi-Übungen in einem Park, bevor ich meinen Flug nach Kalkutta in Indien erwischte.

In Kalkutta landeten wir bei Einbruch der Dunkelheit. Da ich noch keine Unterkunft gebucht hatte, vertraute ich mich einem Taxifahrer an, der mich in eine Unterkunft brachte, die sich als kahles Zimmer herausstellte und letztendlich nicht größer war als ein begehbarer Kleiderschrank. Als ich endlich eingeschlafen war, wurde ich regelmäßig von Ratten geweckt, die unter meiner erhöhten, mit Stroh gefüllten Pritsche herumhuschten. Am nächsten Morgen erkundete ich, überwältigt von Gerüchen nach Schweiß und Kot, gemischt mit denen verschiedener Gewürze, die zum Verkauf angeboten wurden, einen Open-Air-Markt, kaufte ein paar Postkarten, ein Souvenir für Linda und einen Anhänger für Holly.

Von Madras (Chennai) in Südindien war es nicht weit nach Pondicherry und zum Ashram von Sri Aurobindo, einem Renaissancemenschen, der die Welten der Poesie, der politischen Aktion und des integralen Yoga vereinte. Etwas außerhalb seiner als Utopie gedachten Stadt Auroville traf ich den viel beschäftigten Ashram-Manager, der mir erklärte, wegen eines großen Festivals später an diesem Tag könnten sie leider niemanden entbehren, um mich herumzuführen. Als ich gerade wieder gehen wollte, bemerkte ich ein paar Fotos unter Glas, von denen eines einen Turner am Reck zeigte. Als ich erwähnte, dass ich Turnerfahrung habe, sagte der Manager, ihr Turnlehrer sei gerade krank, und fragte, ob ich für die Dorfkinder am Reck auftreten könne. Nach meiner Reckübung, die den Kindern sehr zu gefallen schien, bekam ich doch noch eine Führung durch Auroville.

In Bombay (heute Mumbai) besuchte ich Sri Yogendra, einen Yogi mit weißem Bart, der immer den Finger hob, wenn er Anwesenden etwas verdeutlichen wollte. Als Leiter des *Scientific Yoga Institute* sprach er über die vielen Ebenen der Yoga-Kunst und -Wissenschaft.

Bei einem kurzen Besuch in Athen, Griechenland kommunizierte ich, umgeben von anderen Touristen, am Parthenon mit den Geistern der antiken Philosophen, bevor ich wieder nach Hause flog. Nach einer Zwischenlandung mit Übernachtung in Cascais, Portugal, nahm ich einen Transatlantikflug nach New York City.

Als ich auf dem langen Flug immer wieder einnickte, schwebten eine Reihe von Bildern wie Wolkenträume durch mein Gedächtnis: heiße Mineralquellen und Gischt von Wellen, die gegen die Klippen von Big Sur schlagen, und das Krächzen von Möwen am von der aufgehenden Sonne erleuchteten Himmel … Regenbogenfeuerwerk über der Brandung von Waikiki, während ich auf dem Hausboot eines Freundes Ravioli esse … ich sehe einen rosa Sonnenaufgang vom Gipfel des Fuji in der kalten Luft in 3.700 Meter Höhe … japanische Kinder spielen mit 13 Zentimeter langen zahmen Käfern ... in einem japanischen Heißbad werde ich blitzsauber geschrubbt ... ich streiche mit der Hand über Flechten und Moos neben einem Zen-Teich in der kargen Stille eines Steingartens. Überall Menschen, die ihre Arbeit verrichten, ihren Lebensunterhalt verdienen und, vielleicht wie ich, auf der Suche nach Sinn, Liebe und Verständnis sind.

Wenn ich darüber nachdenke, waren alle meine Reisen ein Nachtrag zu meinem Arica-Training, das mir die Augen geöffnet und meine Intuition so weit geweckt hat, dass ich die Reisen wirklich zu würdigen wusste. Aber nichts, was ich auf der ganzen Welt erlebt habe, war so transformierend wie die Schule des Professors. Ich war rund um den Globus geflogen und hatte den mystischen Osten gesucht – nur um hinterher festzustellen, dass der Osten schon auf Besuch in San Francisco gewesen war.

Wieder zu Hause

Linda und Holly warteten auf mich, als ich in Ohio aus dem Flugzeug stieg. Holly rannte auf mich zu, quietschte vor Freude und umarmte mich ganz fest. Meine Umarmung mit Linda war herzlich, aber ohne wirkliche Intimität, so als würde man eine alte Freundin umarmen. Es war nun offensichtlich, dass Zeit und Erfahrung uns in verschiedene Richtungen gezogen hatten. Linda war in meiner Abwesenheit nicht einsam gewesen. Sie hatte neue Freunde und Vertrautheiten gefunden.

Ich war beeindruckt von der tiefen Kluft zwischen den Arica-Trainingsübungen und den tatsächlichen Gegebenheiten des täglichen Lebens in der realen Welt. Nach all der intensiven Arbeit hatte sich meine Atemkontrolle und Konzentration verbessert, und mein Körper fühlte sich irgendwie offener an, aber sonst hatte sich kaum etwas verändert. All diese Meditationen und anderen Übungen waren in meinem Alltag nicht hilfreicher als meine Fähigkeit, einen Überschlag mit Drehung zu machen. Ich war selbstbewusster, aber immer noch selbstbezogen, offener für eine objektive Selbstbeobachtung, aber immer noch geplagt von meiner gescheiterten Ehe. Zumindest war ich jetzt bereit, der Tatsache ins Auge zu sehen, dass wir nur noch dem Namen nach verheiratet waren. Wir hatten einfach keinen Grund gefunden und keinen Antrieb gehabt, uns scheiden zu lassen.

Ein »Joy-Gefühl«

Dann, im Herbst 1973, tauchte wie aus dem Nichts etwas Kleines, Großartiges und Wunderbares auf. Ich begegnete einer Frau namens Joyce, deren letztes Jahr am Oberlin gerade begonnen hatte.

Ich war damals siebenundzwanzig Jahre alt, sie einundzwanzig. Als Joyce an unsere Tür klopfte und unsere Wohnung im Studentenwohnheim betrat, um die Bügelwäsche für Linda zu erledigen, trat ein Zauberhauch mit ihr ein, und die Welt, der Moment, war nicht mehr einfach nur normal. Ihr kurzes schwarzes Haar hing in Stirnfransen über großen dunklen Augen und einem strahlenden Lächeln.

Ich hatte mir gerade ein neues Album von Cat Stevens angehört, also bot ich ihr die Kopfhörer an, während sie bügelte. Wir sprachen an diesem Abend nur kurz miteinander, aber sie hinterließ einen starken Eindruck, genau wie Jahre zuvor der alte Mechaniker an der Tankstelle. Ich hatte zwar keine Ahnung, welche Rolle sie in meinem Leben spielen würde, aber ich hatte ein Gefühl des Erkennens, als wären wir uns schon einmal begegnet. Es erinnerte mich an etwas, das der Gitarrenmaestro Andrés Segovia einmal über das erste Mal, als er sein Instrument in die Hand nahm und zu spielen begann, gesagt hatte: »Es hat sich nicht wie Lernen angefühlt, sondern wie Erinnern.«

Zu diesem Zeitpunkt führten Linda und ich im Wesentlichen getrennte Leben mit jeweils eigenen Interessen, Werten und Freunden. Elternschaft war unsere einzige Gemeinsamkeit. Wir lebten nur noch wegen Holly und aus Bequemlichkeit zusammen.

Da Joyce im Wohnheim wohnte, sah ich sie manchmal in der Lobby und einmal im Café Rathskeller auf dem Campus, wo sie Teilzeit arbeitete. Ich erzählte ihr ein paar Dinge über das vierzigtägige Arica-Training. Als ich merkte, dass Worte hier zu kurz griffen, fragte ich sie, ob sie nicht Lust habe, eine Meditation auszuprobieren, bei der man einander in die Augen schaut – ein provokanter Vorschlag für einen verheirateten Mann, aber meine Motive in diesem Moment waren gut gemeint. Joyce schien fasziniert von meinen Beschreibungen des Arica-Trainings und von der Meditation – und vielleicht ein wenig von mir.

Als wir nach dem Unterricht durch das Arboretum und an dem kleinen Golfplatz vorbeigingen, erzählte mir Joyce eine Geschichte über den Tag ihrer Geburt. Als ihre Mutter der Krankenschwester sagte, der Name ihres Babys sei Joy, verhörte sich die Krankenschwester und schrieb Joyce in die Geburtsurkunde. Ihre Mutter, die aus einer Zeit stammte, in der man glaubte, das sei zu akzeptieren, nannte ihre Tochter denn auch so. Joyce vertraute mir an, dass sie schon immer den Namen verwenden wollte, den ihre Mutter für sie vorgesehen hatte, weil er ihr lieber war. Also war sie von da an auch für mich Joy.

Im Januar durften Oberlin-Studenten auf dem Campus oder anderswo ein Selbststudium in einem bestimmten Bereich machen. Ich schlug Joy vor, ein bevorstehendes Arica-Training in Atlanta in Erwägung zu ziehen, das kurz nach Neujahr 1974 beginnen sollte. Nachdem sie sich ein wenig informiert hatte, beschloss sie, sich anzumelden.

Joy erinnert sich

So erinnere ich mich an meine erste Begegnung mit Dan: Seine Frau Linda hatte mich engagiert, etwas für sie zu bügeln. Wie die meisten College-Studierenden brauchte ich das Geld, und sie zahlte gut – fünfzehn Dollar die Stunde! Während ich ein Sweatshirt von Dan bügelte (wer bügelt Sweatshirts?), hörte ich seine Stimme, bevor ich ihn sah. Er sagte so etwas wie: »Hör dir mal diese Musik an, während du arbeitest«, und reichte mir Kopfhörer, die an eine Stereoanlage angeschlossen waren. Es war ein Cat-Stevens-Album, das ich noch nie zuvor gehört hatte. Ich erinnere mich, dass ich die

Musik zwar mochte, mich das ganze Erlebnis aber ein wenig durcheinanderbrachte. Etwas an Dans Stimme gefiel mir sofort, und davon wollte ich noch mehr hören als von der Musik.

Ich erinnere mich, dass ich ein paar Wochen später in meinem Studentenzimmer saß, aus dem Fenster schaute und an Dan dachte. Es fühlte sich an, als würden wir uns von irgendwoher kennen. Ich erinnere mich sogar, dass ich laut zu mir selbst sagte: »Es kommt mir vor, als würde ich ihn schon zwanzig Jahre kennen« (was mit einundzwanzig nun wirklich der allergrößte Teil meines Lebens gewesen wäre!).

Da mein Zimmer gegenüber von Dans und Lindas Wohnung lag, begegneten wir uns oft. Zu dieser Zeit kannte ich Linda besser als Dan, und Holly und ich hatten von Anfang an eine gute Beziehung.

Aus einer Laune heraus meldete ich mich für Dans Anfängerkurs in Turnen an. Anders als die Leiter anderer Sportkurse, die ich am Oberlin belegt hatte, zerlegte Dan jede Fertigkeit in einfache Teile und erklärte jeden Schritt ganz genau. Später in diesem Semester sagte ich auf dem Campus zu einer Freundin: »Dieser Typ könnte alles unterrichten.«

Nach dem Unterricht unterhielten wir uns manchmal. Er erzählte mir von dem vierzigtägigen Arica-Training. Damals fühlte ich mich orientierungslos, weil ich mein Studienfach mehrmals gewechselt hatte. Jetzt, als Senior, beschloss ich, das Arica-Training zu machen, was bedeutete, dass ich in den vierwöchigen Winterferien des Oberlin nach Atlanta ging und zwei Wochen zu spät in mein letztes Semester am Oberlin zurückkehrte. Nachdem ich einen Antrag gestellt hatte, wurde diese Abwesenheit vom Studierendensekretariat genehmigt, und ich bekam sogar zehn College-Credits für den Kurs.

Weiterführende Arbeit

Nachdem Joy in die Winterferien und zu ihrem Arica-Training abgereist war, flog ich für ein zweiwöchiges Fortgeschrittenen-Training nach New York City. In diesem Training ging es darum, »das Bewusstsein weiter zu klären, bis zum Punkt der Erleuchtung«. Es sollte außerdem jeden interessierten Absolventen darauf vorbereiten, Arica-Lehrer in einem der Zentren zu werden, die in den Vereinigten Staaten und im Ausland eröffnet wurden.

Der Wunsch, mich selbst und andere Menschen zu verstehen, war in meinen frühen Teenagerjahren aufgekeimt, als ich zu begreifen versuchte, warum sich meine ältere Schwester und auch andere Menschen auf unvorhersehbare Weise verhielten. Dieser Drang zu verstehen hatte Einfluss darauf gehabt, dass ich Psychologie als Hauptstudienfach gewählt hatte, aber die akademische Ausbildung ließ mich unbefriedigt zurück. Erst jetzt hatte ich die Klarheit gefunden, nach der ich immer gesucht hatte.

Wenn das vierzigtägige Arica-Training die erste Stufe einer mehrstufigen Rakete gewesen war, die sich von der Schwerkraft der Erde befreite, katapultierte mich diese zweite Stufe mitten in den Weltraum, zusammen mit etwa zweihundert anderen Aricans, wie wir uns jetzt nannten.

Das Fortgeschrittenen-Training des Professors sollte zu einer noch tieferen Selbsterkenntnis führen mit den »neun Domänen des Bewusstseins« im Mittelpunkt: Empfindungen, Existenz und Sicherheit, Kreativität, Intellektuelles, soziale Interaktion, Arbeit, Hierarchien, Verhalten und Moral sowie Spirituelles. Meine Kommilitonen und ich gingen durch Manhattan und identifizierten jede Domäne, in der wir uns jeweils befanden; etwa Tierhandlungen (Empfindungen), Juweliere (Hierarchien), Buchhandlungen und Bibliotheken (Intellektuelles), Bars und Cafés (soziale

Interaktion; Existenz und Sicherheit) und Polizeistationen (Existenz und Sicherheit; Verhalten und Moral). Und was noch wichtiger war, die Arbeit an Domänen enthüllte auch eine Landkarte der menschlichen Psyche, weil die meisten Gedanken, Meinungen und Urteile in eine dieser neun Domänen fallen.

Anfangs kam mir dieses Modell abstrakt vor, aber bald fühlte es sich sehr relevant an, nämlich als ich die beiden polarisierten Charaktere in jeder Domäne erkundete. Ich erfuhr, dass jede menschliche Psyche in der Domäne der Empfindungen sowohl einen rigiden Charakter als auch eine weichere sentimentale Seite umfasst. Ein weiteres Beispiel: In der Domäne Verhalten und Moral haben wir alle einen hedonistischen, zügellosen Charakter (und sind in gewisser Weise davon besessen) und am entgegengesetzten Pol eine puritanische, selbstverleugnende Seite. Diese gegensätzlichen Charaktere erzeugen innere Widersprüche, den sprichwörtlichen Teufel auf der einen und den Engel auf der anderen Schulter. Ich erkannte, dass ich mich wie die eine Figur verhalten kann, während ich mich innerlich wie die andere fühle. Ich kann beispielsweise eine hedonistische Tendenz ausleben, während mein innerer Puritaner eine solche Selbstgefälligkeit kritisiert.

Ich habe all diese Charaktere in Rollenspielen mit Partnern kennen- und akzeptieren gelernt. Auf diese Weise habe ich Klarheit und Balance gefunden, anstatt unbewusst die eine Seite auszuleben und innerlich mit der anderen zu kämpfen. Diese Arbeit zur Klärung des Bewusstseins schuf, ähnlich wie die Meditation, Distanz zu jedem einzelnen Charakter, sodass ich mich weniger mit einer von beiden Seiten identifizierte und das Leben als eine Art Theater sehen konnte und mich weniger mit dem einen oder anderen Charakter identifizieren musste. Ich fing an, jeden dieser Charaktere in mir selbst und anderen mit Humor und Mitgefühl zu betrachten. Mit anderen Worten, es gelang mir, die

Charaktere, die mich ausmachten, nicht mehr so ernst zu nehmen und die Charaktere, die andere Menschen in sich trugen, nicht mehr so streng zu beurteilen.

Ich habe auch gelernt, dass die Art und Weise, wie ich mich selbst sehe, ganz anders sein kann als die Art, wie andere mich wahrnehmen. Umgeben von zweihundert anderen Teilnehmern an der Fortbildung, ging ich davon aus, dass ich anonym war – fast unsichtbar. Offenbar habe ich mich geirrt. Monate später erfuhr ich, dass mich einige Trainer aufgrund meiner bierernsten und stoischen Art als »den Roboter« bezeichnet hatten. Während ich dachte, ich sei einfach ein ernsthafter, gründlicher Trainierender, bestrebt, alle Übungen richtig zu machen und mein Bestes zu geben (wie ich es vom Turnen gewohnt war), hob ich mich anscheinend von anderen, eher lässigen Aspiranten ab.

Meine Bemühungen hatten jedoch zu noch keinem nennenswerten Ergebnis geführt, bis sich plötzlich doch ein eigenartiges Erwachen einstellte.

Kensho

An einem Morgen in der zweiten Woche unseres Fortgeschrittenentrainings wiederholte ich, während ich das Arica-Calisthenics-Übungsprogramm machte, kontinuierlich ein inneres Mantra, so wie es uns für den ganzen Tag aufgetragen worden war: »Alles ist mein Traum … alles ist mein Traum … alles ist mein Traum …«

Im nächsten Moment hatte ich wie aus dem Nichts ein *Kensho* – eine plötzliche Einsicht. Einfach ausgedrückt: Ich erkannte, dass *tatsächlich* alles mein Traum war! Es traf mich wie ein Schlag, und ich explodierte regelrecht vor Lachen, als hätte ich gerade die Pointe eines kosmischen Witzes verstanden. All die Jahre des

Interpretierens von Bedeutungen und der Sorge darüber, ob die Leute mich wirklich mochten – all das war im Grunde meine eigene Schöpfung! *Wie könnte nun wohl irgendetwas davon jemals wieder eine Rolle spielen?*

Nichts hat sich geändert, und doch hat sich alles geändert! Das Leben, dieser Moment, *all das* war mein Traum, meine Schöpfung, meine Illusion. In Wahrheit ist alles einfach so entstanden, wie es war. Die Überzeugungen, die Projektionen, die Meinungen und die Komplikationen, die »ich« der Wirklichkeit übergestülpt hatte, fielen weg. Was blieb, war ein mysteriöses, spontanes Erleben von einem Moment zum anderen, eine nur zu offensichtliche Wahrheit, die mir allerdings bisher entgangen war. In diesen wenigen unbeschwerten Momenten freier Aufmerksamkeit fielen alle Gedankenkonstrukte und der ganze Lärm weg. *Wie konnte ich das übersehen haben?*, fragte ich mich.

Ich fragte mich auch, ob dies die Erleuchtung war, die Oscar versprochen hatte. Es geschah unerwartet, in einem zufälligen Moment, nicht als direkte Folge einer bestimmten Übung. So gut ich konnte, teilte ich einem der Trainer mit, was passiert war. Der schien es gelassen zu nehmen oder wusste nicht, was er sagen sollte. Keiner der anderen Studenten, mit denen ich gesprochen habe, berichtete von ähnlichen Erfahrungen. Ich habe dann aufgehört, darüber zu sprechen, weil Worte dieser Erfahrung nicht gerecht werden konnten.

Begegnung mit dem Professor

Wenige Tage vor Ende der Fortbildung erfuhr ich, dass der Professor selbst an diesem Abend einen Vortrag halten sollte. Es sollte das erste und einzige Mal sein, dass ich ihn persönlich erlebte.

Oscar war bewusst an der Peripherie geblieben, weil es bei der Arbeit nicht um ihn ging. (So konnte ich auch eine Ausbildung machen, ohne den Schulleiter kennenzulernen.) Dennoch war er in meinen Augen eine Ikone. *Was für eine Person hat wohl ein so erstaunliches Gesamtwerk entwickeln können?*, fragte ich mich.

Ich war unter den Ersten, die sich vor dem Trainingszentrum in der West 57th Street in Manhattan, zwei Blocks südlich vom Central Park, einfanden. Schnell bildete sich eine Gruppe von Schülern, die eng beisammenstanden, weil es eiskalt war, bis sich die Türen öffneten. Ich wusste nicht, weshalb mich schauerte: wegen der Kälte oder vor Erwartung. Irgendwann teilte sich die Menge wie das Rote Meer, um den Professor durch die Tür treten zu lassen. Ich sah, dass er weder groß noch klein war, einfach nur ein schlanker, entspannter, ganz gewöhnlicher Mann Anfang vierzig.

Es stellte sich jedoch heraus, dass die Tür verschlossen war. Oscar fragte, ob jemand einen Schlüssel habe. In diesen wenigen bedeutungsschwangeren Momenten schien er von Licht umgeben zu sein – ein magischer Trick der Straßenlaternen?

Ein paar Minuten darauf strömten wir alle hinein und suchten uns einen guten Platz auf einem von Hunderten Meditationskissen auf dem weichen grünen Teppichboden. In dem sanft beleuchteten Raum bemerkte ich das schüttere, kurz geschnittene dunkle Haar des Professors, ein schlankes, eckiges Gesicht, einen dünnen Schnurrbart und dunkle Augen, die sowohl Macht als auch Mitgefühl zu offenbaren schienen. Vielleicht war das auch nur meine eigene Projektion.

Oscar hielt einen kurzen Vortrag über die Arica-Schule und erwähnte dann, dass er gerade an einer vollständigen Geschichte der spirituellen Traditionen der Welt arbeite. Dann bat er um Fragen, von denen ich mich nur an einige erinnern kann. Jemand fragte nach der Ursache von Krebs. Oscar sagte etwas in der Art, dass der Körper Krebszellen habe, die normalerweise vom Immunsystem neutralisiert werden, bis eine Kombination aus Genetik, Ernährung und Umweltverschmutzung den Körper aus seinem natürlichen Muster heraustreibt.

Jemand anderes fragte, ob Menschen eines Tages in der Lage wären, zu anderen Planeten und Sternensystemen zu reisen. Der Professor bemerkte, dass Langstreckenreisende im Weltraum mit der Herausforderung »ionisierender Strahlung« konfrontiert seien, und erklärte, wie sich eine Umgebung mit geringer Schwerkraft auf die Knochen und die gesamte Physiologie auswirkt.

Als Antwort auf eine Frage zu verborgenen Lehren in der griechischen Mythologie nannte Oscar das Beispiel der Gorgo Medusa, einer geflügelten Figur, die anstelle von Haaren sich windende, giftige Schlangen hatte. Dem Mythos nach wurde jeder, der sie ansah, zu Stein. Er erklärte, dass die Schlangen, die aus ihrem Kopf kamen, den ständigen Strom zufälliger, diskursiver Gedanken darstellten, die er als *Chicharrero* (abgekürzt als *Chich*) bezeichnete, ein Wort, das sich auf das unaufhörliche Zirpen der Zikade bezieht, mentales Geschwätz, das jemanden von effektivem Handeln ablenken oder sogar lähmen kann.

In meinem einzigen persönlichen Gespräch mit dem Professor fragte ich: »Oscar, Sie haben davon gesprochen, dass Sie sich mit dem *Bardo* beschäftigen, dem Raum zwischen den einzelnen Leben. Wie werden nach dieser Theorie der Reinkarnation bei einer so schnell wachsenden Weltbevölkerung immer neue Seelen für Millionen von neugeborenen Babys geschaffen?« Er antwortete mit einer Analogie über »einen großen Baum, an dem immer neue Äste wachsen und der immer mehr Früchte trägt«.

Kurz darauf beendete Oscar den Abend mit einer Verbeugung und einem langen *Om*. Dann verließ der Professor anmutig den Raum und mein Leben.

Joy erinnert sich

Arica war anders als alles, was ich je gemacht hatte. Meine Gruppe war eher klein. Sie bestand aus neun Personen, darunter eine Kommilitonin aus dem Oberlin, mit der ich mir ein Zimmer teilte. Ich war, während ich diese Erfahrung machte, die meiste Zeit wie im Nebel. Ich habe die ganze Körper- und Atemarbeit gemacht und die Arica-Theorie studiert, aber ich kann nicht sagen, dass dies alles für mich ähnlich viel Sinn ergab wie für Dan. Vor dem Arica-Training hatte ich weder Bücher über spirituelle Übungen gelesen noch irgendetwas anderes studiert als das, was gerade Thema in herkömmlichen College-Kursen war. Aber als es vorbei war, empfand ich meine Welt und das, was möglich war, anders. Jetzt empfand ich meine gewöhnlichen Probleme als zweitrangig gegenüber den größeren Zusammenhängen des Lebens.

Als ich Mitte Februar ins Oberlin zurückkehrte, hatten Dan und ich uns noch mehr über unsere Erfahrungen zu erzählen. Schon vor Arica hatte es uns nie an Gesprächsstoff gemangelt, aber jetzt unterhielten wir uns irgendwie fokussierter.

Dans Beziehung zu Linda war aus meiner Sicht kompliziert. Als ich sie zum ersten Mal zusammen sah, wirkten sie wie ein gewöhnliches, glückliches Paar. Aber bei meiner Rückkehr fiel mir die Distanz zwischen ihnen auf. Linda verbrachte einen Großteil ihrer Zeit damit, sich mit Schülern zu unterhalten oder ihr eigenes Ding zu machen. Dan war mit Unterrichten beschäftigt, schien aber auch mehr Freizeit zu haben, als man von jemandem in einer engen Beziehung erwartet hätte. Dan und Linda haben nie wirklich gestritten und offensichtlich gab es auch nicht viel Drama zwischen ihnen. Vielleicht war es deshalb auch nicht offensichtlich, dass ihre Beziehung gestört war. Ich nehme an, sie passten einfach nicht wirklich zusammen.

All dies war mir unangenehm, weil ich nicht die Absicht hatte, Probleme zu verursachen. Ich war Oberstufenstudentin, und Dan war ein verheirateter College-Lehrer mit einem kleinen Kind, aber in einer schwierigen Beziehung. Ich war zweiundzwanzig Jahre alt, Dan war achtundzwanzig und Linda sechsundzwanzig. Wir alle waren jung und naiv, und alle, so schien es, waren in der Ethik der 1970er-Jahre gefangen und brachen mit zuvor akzeptierten Konventionen. Zu dieser Zeit gab es keine College-Regeln, die Beziehungen zwischen Studenten und Dozenten verboten hätten. Und da Linda Zeit mit anderen Menschen verbrachte, hatte ich kein schlechtes Gewissen, Zeit mit Dan zu verbringen. Tatsächlich fühlte es sich vollkommen richtig an. Ich fühlte mich zu Dan hingezogen und er sich zu mir. Linda, die in andere Beziehungen eingebettet war, schien es nicht zu bemerken, oder es war für sie nicht wirklich von Bedeutung.

Am ersten Frühlingstag meines letzten Semesters in Oberlin war Dan mein Reiseleiter, als ich LSD tropfte. (Ich hatte mehr Erfahrungen mit Alkohol und Marihuana als Dan, aber beides konsumierte ich nicht regelmäßig.) Ich hatte mich auf diesen LSD-Trip vorbereitet, indem ich mehrere Bücher über diese Erfahrung las. Es war eine Offenbarungsreise, die ich nicht wiederholen musste, aber ich bin froh, sie gemacht zu haben.

Am einen Tag lernen, am anderen lehren

Als ich von der Fortbildung ins Oberlin zurückkehrte, verblasste die Intensität meiner *Kensho*-Erfahrung und anderer neuer Erkenntnisse im Laufe der Wochen, als würde man von einer LSD-Erfahrung herunterkommen, und löste sich in bloße Worte und Erinnerungseindrücke auf.

Angetrieben von meinen neuen Erkenntnissen, entwarf ich dennoch einen neuen Oberlin-Kurs mit dem Titel »Psychophysische Entwicklung«, in dem ich die Früchte meiner neuesten Studien und Übungen teilen wollte, einschließlich der Grundelemente, die ich jetzt nicht nur verstand, sondern auch verkörperte. Es war ein Probeessen. Nur die Arica-Schule konnte das ganze Menü servieren.

Ich entwarf einen weiteren Kurs, eine Einführung in die inneren Kampfkünste Aikido und Tai-Chi. Zuerst nannte ich den Kurs *Weg des Kriegers*, aber das passte nicht so ganz, also änderte ich den Namen in *Der Pfad des friedvollen Kriegers.*

Diese neuen Kurse waren bald ausgebucht.

Nachdem Joy das vierzigtägige Arica-Training abgeschlossen hatte, kehrte sie Anfang Februar zurück, und aufgrund unserer gemeinsamen Erfahrung wurde die Bindung zwischen uns noch tiefer und empathischer. Dann kam der Frühling und brachte seine eigenen Veränderungen mit sich. Nachdem Joy ihren Abschluss gemacht hatte, kehrte sie zu ihren Eltern in New Jersey zurück. Ich fuhr per Anhalter nach Los Angeles, besuchte meine Eltern und blieb ein paar Wochen.

Als ich ins Oberlin zurückkehrte, kümmerte ich mich den Rest des Sommers über um Holly, während Linda sich aus eigenem Antrieb für das vierzigtägige Arica-Training in Colorado einschrieb, um ihre Erfahrung zu erweitern. Am Ende des Sommers kehrte sie ins Oberlin zurück, und die Kluft zwischen uns war vorübergehend weniger tief.

Ich wusste nicht, ob ich Joy jemals wiedersehen würde.

Ein weiterer Schritt zur Erleuchtung?

Im Herbst 1974 entwickelte der Professor eine dritte Ausbildungsstufe, die er *Opening the Rainbow Eye* (»Öffnen des Regenbogenauges«) nannte. Das Übungsbuch begann mit den Worten: »Wenn das Bewusstsein als beständig und unveränderlich erkannt wird, sagt man, dass der innere Zeuge wach ist.«

Ich vertiefte mich jeden Abend in diese Arbeit und erinnere mich, dass ich intensiv auf eine Folge von Seiten gestarrt habe, die jeweils eine bestimmte Farbe zeigten, die ich wie angewiesen in ein wichtiges Organsystem einatmete, bis ich mir vorstellen und spüren konnte, wie jedes Organ und die damit verbundene Qualität in dieser Farbe leuchtete. Das war ein ganz anderer Ansatz als ein akademisches Studium der Anatomie. Ich fühlte mich irgendwie ausgeglichener und vollständiger, während Bewusstsein mit jedem Atemzug und jedem Herzschlag durch jedes Organ pulsierte.

Neu inspiriert erfuhr ich von der geplanten Eröffnung eines Arica-Lehrzentrums in Berkeley, Kalifornien, und fragte Linda, ob sie dafür vielleicht in die Bay Area zurückkehren wolle. Obwohl unsere Ehe zu diesem Zeitpunkt mühsam am Leben erhalten wurde, schien jeder Umzug, jeder Orts- und Umgebungswechsel unsere Beziehung für kurze Zeit neu zu beleben. Als sie dem Wechsel zustimmte, teilte ich dem Dekan des College of Arts and Science meine Absicht mit, am Ende des Semesters aufzuhören und an einer »anderen Art von Schule« zu unterrichten.

Die Methode, die keine war

Nachdem wir nach Berkeley zurückgekehrt waren, kam Holly in den Kindergarten, Linda fand Arbeit in der Innenstadt von Berkeley, und ich gab alles, um dazu beizutragen, eine alte Lagerhalle in das neue Arica-Zentrum zu verwandeln – mit mehreren Anstrichen, einem orange-weißen Baldachin aus Fallschirmseide und einem Plüschteppich.

Dann kündigte der Professor eine neue Art von Öffentlichkeitsarbeit für die Arica-Schule an, die er »Die Methode der Expansion« nannte und die mit einem neuen Wochenendprogramm begann.

Wie viele Visionäre war Oscar seiner Zeit weit voraus. Diejenigen, die nach Osten schauten und innere Arbeit praktizierten, blieben noch eine relativ kleine Gruppe von Außenseitern (anders heute etwa die Millionen von Yoga-Anhänger). Also implodierte die vom Professor versprochene Expansion. Innerhalb weniger Monate schloss das Lehrzentrum in Berkeley seine Pforten. Weitere Schließungen sollten folgen. Angesichts der Tiefe des Wissens des Professors und der Qualität der Arica-Arbeit war diese Entwicklung zutiefst enttäuschend und auch rätselhaft. Doch wie meine Coaching-Erfahrung in Stanford gezeigt hatte, wird Leistung an sich nicht immer belohnt.

In den darauffolgenden Wochen schrieb ich eine Reihe von Artikeln für das *International Gymnast Magazine.* Sie handelten von umfassenderen Prinzipien für effektives Lernen und Leben, die meinem sich erweiternden Blickwinkel entsprachen. Als der Artikelstapel immer dicker wurde und einem Manuskript ähnelte, wurde mir zum ersten Mal klar: *Vielleicht schreibe ich eines Tages sogar ein Buch.*

Überlegungen zu der Schule

Der Professor verkaufte weder Erfolg, Macht, Heilung und Reichtum noch Zugang zu früheren Leben oder wie man mit der anderen Seite kommuniziert. Stattdessen verlangte (und entwickelte) Arica die Bereitschaft einer Person, ihre eigene Psyche zu zerlegen. Oscars Ziel war Erleuchtung, nicht Höchstleistung. Doch selbst auf voll engagierte Schüler wartete das Versprechen der Erleuchtung am Ende einer langen Treppe nach oben, am Ende des Regenbogens.

Etwa zu dieser Zeit kündigte der Professor eine vierte Ebene der Arbeit an. Gerüchte machten die Runde, dass es irgendwann noch eine fünfte, sechste, siebte, achte und möglicherweise sogar neunte Ebene geben würde, die schließlich zur versprochenen Erleuchtung führen sollte. Diese Nachricht erinnerte mich an Charlie Brown aus dem Comic *Die Peanuts*, der wiederholt versuchte, einen von Lucy gehaltenen Football zu treten. Jedes Mal, wenn er trat, zog Lucy den Ball in letzter Sekunde weg, und Charlie landete auf dem Rücken und gab einen Seufzer von sich. Lucy versprach, dass sie den Ball das nächste Mal an Ort und Stelle lassen würde, doch dann zog sie ihn wieder weg. *Ist das eine Botschaft für mich?*, fragte ich mich. *Wann wird Charlie »Es reicht« sagen? Wann werde ich das sagen?*

Jahre zuvor hatte mir Coach Frey das Prinzip der *Genauigkeit im Detail* erklärt. Das heißt, man wird besser im Laufen, indem man läuft, und besser im Saltoschlagen, indem man Saltos schlägt. Die Arica-Atemübungen, die Meditationen, die Visualisierungen und das Chanten ließen mich mit einem ausgeglicheneren Körper und einem gesteigerten Selbstbewusstsein zurück. Doch die Arica-Arbeit an sich konnte meine beruflichen Ziele nicht klären und auch keine marode Ehe heilen. Zweifel und Ernüchterung überschatteten meinen anfänglichen Glauben an die Arica-Schule. Wie das alte Zen-Sprichwort sagt: »Vor der Erleuchtung Holz hacken und Wasser tragen. Nach der Erleuchtung Holz hacken und Wasser tragen.« Trotz meiner ganzen Ausbildung blieb ich ein selbstbezogener und ausgesprochen unabhängiger Typ. Zumindest hat Arica mir geholfen, das zu erkennen. Vielleicht hat es mir auch den Raum gegeben, um etwas zu verändern.

In Dankbarkeit für alles, was der Professor geschaffen hatte, beschloss ich also, meine offizielle Verbindung zu ihm zu kappen. Nachdem ich diese Entscheidung getroffen hatte und aus dem Karussell ausgestiegen war, konnte ich mich wieder dem Alltag widmen. Aber wie sollte dieses Leben aussehen? Welches Leben wollte ich wirklich führen?

Zeitgleich mit der Auflösung des *Berkeley Arica Center* endete schließlich auch unsere Ehe. Dies geschah so einvernehmlich, wie es unvermeidlich war. Ich unterschrieb die Papiere und half Linda und Holly beim Einzug in ein Haus in Berkeley. Ich verstand die Gründe, aus denen ich geheiratet hatte und mich jetzt scheiden ließ. Das einzige Rätsel war, warum wir fast acht Jahre lang durchgehalten hatten.

Jetzt war ich auf mich allein gestellt und nahm eine Teilzeitarbeit an: die Leitung eines Kampfkunst- und Akrobatikkurses für Erwachsene am Berkeley YMCA.

Bardo – Der Raum zwischen den Leben

Nachdem ich mich in meinen frühen Jahren auf die Gunst des Glücks verlassen hatte, war nun die Talsohle erreicht. Jetzt, wo ich ledig, arbeitslos und nicht verankert war, litt ich unter Entscheidungsmüdigkeit. Da meine Grübeleien nirgendwohin führten, besuchte ich ein Rekrutierungsbüro der Marine und legte eine Prüfung ab, weil ich dachte, dass mir die Offiziersanwärterschule zumindest eine gewisse Struktur bieten könne – vielleicht sogar eine disziplinierte, organisierte Karriere. In der Prüfung habe ich mich gut geschlagen, aber sie sagten, mit neunundzwanzig Jahren sei die Grenze für die Offiziersausbildung überschritten. Es war das erste Mal, dass ich für irgendetwas zu alt war.

Ich fühlte mich wieder wie ein Gespenst und war gezwungen, eine Bestandsaufnahme meines Lebens, der Umstände und der Rolle, die ich darin gespielt hatte, zu machen. Als ich über meine jugendlichen Turn- und College-Jahre nachdachte, über die Nacht, in der ich diesen alten Tankwart getroffen hatte, und über das, was er in mir befeuert hatte, fragte ich mich: *Was würde Socrates sagen?*

Dialog mit Socrates

Am Neujahrstag 2021, als ich gerade den siebten Entwurf dieses Buches fertigstellte, tauchte das Gesicht von Socrates vor meinem inneren Auge auf. Ich hörte, wie er sich räusperte – ein guter Trick, weil er körperlos war.

»Wo zum Teufel kommst du her, Soc? Und wo warst du?«

Große Fragen. Sagen wir einfach, ich war nie wirklich weit weg.

»Aber bist du nicht schon tot oder … im Licht oder – ach, was soll's.«

Was soll's? Das ist ein positives Zeichen.

»Vielleicht, aber ich bin immer noch nicht erleuchtet.«

Wen interessiert das?

»Ich hatte ein paar Einblicke, aber es war nicht von Dauer. Ist es nie.«

Schöne Beobachtung.

»Wow, ein echtes Kompliment. Ich – «

Also, was hast du vorgehabt, Dan?

»Das solltest du wissen, wenn du in meinem Kopf bist –«

Schau etwas tiefer im Körper.

»Okay dann – in meinem Herzen.«

Werden wir mal nicht rührselig.

»Du bist also meine Muse, stimmt's?«

War ich schon die ganze Zeit.

»Nun denn, Herr Besserwisser, was hältst du von meiner Ausbildung beim Professor?«

Wie wäre es, wenn ich die Fragen stelle und du die Antworten gibst, Junior?

»Hör auf mit dem Junior-Scheiß. Ich bin fünfundsiebzig, verdammt noch mal!«

Bedenke mein Alter …

»Punkt für dich – schätze, für dich werde ich immer Junior sein.«

Was denkst du wirklich über deine Ausbildung an dieser Arica-Schule?

»Ich habe schon darüber geschrieben …«

Komm schon, raus damit!

»Nun, ich habe viel über mich selbst gelernt.«

Welches Selbst?

»Komm mir nicht mit diesem ganzen Zen, Socrates! Du weißt sehr wohl, dass ich mich auf meine Psyche beziehe – auf die Strukturen und Strategien des Egos. Die Arbeit des Professors hat neue Perspektiven eröffnet, neue Sichtweisen auf mich selbst und die Welt. Erweitertes Bewusstsein. Vieles, was unbewusst war, ist jetzt bewusster. Und meinem Körper ging es nie besser. Gleichwohl hat mir nichts davon in meiner Ehe mit Linda geholfen.«

Oder, ganz offensichtlich, deine Reife. Wie auch immer, was du mir gerade erzählt hast, klingt wie aus einer Werbebroschüre kopiert.

»Was ich sagen will: Es gab eine Art Firewall zwischen dieser ganzen inneren Arbeit an der Arica-Schule und den Dingen des täglichen Lebens. In der Zwischenzeit hoffte ich immer wieder, dass mich die Arbeit zu einem endgültigen Erwachen führen würde.«

In der konventionellen Welt reichen Erleuchtung und zehn Dollar nur für eine kurze Fahrt im Taxi.

»Genau. Spirituelles Erwachen wäscht die Wäsche nicht, spült nicht das Geschirr und tätigt auch keine Einkäufe.«

Und kein separates Selbst kann erleuchtet werden, weil die Erleuchtung dieses illusorische Gefühl der Trennung auflöst. Mit anderen Worten, in der Erleuchtung gibt es kein Ich.

»Nun, eigentlich gibt es ein kleines *Ich*, aber in einem Punkt sind wir uns einig: Erwachte Wesen sind, weil sie Menschen sind, nach wie vor mit den Schwierigkeiten des Lebens konfrontiert, in Beziehungen und in Bezug auf Finanzen, Gesundheit und dergleichen. Ich denke nur laut, hier –«

Das heißt reden.

»Du bist geistreich wie immer, aber lass mich ausreden. Auf der positiven Seite schienen mich diese erleuchteten Momente, die ich in der Vergangenheit erlebt habe, in eine transzendente Sichtweise zu katapultieren, die alles annimmt, was auftaucht, auch wenn die praktischen Herausforderungen weiterhin bestehen bleiben. Ich muss nach wie vor im Alltag funktionieren. War es nicht Ram Dass, der sagte: ›Wir können uns in kosmischer Glückseligkeit verlieren, müssen uns aber trotzdem unsere Postleitzahl merken‹?«

Ein weiser Bursche, dieser Ram Dass.

»Und wo wir gerade beim Thema sind, was hast du mich in *Der Pfad des friedvollen Kriegers* schreiben lassen – über das Durch-die-Tür-Gehen?«

Das schien dich damals zu interessieren.

»Weißt du, du scheinst dich verändert zu haben.«

Du auch, Dan – kein Zufall, glaube ich.

»Also, wie geht das? Soll ich etwas sagen und dann auf deine Antwort warten? Ich bin ziemlich neu darin.«

Wir haben die ganze Zeit zusammengearbeitet. – Wie glaubst du, hast du all diese Bücher geschrieben?

»Oh, und jetzt willst du Anerkennung dafür? Das ist so schräg.«

Das Leben ist schräg. Apropos, willst du mir vielleicht ein paar zusammenfassende Eindrücke deiner ganzen Arica-Arbeit geben?

»Nun, es ist so: Es war brillant, wie die Übungen und Landkarten aufeinander aufbauten. Ich kann mir wirklich keine umfassendere Schule vorstellen, aber –«

Aber?

»Da ist etwas, das ich nicht ganz …«

Sehen kann?

»Ja, vielleicht ist es das. Vielleicht bin ich nicht bereit, mich damit auseinanderzusetzen oder zu sehen, dass sie meinen Alltag nicht verändert hat.«

Du hast die Hälfte deiner Zeit damit verbracht, deine Verrücktheit zu analysieren, und die andere Hälfte damit, sie zu dramatisieren.

»Du kannst immer noch gut mit Worten umgehen, Soc. Aber da ist noch etwas: Das Arica-Training war ein spirituelles Trainingslager – eine Art Turncamp für die Seele. Ich habe spezielle Fähigkeiten und Einsichten mit nach Hause genommen, aber die innere Arbeit hat mir nur geholfen, besser in der inneren Arbeit zu werden. Sie hat mir nicht geholfen, mein Konto auszugleichen, einen Beruf zu finden oder eine zerbrochene Beziehung zu kitten. Aber vielleicht habe ich etwas Nützliches gelernt: Um mein tägliches Leben zu verbessern –«

Musst du das tägliche Leben üben.

»Musst du immer meine Sätze beenden? Das wird allmählich ein bisschen irritierend –«

Es scheint, als hättest du doch etwas gelernt.

»Das kann sein. Aber ich frage mich, ob der Professor das alles verstanden hat. Vielleicht war er auch zu sehr mit seinem System und seiner Schule beschäftigt.«

Ich gehe davon aus, dass er es gut gemeint hat. Schließlich hat er sein ganzes Leben dieser Schule gewidmet, seinem Vermächtnis.

»Ich bin ihm dankbar, für alles. Aber mehr von dieser Arbeit ist nichts für mich. Nicht mehr.«

Weißt du noch, wie es war, wenn du früher in einen Buchladen gegangen bist, Dan? Sofort warst du in einem Trancezustand, wenn du mit der Hand über die Buchrücken gefahren bist, dir die Titel angeschaut hast und ab und zu ein Buch in die Hand genommen, den Klappentext gelesen und einen Blick hineingeworfen hast –

»Ja! Und ich habe einige übersprungen, weil ich schon mal dort war und das getan hatte –«

Und du hast andere übergangen, weil du noch nicht bereit dafür warst.

»Das auch.«

Aber wenn du genau zur richtigen Zeit das richtige Buch für dich gefunden hast: Magie.

»Als hätte man einen Goldklumpen gefunden.«

Und was machst du, wenn du ein Buch gelesen hast?

»Entweder stelle ich es ins Regal, um es zu empfehlen oder eines Tages noch einmal zu lesen, oder ich verschenke es.«

Aber manche Ideen werden ein Teil von dir, wie die Arica-Arbeit. Sie hat nur eine Zeit lang zu dir gehört, aber die Sichtweisen bleiben, sie stehen in deinem Regal –

»Selbstverwirklichung ist ein hartes Brett – deutlich härter noch als die Regalbretter in unseren Buchhandlungen, die leider nur die Literatur zum Thema bieten können.«

Hmm … Ich denke, wir sind jetzt durch.

»Fühlt sich so an. Und danke … Socrates?«

Seine Präsenz verschwand so schnell, wie sie aufgetaucht war – auf seine Art.

Kapitel 10

Der Guru

Es gibt keine Brücken zwischen
der realen und der mystischen Welt.
Wir müssen also einen Sprung in den Glauben machen.

Søren Kierkegaard

Ich bin in einer Zeit der Transformation erwachsen geworden. Nach dem Idealismus des psychedelischen »Make love not war« in den 1960er-Jahren surfte ich auf Wellen der Veränderung durch die seelensuchenden 1970er-Jahre und die New-Age-Bewegung mit ihrer langen Reihe von östlichen Lehrern, Gurus, Schulen und spirituell Suchenden, die ganz wild darauf waren, die Grenzen der Realität zu erforschen und damit zu experimentieren. *Alles* lag auf dem Tisch. Was folgte, kann am besten als Spiegelbild dieser sich wandelnden Zeiten verstanden werden.

Kurz vor meinem dreißigsten Geburtstag, als ich mich angesichts dieses enormen Angebots neuer Werte irgendwie orientierungslos fühlte, stieß ich auf eine Abhandlung mit dem merkwürdigen Titel *The Knee of Listening*, verfasst von einem amerikanischen spirituellen Lehrer um die dreißig namens Franklin Jones, den ich ab jetzt Guru nenne. Er trug keinen Bart, keine Perlenmala und keine Robe. Er hatte Philosophie an der Columbia University studiert und dann in Stanford einen MA in Anglistik erworben.

Er begann als Autor, hatte aber den Drang und war anscheinend auch dazu bestimmt, Devotees anzuziehen, um sie zu unterweisen und zu erwecken. Anders als der progressive Lehrplan des Professors beinhaltete die Methode des Gurus keine mühsamen Techniken, sondern eine direkte, offenherzige Verbindung mit der göttlichen, befreienden Wahrheit oder dem, was in seinen Worten »immer schon der Fall« ist. Während der Professor an seiner evolutionären Arica-Schule eher im Hintergrund geblieben war, stand die physische Form und spirituelle Präsenz des Gurus im Epizentrum einer wachsenden Gemeinschaft von Devotees, für die er das Instrument der Transzendenz war.

Ein Licht, viele Lampen

In Anbetracht all dessen, was zuvor geschehen war, fühlte ich mich natürlich von den außergewöhnlichen Einsichten, dem Humor und der Kreativität dieses einfachen amerikanischen Meisters angezogen. Als ihn jemand bat, sich zu Oscar Ichazos Behauptung, an der Arica-Schule sei »kein Glaube erforderlich«, zu äußern, lachte der Guru laut und sagte: »Natürlich muss man in dieser Schule an etwas glauben. Man muss glauben, dass sie etwas für einen tut!« Und kurz darauf fügte er hinzu: »Ich würde dich lieber mit einem Stock schlagen, als dir zu sagen, dass du dir deinen Weg zur Erleuchtung meditieren sollst.« Als er sein

Erleuchtungsgefühl als »mit Lichtgeschwindigkeit zwischen Höhen der Ekstase und Tiefen der Verzweiflung wechselnd« beschrieb, konnte ich etwas mit seiner einzigartigen Sichtweise anfangen.

Ich hatte Franklin Jones noch nicht persönlich kennengelernt, aber mein numinoses Gefühl beim Lesen seines Werkes hatte, wie mir klar wurde, möglicherweise eine gewisse Ähnlichkeit mit den Gefühlen von Christen, die das Neue Testament, von Muslimen, die den Koran, oder von Juden, die den Talmud lesen. Indem ich immer wieder zu seinen Worten zurückkehrte, bekam ich ein Gefühl für spirituelle Nahrung, das mich über die Probleme dieser Welt erhob.

Ich war mit meinen Ansichten nicht allein. Alan Watts, ein angesehener Wissenschaftler und Autor im Bereich Zen und Taoismus, schrieb: »Ich kenne Franklin Jones zwar nicht persönlich, aber was er sagt, und zwar sehr gut, ist das, was ich seit 35 Jahren auszudrücken versuche.«

Ken Wilber, ein weiterer bekannter Autor und Wissenschaftler, schrieb an anderer Stelle: »Ich habe fünf Bücher und etwa dreißig Artikel vorgelegt, die sich mit einer Synthese von östlicher und westlicher Religion und Psychologie beschäftigen … Und meiner Meinung nach haben wir in der Person (des Gurus) einen spirituellen Meister und ein religiöses Genie höchsten Grades … und er diskutiert (die Lehren) mit solcher Brillanz, dass man nur zu dem Schluss kommen kann, dass er sie besser versteht als ihre Urheber.«

Nach eigenen Angaben war Franklin Jones kein tugendhafter, zölibatärer, weiß gekleideter heiliger Mann. In einem Aufsatz mit dem Titel »The Man of Understanding« aus der Ausgabe seines ersten Buches von 1973 schrieb er:

> Der Verständige ist nicht verzückt. Er ist nirgendwo anders. Er macht keine Erfahrung. Er ist wach. Er ist gegenwärtig ... Er scheint jeder Art von Dummheit und Irrtum verfallen zu sein. Wie könnte es anders sein? Es gibt nur das Gewöhnliche. Er ist nicht spirituell. Er ist nicht religiös. Er ist nicht philosophisch. Er ist nicht moralisch. Er ist nicht anspruchsvoll, effizient und gesetzestreu ... er erscheint als jede Art von Überzeugung ... sein Leben überzeugt jeden, es einfach zu verstehen ... er ist ein Verführer, ein Wahnsinniger, ein Schwindler, ein Wüstling, ein Narr. ... er demonstriert die Sinnlosigkeit aller Dinge ... damit macht er das Verstehen zur einzigen Möglichkeit. Und Verstehen macht überhaupt keinen Unterschied. Außer dass es Realität ist, was ohnehin der Fall war ...

Ich habe dies nie wörtlich genommen, sondern als poetische Prosa betrachtet, mit der er vermitteln wollte, dass er, wie er selbst sagt, »kein Pfeife rauchender Philosoph« war. Er warnte seine Anhänger, er werde behaupten, was wir leugnen, und leugnen, was wir behaupten; also, was immer diesem großen Prozess des Erwachens am besten diene. Von Anfang an richtete der Guru seine Arbeit an der Tradition der verrückten Weisheit aus, was darauf hinzuweisen schien, dass er ein unkonventioneller Lehrer war. Das war in Ordnung für mich. Ich hatte genug von den konventionellen Lehrern.

Ich telefonierte mit dem Dawn Horse Bookstore in der Polk Street, San Francisco, nur eine Meile vom Arica-Forty-Day-Trainingsgelände entfernt, und meldete mich für die Teilnahme an einer Orientierungsveranstaltung der Guru-Gemeinschaft an.

Bedingungen für das Menschsein

Ein paar Abende später betrat ich den Buchladen der Gemeinschaft und atmete den vagen Geruch von Weihrauch ein, während ich mir ein paar Bücher aus verschiedenen spirituellen Traditionen anschaute. Die ersten drei Bücher des Gurus waren besonders auffällig präsentiert. Sein Foto hing an der Wand und offenbarte die strahlende, kläräugige Selbstsicherheit und Energie eines Mannes Anfang dreißig mit vollem Haar, dunklen, schweren Brauen und einem Mund, der kurz davor war, zu lächeln oder laut zu lachen.

Kurz nachdem ich mit zehn oder zwölf anderen Personen in dem mit Teppich ausgelegten Versammlungsraum Platz genommen hatte, standen ein Mann und eine Frau um die vierzig hinter einem Rednerpult, begrüßten uns, stellten sich vor und sagten ein paar Worte über ihre Aufnahme in die Gemeinschaft. Dann verkündeten sie, Franklin Jones habe den Namen Bubba Free John angenommen, um eine neue Phase seiner Lehrtätigkeit zu markieren. (Es sollte die erste von vielen Namensänderungen im Laufe der Jahre sein.)

Dann erklärten sie, wir müssten, sollten wir uns entscheiden, der Gemeinschaft beizutreten und mit Bubba zusammenzusitzen, bestimmte Bedingungen einhalten. »Diese Bedingungen sind keine starren Regeln. Bubba nennt sie ›absolute Empfehlungen‹«, fügten sie noch hinzu.

Die erste Bedingung war eine »lebensverbessernde vegetarische Ernährung im Einklang mit der spirituellen Praxis«. *So weit, so gut*, dachte ich, kurz bevor sie hinzufügten, die Diät beinhalte »das Weglassen aller verarbeiteten Süßigkeiten wie Eiscreme, Donuts, Gebäck und Schokolade«. Angesichts meiner Naschhaftigkeit würde das eine echte Herausforderung werden. (Ich nahm mir vor, auf dem Heimweg einen Donut zu kaufen, nur für den Fall, dass es mein letzter sein könnte, zumindest für eine Weile. Lebenslange Verpflichtungen ging ich nicht ein.)

Als Zweites sollte jedes Mitglied der Gemeinschaft »ein nicht promiskuitives Verhältnis zur Sexualität pflegen und mit der sexuellen Befreiung eher sparsam umgehen. Mit anderen Worten, nämlich denen von Bubba: ›Wenn du nicht verheiratet bist, lässt du ihn besser in der Hose.‹«

Weitere Bedingungen waren die Teilnahme an der Morgengymnastik und an einem Yoga-Programm am Nachmittag oder Abend sowie eine Vollzeitbeschäftigung und zehn Prozent des monatlichen Einkommens als Abgabe, »eine in vielen Religionsgemeinschaften übliche Form der Unterstützung«. Außerdem müsse ich in eine der vielen Gemeinschaftswohnungen in San Francisco ziehen und meinen Beitrag zur Miete, zum Essen und zum Haushalt leisten. »Das Leben in einer Wohngemeinschaft«, erklärten sie, »bietet Unterstützung, um die Bedingungen aufrechtzuerhalten und die Lehren des Gurus mit anderen Devotees zu diskutieren.«

Sie sagten außerdem: »Jedes Wochenende bilden die einzelnen Haushalte Fahrgemeinschaften zum Mountain of Attention Sanctuary in den Clearlake Highlands, um dort mit dem Guru zu sitzen und *Guru Seva* zu praktizieren, also etwas für den Guru und die Gemeinschaft zu tun, jeder nach seinen Fähigkeiten …« *Was auch bedeutet, dass es keine freien Wochenenden oder Wochentage mehr gibt*, dachte ich, da sie erklärt hatten, dass die Abende dem Studium oder dienenden Aufgaben gewidmet seien. Sich einfach zurückzulehnen und zu chillen war keine Option mehr.

Zum Abschluss dieser Einführung erklärten sie, diese Bedingungen sollten dazu beitragen, »eine stabile Grundlage für die spirituelle Praxis zu schaffen. Und was am wichtigsten ist, sie sorgen für eine augenblickliche Preisgabe des eigenen Willens.«

Es ist eine Sache, »Dein Wille geschehe« zu sagen, aber eine andere, es auch zu leben, dachte ich. Der Guru bat um etwas, das ich vorher nie in Betracht gezogen hatte: die Unterwerfung unter einen höheren Willen und eine höhere Weisheit. Das forderte mich ebenso heraus, wie es mich beunruhigte. Ich sollte meine Privatsphäre und bis zu einem gewissen Grad auch meine Autonomie opfern. Dennoch, wenn dies ein Kult war, hörte er sich zumindest wie ein heilsamer an.

Als ich den Buchladen verließ, sah ich ein Zitat des Gurus an der Wand: »Bevor du spirituell werden kannst, musst du erst ganz Mensch werden.«

Überwältigt und ein wenig benommen, ließ ich diese neue Information auf mich wirken. Die seltene Gelegenheit, die mir der Guru und seine Gemeinschaft boten, fühlte sich einzigartig an, die Bedingungen auch. Ich würde rund um die Uhr in etwas eintauchen, das weitaus anspruchsvoller war als jede Arbeit, mit der ich es an der Arica-Schule zu tun gehabt hatte.

Anforderungen der realen Welt

Nach dem Vortrag im Buchladen kehrte ich zurück in meine leere Wohnung und dachte in meiner selbst auferlegten Einsamkeit über alles nach, was ich gehört hatte. Die Bedingungen selbst schienen angemessen. Es gab nichts Schräges, gegen das man sich wehren musste oder das man kritisieren konnte. Aber diesem Yoga des täglichen Lebens zu folgen bedeutete, ein eigensinniges, unabhängiges Wesen aufzugeben, das viel mit meiner Identität zu tun hatte.

Während der Professor mich gebeten hatte, meine Psyche zu beobachten und zu analysieren, schien der Guru zu verlangen, dass ich mein Verhalten änderte, und zwar vom ersten Tag an. Seine Gemeinschaft lebte nicht in der Abgeschiedenheit eines Ashrams, sondern mitten in der Welt. Angesichts meines Gefühls der Haltlosigkeit war dies vielleicht meine Version, mich niederzulassen. Ich musste ohnehin einen Job finden. Warum nicht in San Francisco? Außerdem ging ich davon aus, dass das Essen dort nahrhafter sein würde als das, was es bei der Marine gab.

Ein paar Tage später bewarb ich mich mit dem Wissen, dass sich meine Ex-Frau und meine Tochter in einem stabilen Zuhause niedergelassen hatten, für die Aufnahme in einen Haushalt der Gemeinschaft. Sie luden mich zum Abendessen ein, und bald darauf wurde ich akzeptiert und konnte innerhalb einer Woche einziehen. Nachdem ich mich eingelebt hatte, bewarb ich mich als Schreibkraft in einem kleinen Büro, das erst in sechs Wochen aufmachte, also war ich bis dahin vom Haken. *Und*, dachte ich mir, *wenn das hier nicht klappt, kann ich immer noch gehen.*

In der Zwischenzeit würde ich, basierend auf dem, was ich schon wusste, und dem Versprechen, Zeit mit einem transzendentalen Meister zu verbringen, vielleicht einen radikalen Ansatz zur Befreiung erleben – nicht in einem fortschreitenden Prozess, sondern hier und jetzt, in der Gegenwart des Gurus.

Eine Lebensgefährtin

Im August 1975 löste die Ermahnung des Gurus, entweder zu heiraten oder zölibatär zu leben, eine der wichtigsten und am meisten verrückt-weisen Entscheidungen meines Lebens aus: Ich rief Joy an und fragte sie, ob sie die ersten drei Bücher des Gurus lesen und in Betracht ziehen würde, sich mir in Kalifornien anzuschließen. *Und warum sollte sie ihr Zuhause nicht verlassen und eine mögliche*

Karriere aufgeben, um sich mir anzuschließen?, dachte ich. *Immerhin bin ich ein toller Fang: ein neunundzwanzigjähriges ehemaliges Dies-und-Das, derzeit arbeitsloses Mitglied von etwas, das einem wie eine Art Sekte vorkommen mag. Wie konnte sie ablehnen?*

Sie sagte, sie werde sich bei mir melden.

Joy erinnert sich

Nachdem ich im Juni meinen Abschluss gemacht hatte, zog ich zurück in das Haus meiner Eltern in New Jersey. Ich hatte wenig persönlichen Ehrgeiz und war eher orientierungslos, weil ich die meiste Zeit meines Lebens damit verbracht hatte, irgendjemandem zu helfen. Als Kind hatte ich nach der Schule und an den Wochenenden im Schreibwarenladen meiner Eltern gearbeitet. Ich spielte eine große Rolle, wenn es darum ging, auf meine jüngere Schwester aufzupassen. Im Sommer meines sechzehnten Lebensjahres führte ich den Laden zusammen mit einer Assistentin, weil meine Mutter unter einer Rückenverletzung litt und mein Vater einen Nebenjob angenommen hatte.

Als mein älterer Bruder, der damals an der Harvard Medical School war, von einem betrunkenen Autofahrer schwer verletzt wurde, verbrachte ich den Sommer meines ersten Studienjahres bei meinen Eltern in Cambridge, in der Nähe des Massachusetts General Hospital, um ihnen zu helfen, damit klarzukommen. Ich war es also nicht gewohnt, meinem Leben selbst eine Richtung zu geben. Ich ging einfach immer dorthin, wo ich am meisten gebraucht wurde. Wie anders Dans Leben zu sein schien. Er traf seine eigenen Entscheidungen und verfolgte seine eigenen Träume.

Als ich das Oberlin verließ, wusste ich nicht, ob ich Dan jemals wiedersehen würde. Dies hinterließ eine große Leere in meinem

Leben. Schließlich schrieb ich mich für das Arica-Fortgeschrittenentraining ein und fuhr nach Milwaukee, um in einem Arica-Haus zu leben und zu unterrichten – eine Möglichkeit, Dan spirituell näher zu sein. Wir korrespondierten monatelang nicht, weil er immer noch zu retten versuchte, was von seiner Ehe übrig war.

Dann beschloss ich mit ein paar Freunden aus dem Arica-Haus, an der Westküste Urlaub zu machen. Da ich erfahren hatte, dass Dan, Linda und die sechsjährige Holly das Oberlin verlassen hatten und nach Berkeley, Kalifornien, zurückgekehrt waren, ließ ich ihn wissen, dass ein paar Freunde und ich bald die Bay Area besuchen würden. Am Ende saß ich mit Dan und Linda in ihrer Wohnung beim Abendessen. Alle waren herzlich und normal, aber es lag etwas in der Luft. Vielleicht habe ich mir das nur eingebildet. Wir haben das hinter uns gelassen, *sagte ich mir.* Mit ihrer Ehe ist alles in Ordnung, und ich kann das jetzt auch hinter mir lassen.

Ich fand, es sei nun an der Zeit, das Arica-Haus zu verlassen und nach New Jersey zurückzukehren. Ich musste Geld verdienen und meine Möglichkeiten ausloten. Mein Vater bot mir an, mir einen Job zu vermitteln, und zwar bei DuArt Media, einem Filmlabor in Manhattan, in dem er Nachtmanager war. Wir pendelten an jedem Wochentag nachmittags gemeinsam dorthin. Ich merkte, wie sehr mein Vater es genoss, auf diesen Fahrten zur Arbeit und wieder zurück Gesellschaft zu haben. Er wollte, dass ich Filmschnitt lerne, weil er dachte, er würde mich damit auf einen Beruf vorbereiten.

Im Sommer 1975 fingen Dan und ich an, regelmäßig miteinander zu korrespondieren. Im Juli schrieb er, dass er und Linda sich getrennt hatten und in Scheidung lebten. Bald darauf bat er mich, ein paar Bücher eines Autors und Lehrers namens Franklin Jones (oder vielleicht hieß er damals Bubba Free John) zu lesen. Ich war fasziniert von seinen Lehren, aber irgendwie machten sie mir auch Angst.

Arica war anspruchsvoll gewesen, aber wenn das Training vorbei war, war es vorbei. Es gab keine Regeln für den Alltag und keine Anforderungen an meine Art, mein Leben zu führen. Dieser Guru war anders. Er stellte Bedingungen, die das tägliche Leben beeinflussten. Auf diese Art von Engagement war ich nicht vorbereitet. Mittlerweile schrieb ich weiter an Dan und er an mich. Dann, im August, lud er mich ein, nach Kalifornien zu kommen, um mit ihm zusammenzuleben. Ich habe etwa eine Woche lang darüber nachgedacht. Am Ende wusste ich, dass ich mit Dan zusammen sein wollte.

Als ich meinen Eltern mitteilte, dass ich weggehen wolle, wurde es im Haus still wie in einem Leichenschauhaus. Bei DuArt hielt ich die zweiwöchige Kündigungsfrist ein und pendelte weiter mit meinem Vater. Er sprach kaum noch ein Wort mit mir.

Nachdem ich mich Anfang September von meiner Mutter und meiner Schwester verabschiedet hatte, setzte mich mein Vater auf dem Weg zur Arbeit am Flughafen ab. Nach einem kurzen Goodbye zog er sich zurück. Er stieg nicht einmal aus dem Auto aus. Mir war klar, dass meine Eltern enttäuscht waren, weil ich wieder ging, und dass sie nicht wussten, was sie von Dan und meiner Beziehung zu ihm halten sollten. Ich war traurig und hatte Schuldgefühle, weil ich meine Familie verließ, und auch einige Zweifel bezüglich meiner Zukunft.

Der Anfang von Ewig

Als sich der Sommer dem Ende zuneigte, rief Joy bei mir an und sagte, sie sei am Flughafen. »In New Jersey?«, fragte ich. »Du kommst?«

»In San Francisco«, sagte sie. »Ich bin schon da.«

Auf dem Rückweg vom Flughafen erzählte mir Joy, sie habe die Bücher des Gurus gelesen und habe ernsthafte Vorbehalte. Das konnte ich nachvollziehen. Ich hatte meine eigenen Vorbehalte.

Nachdem wir einen kurzen Ausflug zu meinen Eltern in Los Angeles und einen Besuch bei Holly gemacht hatten, gewöhnten Joy und ich uns in unsere jeweiligen Jobs ebenso ein wie in den Rhythmus unserer Wohngemeinschaft in der Masonic Street in Haight-Ashbury, zu der noch zwei Frauen und ein Mann gehörten. Jeden Freitagabend fuhren wir in Fahrgemeinschaften zum Sanctuary in der Nähe von Clearlake, etwa zwei Autostunden nördlich.

Dort heirateten wir an einem Samstagabend im Oktober in einer einfachen, aber eleganten Zeremonie, mit ein paar Mitgliedern unserer Wohngemeinschaft als Trauzeugen. Joy trug eine Blumengirlande in Haar, ihre großen Augen leuchteten. Ich trug meinen besten Sweater. Dieses Mal fühlte sich die Ehe nicht nur richtig, sondern unvermeidlich an. Ich hatte die Liebe meines Lebens gefunden. Von dem Moment an, in dem ich »Ja, ich will« sagte, war meine Hingabe an Joy sogar noch größer als das, was mich mit dem Guru verband. Und so würde es auch immer bleiben.

Wir hatten zwar unser eigenes Schlafzimmer, lebten aber ansonsten in einer Art Goldfischglas und waren uns bewusst, von unseren Mitbewohnern ebenso beobachtet zu werden, wie wir sie beobachteten. Wir kultivierten unsere Partnerschaft und gaben gleichzeitig unser Bestes, um das zu vermeiden, was der Guru als »Paarkult« bezeichnete: Paare führen ein geheimes Leben mit einer Firewall zwischen sich und dem Rest ihrer Wohngemeinschaft.

In der Zwischenzeit rannte ich, wohin ich mich auch wandte, immer direkt in die Lebensbedingungen des Gurus, die meine jugendliche Tendenz offenbarten, ganz nach meinen Neigungen zu leben – etwas, das ich zuvor Freiheit genannt hatte. Das tägliche Leben war zu einem verrückt machenden, konstruktiven, frustrierenden, produktiven und nachhaltigen spirituellen Ausbildungslager geworden.

Joy erinnert sich

Nachdem wir ein paar Wochen zusammen waren und uns einer Wohngruppe der Gemeinschaft angeschlossen hatten, wurde mir klar, dass Dans Ziele und sein Leben kompliziert waren. Aber ich hatte ein tiefes Vertrauen in ihn und wusste, dass er Menschen etwas zu bieten hatte. Er hatte so viele Ideen und den großen Wunsch, Einfluss auf Menschen auszuüben, um ihr Bewusstsein zu erweitern, was er auch getan hat. Er hatte etwas Echtes an sich, das ich schon gespürt hatte, als ich ihm zum ersten Mal begegnet bin. Obwohl ich persönlich keine entsprechende Neigung hatte, war ich bereit, mich der Community anzuschließen, als Experiment sozusagen. In den 1970er-Jahren haben Leute so etwas gemacht.

Dan und ich heirateten. Das war die Bedingung für unser Zusammenleben in der Gemeinschaft, schien aber ganz natürlich und unvermeidlich.

Unsere ersten Monate in der Gemeinschaft waren die intensivsten, da wir beide versuchten, alle Auflagen buchstabengetreu einzuhalten. Dan war besonders streng. Ich merkte schnell, dass die Leute um uns herum viel lockerer mit den Auflagen umgingen und es ohnehin keine Höhergestellten gab, die aufpassten. An unserem Verhalten änderte dies nichts.

Jetzt erkannte ich den Unterschied zwischen den Arica-Trainings und dem Sitzen in der Gegenwart eines vollständig erwachten Übermittlers der Erleuchtung für jeden, der offen für sie ist. Joy und ich kamen jeden Freitagabend im Sanctuary an, suchten uns einen Schlafplatz und schauten uns dann unsere ausgehängten Arbeitsaufträge für den Samstag an. Der Samstagabend war normalerweise für einen Film reserviert, den Bubba ausgewählt hatte und dem er seine urkomischen Kommentare und lehrreichen Lektionen hinzufügte. Aber am Sonntagmorgen fand das Hauptereignis statt: *Darshan* mit dem Guru in der Versammlungshalle.

Nachdem alle ihre Plätze eingenommen hatten und erwartungsvoll dasaßen, trat der Guru ein. Wir verbeugten uns alle und berührten mit unseren Köpfen den Boden, während er zu seinem großen Sessel ging. Dann starrte ich ihn wie alle anderen im Raum etwa eine Stunde lang an und tat mein Bestes, *Gefühlsaufmerksamkeit* anzuwenden, wie er es empfohlen hat. Manchmal füllten sich seine Augen mit Tränen, wenn sein Blick durch den Raum wanderte und sich einen Moment lang auf jeden Einzelnen von uns senkte. Doch sosehr ich auch versuchte, eine hingebungsvolle Inbrunst zu entfachen, mich zu unterwerfen und zu ergeben, ich fühlte mich wie ein Schauspieler, der die Rolle eines liebenden Devotees spielt.

Wann immer ich in meinem Leben etwas Neues ausprobierte, stürzte ich mich mit ganzem Herzen und voller Begeisterung hinein, schob Urteile oder Zweifel beiseite und schaute, wohin es führen würde und was ich wohl daraus lernen konnte. In Wahrheit waren Joy und ich eher Schüler als Devotees. Dennoch konnte ich nicht leugnen, dass ich, wenn ich mich ganz auf den Guru einließ, eine gewisse Klarheit und ruhelose Energie in mir spürte.

Einige der Devotees in der Versammlungshalle hatten spontane *Kriyas* – Energieschübe mit anfallartigem Zittern, Grunzen und unwillkürlichen Gesichtsverzerrungen –, ein Phänomen, um das sie einige beneideten, da es tiefe andächtige Hingabe anzuzeigen schien. Andere Devotees schrieben dem Guru Träume, Einsichten oder sogar die Heilung körperlicher Gebrechen zu, obwohl er davon nichts hören wollte. Für ihn war alles *Lila* oder göttliches Spiel, und er machte sich über solche Phänomene lustig, indem er sagte: »Diese *Besonderen* sollten mehr erdende Nahrung zu sich nehmen.«

Die sieben Stadien

Ein paar Wochen später gab der Guru einen Überblick über das, was er die sieben Lebensstadien nannte, ein hierarchisches Modell für die Evolution des Bewusstseins, das, wenig überraschend, seine eigene Ebene der Verwirklichung in den Zusammenhang eines idealen persönlichen Wachstums stellte. Die ersten drei Entwicklungsstadien dauern jeweils sieben Jahre: erstens physische Verkörperung, dann emotional-sexuelle Entwicklung, dann höhere mentale Funktionen, die in einem starken Willen gipfeln, idealerweise im Alter von einundzwanzig Jahren. Nur wenige Menschen gehen ganz ausgereift, also auf die späteren Stadien vorbereitet, daraus hervor.

Die Stadien vier, fünf und sechs (für die es keinen Zeitrahmen gibt) sind von den ersten drei Stadien abhängig und stehen dafür, »vollständig menschlich zu werden«. Das vierte Stadium manifestiert sich als Übergang von den grobstofflichen zu den feinstofflichen Ebenen des Seins, als ein natürlicher Drang, zu lieben und zu dienen (Gott wird hier allerdings immer noch als ein »Anderer« angesehen). Das fünfte oder mystische Lebensstadium ist durch das Eingehen ins Licht gekennzeichnet, wobei es zu spirituellen oder außersinnlichen Erfahrungen und ekstatischen Visionen kommen kann.

Diejenigen, die das sechste Stadium verwirklicht haben, etwa Jesus, Buddha, Muhammad und weniger bekannte Gestalten wie Ramana Maharshi, verweilen im reinen Bewusstsein und als reines Bewusstsein, frei von allen inneren Bedingungen oder Einschränkungen.

Der Guru behauptete, nur er habe das siebte Stadium erreicht, das er als »eine neue Möglichkeit« beschrieb, »wo es keine Trennung gibt, nur Gott«.

Seine Botschaft war, dass wir uns gar nicht auf die Suche machen müssen; dass es nichts zu erreichen, sondern nur etwas zu erkennen gibt. Wir müssen nur zu dem erwachen, was »immer schon da« ist. Diese transzendente Botschaft, die in seinen frühen Werken zum Ausdruck kam, hatte mich ursprünglich zu dem Guru hingezogen wie die Motte zum Licht.

Neue Lehren

Die Fähigkeit des Gurus, eine geistige Kraft zu übertragen, zog viele Devotees an. Was ich jedoch am attraktivsten fand, waren seine aufschlussreichen Lehren. Beispielsweise sprach er einmal über drei Arten von Menschen: *Feste* (ernsthafte Leute mit einem »Stein im Nabel«), *Vitale* (expansive, energische Typen »mit Feuer im Nabel«) und *Besondere* (eher klassisch-spirituelle Typen »mit einem Loch im Nabel«). Jeder dieser Typen hat eine andere Beziehung zum verkörperten Leben und zu spirituellen Lehren. (Ich war unverkennbar »fest« und Joy »vital«.) Diese klaren, einfachen und doch tiefgreifenden Beobachtungen riefen das Selbstgewahrsein in mir hervor, nach dem ich bei meinen psychologischen Forschungen immer gesucht hatte.

Bei einer anderen Gelegenheit beschrieb der Guru drei Herangehensweisen an Lehrer, Lehren und Autoritätspersonen, die bestimmten Lebensstadien entsprechen: Kindheit, Jugend und Erwachsenenalter. Für diejenigen, die sich in der Kindheit ihrer spirituellen Entwicklung befinden, sagte er, sei er so etwas wie ein idealisierter Elternteil, der sie unterweisen, ihnen Grenzen setzen, sie schützen und führen kann. Er fügte hinzu: »An diesem kindlichen Stadium ist nichts auszusetzen, aber man muss ihm irgendwann entwachsen.« Das Jugendstadium bringt eine Ablehnung jeglicher Autorität und ein entsprechendes Bedürfnis nach eigenen Entscheidungen mit sich. Der adoleszente Geist betrachtet jede Autorität mit Argwohn und alle spirituellen Lehrer als Scharlatane und Profitmacher. Erwachsene indes finden Weisheit, wo immer sie auftaucht. Was sie lesen oder hören, nehmen sie nicht automatisch an oder weisen es reflexartig zurück, sondern wägen es mit ihrem eigenen Urteilsvermögen ab.

Dies zu hören half mir, den Guru mehr zu schätzen, denn ich hatte mit anderen Lehrern zu tun gehabt, die eine kindliche Hingabe ermutigten. Ich erinnerte mich an Momente, in denen ich mich wie ein naives Kind verhalten hatte, und an andere, in denen ich wie ein rebellischer Jugendlicher agierte. Es schien, als entwickelte ich jetzt eine reifere Herangehensweise an den Guru und alle spirituellen Lehren. Auf jeden Fall wurde von jedem in der Gemeinschaft erwartet, seine gewohnheitsmäßigen Strategien, mit der Welt in Beziehung zu treten, zu transzendieren, statt sie nur zu analysieren, sich dagegen zu wehren oder sich ihnen hinzugeben.

Göttliche Unwissenheit

Ein paar Monate später, an einem typischen Wochenende im Sanctuary (falls es so etwas überhaupt gab), löste eine einfache Frage des Gurus eine tiefe Kontemplation aus, die zu einem weiteren *Kensho* führte – einem Durchbruch, wie ich ihn im Arica-Training für Fortgeschrittene erlebt hatte, als mir klar wurde, dass alles tatsächlich mein Traum war.

Es begann damit, dass der Guru einen Schluck Wasser aus einem Glas trank, dieses dann hochhielt und fragte: »Kann mir jemand sagen, was das ist?« Diese einfache Frage, auf die es eine scheinbar offensichtliche Antwort gab, war der Beginn einer sechswöchigen, tiefgreifenden Betrachtung einer neuen Facette seiner Lehre, die er *The Way of Divine Ignorance* (»Der Weg der göttlichen Unwissenheit«) nannte, basierend auf der Beobachtung, dass, selbst wenn die Menschheit immer mehr Wissen anhäuft, niemand weiß, was ein einzelnes Ding ist – weder Lehrer noch Ärzte oder Intellektuelle und noch nicht einmal spirituelle Meister.

Während er sein Glas hochhielt und sich mit den Versammelten einen langen sokratischen Dialog lieferte, stellte der Guru immer wieder dieselbe Frage, nämlich ob ihm jemand sagen könne, was dies sei. Die Leute probierten verschiedene Ansätze aus: Es ist ein Glas … ein Trinkgefäß … eine Kristallstruktur … Dann antwortete der Guru: »Ja, wir könnten ganze Enzyklopädien schreiben, eine Flut von Wörtern *über* den Namen, die Bezeichnungen, die Beschreibung, die Konstruktion, die Chemie, die Ästhetik und die Geschichte eines Glases, aber wir wissen nichts über sein Wesen – nichts darüber, was es *ist*. Ihr seid unbelastet von Wissen, frei von Bedeutungen, seht ihr …«

Im Laufe mehrerer Wochen brannte diese fortdauernde Kontemplation in meinem Bauch wie die Enträtselung eines Koans, bis ich plötzlich einen Geschmack davon bekam, was gemeint war, einen flüchtigen Durchblick, einen Schimmer der Wahrheit dahinter. Die Erkenntnis brach durch, dass ich jenseits von Wortbezeichnungen gar nicht wusste (und gar nicht wissen konnte), was irgendetwas tatsächlich *war*.

Es gibt einen gewaltigen Unterschied zwischen dem intellektuellen Begreifen oder Verstehen einer Idee und ihrer *Erkenntnis*, und wenn auch nur für einen einzigen Moment. Und für diesen Moment fühlt es sich an wie eine Befreiung.

Die Lehre des Gurus, die Berührung durch den Guru

Mein Dienst im Sanctuary und gelegentlich im Buchladen in San Francisco bestand hauptsächlich darin, viele Vorträge des Gurus an die Gemeinde zu überarbeiten. Diese Vorträge bekamen Überschriften wie »Sex, Lachen und Gottesverwirklichung« und »Der Mann oder die Frau mit den zwei Seiten«.

Nach unseren ersten beiden, sehr intensiven Monaten in der Community, saß ich eines Abends an der Schreibmaschine in einem Hinterzimmerbüro der Community-Buchhandlung und stellte plötzlich überrascht fest, dass der Guru höchstpersönlich den kleinen Raum betrat, in dem ich saß und tippte. Ich erinnere mich, dass ich dachte: *Wie sind die Benimmregeln? Soll ich aufstehen und ihm gegenübertreten, als begegnete ich der Queen oder, nun ja, Moses? Soll ich weiterarbeiten? Soll ich einfach sitzen bleiben und weitertippen?* Schließlich drehte ich mich ein wenig herum und nickte ihm freundlich und respektvoll zu.

Als der Guru an mir vorbeiging, hielt er inne und strich mir kurz über die Schulter, als wolle er meine Arbeit anerkennen.

Dann ging er wortlos weiter. Ich holte tief Luft und überprüfte, ob sich mein Körper irgendwie anders anfühlte, ob irgendetwas Magisches passiert war, ob ich irgendeinen Segen bekommen hatte. Es fühlte sich an, als hätte mich ein liebender Freund berührt, wie eine ganz natürliche menschliche Verbindung, mehr nicht.

Ich wandte mich bald wieder meinem Tippen zu und dachte: *Wenn mir jemand früher am Tag gesagt hätte, dass mir der Guru noch vor Ende des Tages eine Rückenmassage geben würde, hätte ich laut gelacht.*

Joy erinnert sich

Unsere Beziehung zur Gemeinschaft hatte Höhen und Tiefen. Das Zusammenleben mit anderen Menschen und die Tatsache, dass wir jedes Wochenende im Sanctuary verbrachten, forderten ihren Tribut, nicht nur von uns beiden, sondern auch von vielen anderen Devotees, wie sich die Menschen in der Gemeinschaft selbst nannten. Das Leben mit Da Free John, wie er sich jetzt nannte, war intensiv, fordernd und manchmal verstörend. Sein Ziel war es, uns aus uns selbst herauszurütteln. Er war eine ständige Störung und Unterbrechung meines Lebens und meiner persönlichen Wünsche. Dan und ich verbrachten viele Stunden damit, die Vor- und Nachteile durchzugehen, die es hatte, dort zu bleiben oder zu gehen.

Wenn ich zurückblicke, hatte ich eine erste Ahnung, dass etwas nicht stimmte. Dieses Gefühl rief die tiefere Einsicht hervor, dass ich ein inneres Wissen hatte – ein Bauchgefühl, gegen das ich Dinge abwägen konnte. Und vielleicht wäre ich auch klug genug, mir selbst mehr zu vertrauen, als ich Da Free John vertraute. Diese Erfahrung half mir, später die Fähigkeit zu entwickeln, das Gute und das Schlechte in jeder Situation zu erkennen.

Kommen und Gehen

Eines schönen Tages erhielten alle Wohngemeinschaften im Rahmen weiterer unvorhersehbarer Änderungen die gleiche Ansage: »Alle Bedingungen sind aufgehoben. Lebe, wo und wie du willst.« War dies noch mehr aus dem Verrückte-Weisheit-Experimentaltheater des Gurus, oder löste sich die Gemeinschaft allmählich auf? Die Bedingungen und die Wohngemeinschaften waren derart feste Bestandteile unserer Lebensweise und eine ständige Erinnerung an den Guru gewesen, und ich empfand eine Mischung aus Enttäuschung, Unsicherheit und Erleichterung.

Vor dieser Ankündigung hatten Joy und ich keinerlei freie Zeit gehabt, um einfach als junges Ehepaar zusammen zu sein. Und ich hatte Holly nicht besuchen können, die mittlerweile mit ihrer Mutter und ihrem neuen Stiefvater nach Grass Valley in Kalifornien gezogen war.

Jetzt erfuhr ich durch glückliches Timing von einer Lehrerstelle in einem kleinen Turn- und Gymnastikstudio in der Clement Street in San Francisco. Ich traf mich mit Christine, der Besitzerin. Sie konnte nicht viel bezahlen, aber dafür, dass ich bereit war, vier Abendkurse pro Woche zu geben, bot sie mir zusätzlich eine kleine Wohnung direkt über dem Studio mietfrei an. Also verließen Joy und ich unsere Wohngemeinschaft in der Masonic Street und zogen in diese gemütliche Wohnung. Während ich meine ersten Kurse für Jugendliche und Erwachsene gab, bekam Joy einen Job als Lohnbuchhalterin bei einer Buchhaltungsfirma in der Innenstadt.

Wir sollten nie wieder so in das Gemeinschaftsleben eingebunden sein und das Sanctuary auch nicht mehr jedes Wochenende besuchen wie am Anfang. Aber der Guru blieb in meinem (und in Joys) Leben und Bewusstsein präsent, vor allem durch seine neuen Bücher, die in höchster Geschwindigkeit veröffentlicht wurden und in denen er seine einzigartigen Erkenntnisse über bewusste Leibesübungen und Ernährung, menschliche Sexualität, erwachte Politik und Erleuchtung des ganzen Körpers sowie die transzendente Bedeutung des Todes darlegte. Selbst wenn er nie in die Rolle eines spirituellen Meisters geschlüpft wäre, hätte der Guru mit seinem literarischen Werk einen wichtigen Beitrag geleistet.

Joy und ich machten immer noch gelegentlich einen Besuch im Sanctuary, obwohl der Guru jetzt einen Großteil seiner Zeit entweder mit Feiern im engsten Kreis oder in Abgeschiedenheit verbrachte. Er änderte seinen Namen erneut und sollte dies auf dem absteigenden Ast seiner Karriere noch einige Male tun.

Später fragte ich mich, warum wir der Gemeinschaft fast acht Jahre lang verbunden blieben. Wie schon in meiner ersten Ehe, konnte ich mich nicht ganz binden und nicht ganz loslassen. Vielleicht war es reine Beharrlichkeit, oder es lag daran, dass mir eine Gemeinschaft aufrichtiger spiritueller Aspiranten wünschenswerter schien als die verrückte säkulare Welt der späten 1970er-Jahre. Vielleicht steckte auch schlichte Trägheit dahinter. Wir blieben, bis sich eine bessere Alternative ergab. Also wurden wir in den Monaten und Jahren, die vergingen, jedes Mal, wenn wir uns physisch oder emotional distanziert hatten, auch wieder hineingezogen.

In der Zwischenzeit ließ mir die Tatsache, dass ich nur Abendkurse gab, die Tagesstunden, um ernsthafter an einem noch unbetitelten Manuskript zu arbeiten, das neben zufällig ausgewählten Einblicken in meine Jahre als Athlet und Kampfkünstler auch größere Themen enthielt, die vom Professor und jetzt vom Guru inspiriert waren. Anstatt nur Elemente ihrer Lehren nachzuplappern, bemühte ich mich um meine eigene Ausdrucksweise in einer alltäglichen Sprache. Es war mir noch nicht in den Sinn gekommen, Elemente aus meinem eigenen Leben einzufügen, aber nach und nach nahm das Material Gestalt an.

Unter welchen Umständen auch immer, ich unterrichtete nach wie vor gern, obwohl sich Inhalt und Umfang meines Interesses erweitert hatten. Ich erinnerte mich an ein Zitat des indischen Weisen Ramana Maharshi, das der Guru mit uns geteilt hatte – »Ich gebe den Menschen, was sie wollen, bis sie wollen, was ich ihnen geben möchte« –, und unterrichtete weiterhin in meinem ureigenen Bereich. Und wann immer ein Schüler Interesse an Bewegung als Weg zur Meisterschaft bekundete, war ich höchst zufrieden.

Jemand schrieb mir, um mir mitzuteilen, wie gern er das erste Buch des Gurus gelesen habe, brachte aber auch seine Besorgnis über »Komplikationen und Blockaden« und den eigenen Mangel an »Gefühlsaufmerksamkeit« zum Ausdruck.

Meine Antwort im Community-Jargon offenbart meinen damaligen Bewusstseinszustand und zeigt, wie ich alles auf eine Karte gesetzt und mich ganz auf den Weg oder die Person, der ich gefolgt bin, eingelassen hatte:

> Mach dir keine Gedanken. Kümmere dich ums Tagesgeschäft, damit du die für Gelassenheit notwendige Gefühlsaufmerksamkeit freisetzen kannst. Du wirst es nie perfekt hinbekommen. Nimm einfach alles, was kommt, als *Sadhana* (spirituelle Übung). Jeder Depp kann glücklich sein, wenn alles glattläuft. Praktiziere unvernünftiges Glück, indem du dich daran erinnerst, dass all diese offensichtlichen Komplikationen einfach irgendein Zeug in einem Traum sind. Mach *Erkenntnis* zu deiner wichtigsten Priorität.

Niemand anderes macht uns wütend oder froh oder traurig oder furchtsam oder begeistert, egal, wie sehr es den Anschein hat. Du und ich, wir erzeugen selbst die Bedeutungen und Interpretationen der Wirklichkeit. Wenn jemand an deine Tür klopft und dir einen steuerfreien Scheck über eine Million Dollar überreicht, hüpfst du vielleicht vor Freude. Aber du hättest das gleiche Glück erleben können, bevor er an deine Tür geklopft hat. Dieser Mann hat dir nur einen Grund gegeben.

Im spirituellen Leben geht es darum, den inneren Ort zu finden, an dem du immer glücklich und frei bist, anstatt dort zu sein, wo du alles tust, um genau dies zu verhindern. Deshalb ist *Erkenntnis* so wichtig. Bis du und ich alle unsere gewohnheitsmäßigen Neigungen erkennen und hinter uns lassen, bleibt spirituelles Leben eine Vorstellung des Intellekts, ein Glaube, eine hoffnungsvolle, aber einstudierte Praxis.

In gewisser Weise schrieb ich an mich selbst und für mich selbst. Als ich diese Korrespondenz später noch einmal las, musste ich lachen und dachte an ein Aikido-Sprichwort: »Lerne heute, lehre morgen.« Mit anderen Worten, sogar Anfänger tun sich selbst und anderen etwas Gutes, indem sie weitergeben, was sie gerade gelernt haben.

Veränderungen

Unser Jahr in der Clement Street verging schnell. Ich verbrachte meine Tage mit Schreiben und meine Abende damit, Kindern und Erwachsenen Bewegungskunst beizubringen. Gelegentlich machten Joy und ich einen Besuch im Sanctuary, hatten aber ansonsten wenig Kontakt zur Gemeinschaft, da ich mich jetzt auf eher weltliche Angelegenheiten konzentrierte. Dann, am Ende des Jahres, verabschiedeten wir uns liebevoll von Christine und zogen auf die andere Seite der Bucht, in eine Souterrainwohnung in den Berkeley Hills in der Nähe des Rosengartens.

Im Frühjahr 1978 hatte ich mich um die Stelle als Turn- und Akrobatiktrainer für Frauen an der Cal beworben. (Ich begeisterte mich zwar nicht mehr für den Wettkampfbetrieb, brauchte aber einen Job, der meinen Talenten und meiner Unterrichtserfahrung entsprach.) Auf dem Weg zum Vorstellungsgespräch kaufte ich zwei Pakete Schreibmaschinenpapier, weil ich mein einziges Manuskript mittlerweile in zwei verschiedene Bücher aufgeteilt hatte. Das erste Buch, das sich auf meine Jahre als Athlet und Trainer bezog, war fast fertig. Dem zweiten Buch, das sich noch in der Entwicklung befand, gab ich den Titel *Der Pfad des friedvollen Kriegers*.

Die Cal-Damenmannschaft zu coachen stellte sich als schwieriger heraus, als ich erwartet hatte. Da wir keinen eigenen Raum hatten, mussten wir die gesamte Ausrüstung zu Beginn eines jeden Trainings auf- und am Ende wieder abbauen. Ich habe mein Bestes gegeben mit dem Team, das dieses erste Jahr mit einer unspektakulären Saison beendet hat.

Nachdem wir bereits den Strawberry Canyon Fire Trail gelaufen waren, liefen Joy und ich die 12 Kilometer lange Bay-to-Breakers-Strecke vom Ferry Building an der Bucht den »Heartbreak

Hill« hinauf, dann geradeaus nach Westen durch San Francisco bis zur Brandung am Ocean Beach – ein verrücktes Rennen zusammen mit Menschen, die als Tausendfüßler verkleidet waren oder als Männer Frauenkleider trugen. Manche trugen auch gar nichts. Und später in diesem Sommer absolvierten wir unseren ersten San-Francisco-Marathon, wobei wir so spät ins Ziel kamen, dass uns der Truck mit den Erinnerungs-T-Shirts fast davongefahren wäre. Wir waren total erschöpft, aber freudig erregt und ließen uns von den wenigen verbliebenen Zuschauern feiern. Joy lief auch weiterhin Langstrecke. Ich selbst steckte meine Energie mehr und mehr ins Überarbeiten und Verfeinern beider Manuskripte.

Eine bereichernde Routine

Später in diesem Sommer, als unser Vermieter das Haus verkaufte, zogen wir erneut um, hinunter ins Tiefland von Berkeley, in ein umgebautes Garagenstudio, ein ruhiges, gemütliches Nest, möbliert mit einem Sofa, das Joy aus mit Stoff bezogenem Schaumgummi gemacht, und einem Hochbett, das ich gebaut hatte. Während des einjährigen Aufenthalts dort und in meinem zweiten Coaching-Jahr gewöhnten wir uns eine produktive Routine an: Joy ging morgens vor der Arbeit laufen. Ich war von acht Uhr morgens bis mittags intensiv mit Schreiben beschäftigt und ging dann ins Studio.

Nachdem ich mein *Whole Body Fitness*-Manuskript aufpoliert hatte, schickte ich es an einen New Yorker Verlag nach dem anderen. Immer wieder wurde es ungeöffnet und ohne Erklärung zurückgeschickt, bis sich ein Redaktionsassistent schließlich die Zeit nahm und quer über das Paket kritzelte: »Wir akzeptieren nur Arbeiten, die von einer Literaturagentur eingeschickt wurden.« Also schaute ich im Telefonbuch nach und fand die Agentur Larsen-Pomada in San Francisco. Nachdem sie das Manuskript gelesen hatten, schickten mir Michael und Elizabeth einen Agenturvertrag, der nur eine einzige Seite hatte.

Ein paar Wochen später saß ich an meinem Schreibtisch im Büro der Sportabteilung, als mich mein Agent anrief und mir mitteilte, dass mir Crown Publishing in New York fünftausend Dollar (im Wert von heute etwa zwanzigtausend Dollar) als Vorschuss für künftige Tantiemen geboten hatte. Ich war ein Schreibprofi! Immer noch erinnere ich mich heute an Mike Larsens zeitlosen Rat an einen noch unbekannten Autor: »Kündigen Sie Ihren Job noch nicht.«

Trotz guter Momente war mein zweites Jahr als Damentrainer ein weiterer harter Kampf. Gegen Ende unserer Saison saß ich, nachdem das Team die Ausrüstung weggeräumt hatte, allein auf einem Stapel Matten und grübelte über die Frage nach: *Was würden Buddha oder Jesus oder Socrates in dieser Situation tun?* Eine innere Stimme antwortete: *Junior, sie wären erst gar nicht in dieser Situation.* Ich musste der Tatsache ins Auge sehen, dass ich nicht mehr mit ganzem Herzen beim Coaching war. Also kündigte ich trotz des weisen Rats meines Literaturagenten meinen Job und teilte dem Sportdirektor mit, ich stünde für ein drittes Jahr nicht mehr zur Verfügung. (Die Trainerin, die auf mich folgte, eine Olympiateilnehmerin, hielt nur ein Jahr durch.) Dann kontaktierte ich den Wohnungsdekan des Oberlin-College, bewarb mich um die Stelle eines Wohnheimleiters und brachte damit unseren Wunsch zum Ausdruck, wieder der College-Gemeinschaft beizutreten, in der wir uns kennengelernt hatten, und unsere Bereitschaft, unsere jetzige Gemeinschaft hinter uns zu lassen.

Während *Whole Body Fitness* den Prozess durchlief, der ein Manuskript in ein fertiges Buch verwandelt, schrieb ich *Der Pfad des friedvollen Kriegers* noch einmal um.

Die Früchte meiner Arbeit

Anfang Juli 1979, als wir uns gerade auf unseren Roadtrip zurück nach Oberlin vorbereiteten, wurde *Whole Body Fitness* veröffentlicht und sammelte positive Kritiken ein. (In den kommenden Jahren sollte das Buch unter drei verschiedenen Titeln erscheinen. Es änderte seinen Namen fast so oft wie der Guru, bis zu seinem aktuellen Titel: *Body Mind Mastery*.)

Mittlerweile vollendete ich das, was ich für den endgültigen Entwurf von *Der Pfad des friedvollen Kriegers* hielt. Zu diesem Zeitpunkt enthielt er nur ein oder zwei Seiten über die Begegnung mit einem kosmischen alten Mechaniker an einer Tankstelle. Der Rest las sich wie ein Selbsthilfe-Sachbuch. Ich schickte das Manuskript an meinen Agenten. Der rief ein paar Wochen später an, um mir mitzuteilen, er habe ein weiteres Angebot von fünftausend Dollar bekommen, diesmal von Jeremy P. Tarcher in Los Angeles. Begeistert sagte ich zu, während Joy und ich unsere wenigen Habseligkeiten in einen kleinen Mietlaster packten und uns in optimistischer Stimmung auf den Weg nach Oberlin machten. Jetzt hatten wir Geld aus dem Vorschuss für das zweite Buch, freie Kost und Logis und ein kleines Gehalt.

Das lektorierte Manuskript traf kurz nach uns ein. Ich riss das Paket auf und fand markierte Seiten, die mit Kommentaren und Fragen versehen waren. Meine Lektorin war begeistert von dem Buch, wollte aber mehr über Socrates und meine Interaktionen mit ihm wissen. Inspiriert von ihrer Überarbeitung, machte ich mich mit Feuereifer an eine umfassende Neufassung. Während Joy alle Pflichten im Wohnheim übernahm, schloss ich mich bis zu achtzehn Stunden am Tag in adrenalingeladenem Zustand in einem Hinterzimmer ein, um eine Geschichte auszuarbeiten, die auf meinem Leben basierte und der ich imaginäre nächtliche Treffen mit dem alten friedvollen Krieger zufügte. Alle meine Erfahrungen und die geballten Erkenntnisse der letzten zehn Jahre sind in diese Seiten eingeflossen. Ich nahm die Knochenmassage des Professors mit auf und adaptierte die Vorstellung des Gurus vom unvernünftigen Glück und seinen Hinweis auf »Paradox, Humor und Veränderung« sowie seine Bemerkung, dass »das Geheimnis der Veränderung darin besteht, seine ganze Energie nicht darauf zu konzentrieren, Altes zu bekämpfen, sondern Neues aufzubauen«.

Dann schickte ich den endgültigen Entwurf zurück an meine Lektorin.

Dunkler Horizont

Joy und ich erfuhren bald, dass der Guru in ein neues Sanctuary auf Hawaii umgezogen war. Die Distanz führte uns zu einer kritischeren Einschätzung dieses verrückten Weisheitslehrers und der Verhaltensweisen, die ihn möglicherweise dazu gebracht hatten wegzuziehen.

Später beschäftigte ich mich mit einer Vielzahl von spirituellen Gemeinschaften, in denen charismatische spirituelle Autoritäten im Laufe der Zeit degenerierten, korrumpiert von der Lobhudelei ihrer Devotees. Man spricht vom Syndrom des kochenden Froschs: Schrittweise Veränderungen können in der Persönlichkeit eines Menschen so lange unbemerkt bleiben, ignoriert oder verleugnet werden, bis die Realität unausweichlich ist. Das Leben vieler zeitgenössischer spiritueller Lehrer ist ein Musterbeispiel für dieses Phänomen, und der Guru war unglücklicherweise auch eines. Damit gab er eine wertvolle Lektion, die er nie beabsichtigt hatte.

Trotz seiner außergewöhnlichen spirituellen Gaben hatte der Guru übergroße Laster, die sich schon früh andeuteten. Dieser paradoxe spirituelle Meister und brillante Autor war höchstwahrscheinlich auch Alkoholiker, Drogenkonsument und ein notorischer Schürzenjäger, der mit zahlreichen Frauen aus der Gemeinschaft geschlafen hatte, und zwar neben den neun polygamen Partnerinnen, die er seine »Ehefrauen« nannte und von denen eine *Playboy*-Playmate des Monats war, eine freundliche junge Frau, die gemeinsam mit ihrem Freund im Sanctuary angekommen war, aber schon bald im Haus des Gurus lebte.

Jahrelang blieben die tagtäglichen Aktivitäten des Gurus innerhalb seiner Gemeinschaft im Hintergrund. Wir alle wussten, dass er kein weiß gekleideter Zölibatär war, der Moral predigte, und wir akzeptierten ihn als einen unkonventionellen Lehrer, von dessen Verhalten angenommen wurde, es sei für seine Anhänger irgendwie lehrreich. Von glaubwürdigen Zeugen hatte ich auch Geschichten über die Samstagabendpartys des Gurus gehört, wo sich eine Handvoll aus dem inneren Zirkel des Gurus und geladene Gäste seinen wilden Affären anschlossen, für die alle Bedingungen seiner Gesellschaft aufgegeben wurden. Glaubwürdige Quellen sprachen von tantrischen Orgien, bei denen der Guru Devotees anwies, miteinander und mit ihm Sex zu haben, während andere Feiernde zuschauten und Alkohol, Tabak und andere Drogen frei zirkulierten. Ob dieses wilde Theater, dieses hemmungslose Spiel Exploration oder Exploitation war, kann ich nicht mit Sicherheit sagen. Ich erinnere mich nur, dass alle, die sich im Sanctuary aufhielten, gebeten wurden, am Sonntagmorgen besonders leise an der Residenz des Gurus vorbeizugehen, um seinen Schlaf nicht zu stören.

Als der Guru sein altes Sanctuary in Nordkalifornien besuchte, fiel mir auf, wie sehr er sich äußerlich verändert hatte. Sein Körper war runder geworden und sein Teint fahl, als hätte er ein schweres Leben. Er fing an, Fastenkuren zu machen und sich verschiedenen Reinigungen und Behandlungen zu unterziehen. In einem Vortrag sprach er von dem großen Opfer, dem er sich unterzog, um das unwürdige Verhalten seiner Devotees widerzuspiegeln.

Unsere Zeit mit dem Guru entfaltete sich an einem bestimmten Ort und zu einer bestimmten Zeit, in einer Gemeinschaft herzensguter Devotees und in der charakteristischen Atmosphäre der 1970er- und frühen 1980er-Jahre, als eine Revolution in der Luft zu liegen schien, wo in Wahrheit doch alle durch flackernde Schatten zum Licht stolperten.

Launen des Schicksals

Ich habe *Der Pfad des friedvollen Kriegers* geschrieben, um eine Brücke zwischen den konventionellen und den transzendenten Dimensionen des Lebens zu bauen. Da das Buch autobiografische und fiktive Elemente enthielt, schlug meine Lektorin den englischen Untertitel *A Basically True Story* (»Eine im Grunde wahre Geschichte«) vor – eine clevere Idee, aber die Buchhändler der großen Ketten hatten keine Ahnung, ob sie das Buch ins Belletristik- oder ins Sachbuch-Regal stellen sollten oder gar in eines mit Büchern über Religion, Psychologie, Philosophie, Metaphysik, Okkultismus oder irgendeine etablierte spirituelle Tradition. Nur wenige Tausend Exemplare wurden verkauft, und fast immer an kleinere Buchhandlungen. Meine Lektorin erhielt zwar einige begeisterte Zuschriften, aber der Verlag weigerte sich, das Buch in sein Taschenbuchprogramm aufzunehmen, weil er keine Chance auf seinen kommerziellen Durchbruch sah. Also fielen die Rechte an mich zurück.

Etwa zur gleichen Zeit erfuhr ich, dass von *Whole Body Fitness* zwar grob viertausend Exemplare verkauft worden waren, aber dass ebenfalls kein Nachdruck erfolgte. Nachdem ich als College-Student, Athlet, Trainer und College-Professor in Bezug auf Erfolg auf den Geschmack gekommen war, war ich jetzt dummerweise Autor von zwei Hardcover-Büchern, die sich trotz hoffnungsvoller Starts letztlich als Flop erwiesen hatten. Als ich meinen Agenten fragte, ob er noch andere Verlage ansprechen könne, gab er mir den üblichen Rat: »Schreib ein weiteres Buch, Dan. Wenn es sich gut verkauft, nimmt jemand vielleicht auch die anderen.«

Ich spielte mit ein paar Ideen für ein neues Buch, die aber unausgegoren blieben, weil ich nicht mit dem Herzen dabei war. Also machte ich an ein paar Abenden in der Woche Aikido und half Joy bei ihren Aufgaben im Wohnheim.

Unsere zwei Jahre am Oberlin und die Zeit, die ich davor an der Fakultät verbracht habe, nehmen einen besonderen Platz in meiner Erinnerung ein: Ich habe Joy getroffen und meine pädagogischen Fähigkeiten verfeinert. Ich habe *Der Pfad des friedvollen Kriegers* fertiggestellt und dabei die Geburt unserer Tochter Sierra miterlebt – vierzehn Jahre nachdem ich in die alte Tankstelle in Berkeley marschiert war.

Dann geschah das Faszinierende: Aufgrund der wenigen Hardcoverexemplare, die noch im Umlauf waren, wurde *Der Pfad des friedvollen Kriegers* durch Mundpropaganda immer bekannter. Dennoch sollte ich fast zehn Jahre lang kein weiteres Buch schreiben, bis mich die Umstände dazu veranlassten.

Das Leben geht weiter

Im Frühjahr 1981, als unser auf zwei Jahre befristeter Vertrag für die Heimleiterstelle auslief, kehrten Joy, die kleine Sierra und ich in die San Francisco Bay Area zurück, diesmal nach Marin County. Wir hatten keine Lust mehr, den Guru zu sehen, der inzwischen hauptsächlich auf Hawaii lebte, aber wir hatten immer noch ein paar Freunde aus der Gemeinschaft in San Rafael, wo ich Arbeit als einer der ersten Textverarbeitungsoperatoren in einer Management-Schulungsfirma fand. Als dieser Job ein Jahr später aufgrund von Stellenabbau im Unternehmen endete, fand ich eine Vollzeitstelle als Datenerfasser bei einer Immobilienfirma und einen zweiten Job in einer Anwaltskanzlei, wo ich an Samstagabenden und an den meisten Wochentagen ab sechs Uhr morgens eine Menge Schreibarbeiten erledigte.

Dann fand ich wieder einmal einen neuen Vollzeitjob, nämlich eine Stelle in der Verwaltung einer innovativen Schule für Körperarbeit. Meine Aufgabe war es, vor Ort Leute zu rekrutieren, die daran interessiert waren, als Modellklienten zu dienen, an denen die Studenten unter der Aufsicht des Gründers üben konnten. An einem späten Freitagnachmittag zwang ich mich, eine selbst gesetzte Deadline einzuhalten. Ich war gestresst und wollte noch schnell Telefongespräche führen und Formulare ausfüllen, bevor Joy und Sierra kamen, um mich für das Wochenende abzuholen. Ich atmete flach und spürte, wie sich ein Druck in mir zu Kopfschmerzen aufbaute.

Genau in diesem Moment schaute ich aus dem Fenster und sah eine einzelne Wolke, die sanft und geduldig im Wind schwebte. Ich spürte, wie ich einen langen, tiefen Atemzug nahm und sich mein ganzer Körper entspannte. Ich fühlte mich wie diese Wolke und erledigte meine Arbeit in einem gleichmäßigen, gemächlichen Tempo noch vor Feierabend. *Unsere Lehrer sind überall*, dachte ich. Das war die erste Erkenntnis. Die zweite Erkenntnis kam erst, als mir klar wurde, dass es selbst nach der ganzen Tiefenentspannung und Atemarbeit, die ich in Arica praktiziert hatte, Monate oder Jahre dauern konnte, um das Gelernte vollständig zu integrieren und anzuwenden und diese Lektionen im täglichen Leben umzusetzen.

Unsere Familie ist komplett

Sierra, die jetzt zwei Jahre alt war, zog gern Bücher aus unserem Bücherregal und schlug sie auf. Da die Bücher des Gurus in ihrer Reichweite standen, schlug sie dasselbe Buch mehrmals auf, um sich ein bestimmtes Foto von ihm anzuschauen, auf dem er dasaß und ins Transzendente starrte.

Als ich Sierra fragte, was er sich wohl anschaue, sagte sie: »Schaut Vogel an.«

Joy und ich lächelten über diese süße, aber rätselhafte Antwort. In jenem Herbst 1982 war Joy mit unserem zweiten Kind hochschwanger. Um Sierra vorzubereiten, hatten wir ihr einen kleinen Plüschpanda gegeben, in dessen Bauch ein Pandababy steckte, und ihr erklärt, dass Mama auch ein Baby in ihrem Bauch habe und sie eine kleine Schwester oder einen kleinen Bruder haben würde, wenn es geboren wäre. Sie schien es zu begreifen, aber sicher konnten wir das natürlich nicht wissen.

Eines Abends beim Abendessen fragte ich Sierra, wer sie gewesen sei, bevor sie ein kleines Mädchen war. »Ich war ein Baby«, antwortete sie.

»Stimmt. Und wo warst du, bevor du ein Baby warst?«

»In Mamas Bauch«, sagte sie.

Dann fragte ich, einem spontanen Impuls folgend: »Wo warst du, *bevor* du in Mamas Bauch warst?«

Ohne zu zögern, sagte sie: »Vogel angeschaut.« Irgendwie hatte Sierra den Blick des Gurus damit in Verbindung gebracht, wo sie vor ihrer Zeugung gewesen war.

Später erinnerte sich Joy, dass sie, als sie mit Sierra in den Wehen lag, die Lamaze-Atmung machte und sich auf das Pressen vorbereitete, intensiv ein Bild auf einer in der Nähe stehenden Taschentuchbox im Blick gehabt hatte – das Foto eines Vogels im Flug.

An einem stürmischen Abend im Februar 1983 brachte Joy dann mit Unterstützung einer Hebamme im Schlafzimmer bei uns zu Hause unsere zweite Tochter zur Welt, die wir China nannten. Gleich nach der Entbindung führte ich eine verschlafene Sierra ins Zimmer, um ihr ihre neugeborene Schwester vorzustellen. Sie sah China mit verwunderten Augen an und dachte vielleicht, sie träume noch.

Ein paar Wochen später gründete ich Rent-a-Coach, ein Unternehmen, in das ich meine Erfahrung als Athlet und Trainer einbrachte. Als Personal Trainer fuhr ich zu Klienten nach Hause und führte sie durch individuelle Work-outs. In dieser Zeit konnte Holly, die jetzt im Teenageralter war und in Grass Valley ihr eigenes Leben führte, mich, Joy und ihre beiden kleinen Stiefschwestern besuchen – ein Willkommenstreffen meiner drei Töchter.

Distanzierung und Ausstieg

Im Laufe der Jahre blieben Joy und ich als »Friends of the Work« der Gemeinschaft des Gurus verbunden, was es unseren Töchtern ermöglichte, die Vorschule und den Kindergarten der Gemeinschaft zu besuchen. Ihre Lehrer schienen sich ganz der

Erziehung der Kinder verschrieben zu haben. Als sie Geschichten über männliche und weibliche Heilige in verschiedenen Traditionen hörte und las, fand die achtjährige Sierra positive Vorbilder in Anandamayi Ma und Sarada Devi, zwei hinduistischen Heiligen. Und eine inspirierte kleine China, die noch in der Vorschule war, wachte eines Morgens auf und sang: »Daolaloma, er weckt mich auf!« Unsere Mädchen profitierten beide von lebensbejahenden Vorbildern, denen sie in regulären Schulen nicht begegnet wären, und wir konnten verstehen, warum einige katholische oder andere christliche oder jüdische Eltern konfessionelle Schulen bevorzugten. Die Schattenseite ist, dass eine spirituelle Erziehung für Kinder leicht zur Indoktrination werden kann.

Hauptsächlich, weil wir vertraute Freunde sehen wollten, besuchten Joy und ich ein paar Sonntagsversammlungen in Marin, die sich wie Gottesdienste in der Kirche mit einem hinduistischen Touch anfühlten. Bei einer solchen Versammlung stellten wir erfreut fest, dass ein neues Foto im Rahmen ausgestellt war, nämlich das eines leeren Stuhles, der den wahren Guru als namenlosen göttlichen Geist symbolisierte, mit dem jeder kommunizieren kann. Jede Wohngemeinschaft wurde angewiesen, dieses Foto des leeren Stuhls in ihrem Meditationsbereich zu platzieren, um daran zu erinnern, dass das Göttliche formlos und allgegenwärtig ist, ganz in Übereinstimmung mit den ursprünglichen Lehren des Gurus.

Aber schon in der nächsten Woche wurden wir alle in einer abrupten Kehrtwende aufgefordert, das Bild des leeren Stuhls durch ein Foto des Gurus zu ersetzen, der wieder Objekt der Anbetung sei und auf ebendiesem Stuhl sitze – ein zutiefst enttäuschender Umschwung. Der Guru war nicht länger eine lebendige Präsenz oder ein universeller Lehrer, sondern kam mir jetzt vor wie ein müder und verzerrter Schatten des Lichts, dem ich vor fast einem

Jahrzehnt zum ersten Mal begegnet war. Es sollte das letzte Gemeinschaftstreffen sein, an dem einer von uns teilnahm.

Bald darauf brachten wir unsere Töchter in einer örtlichen Montessori-Schule unter, wo sie regelrecht aufblühten.

Eine literarische Wiedergeburt

Im Sommer 1982, als ich an einem Wochenend-Workshop zum Thema Neurolinguistisches Programmieren (NLP) teilnahm, gab ich einer älteren Dame, die Interesse an »dieser Art von Buch« bekundet hatte, eines der verbliebenen Hardcover-Exemplare von *Der Pfad des friedvollen Kriegers*. Später erzählte sie mir, sie habe es, nachdem sie es gelesen hatte, an ihren siebzigjährigen Freund Hal Kramer weitergegeben, einen Verleger im Ruhestand. Herr Kramer wiederum beschloss, nachdem er es gelesen hatte, mit einem minimalen Budget einen neuen Verlag zu gründen, und zwar beginnend mit meinem Buch.

Er lud mich zum Mittagessen ein und bat mich um Erlaubnis, das Buch als Taschenbuch neu zu veröffentlichen. Nachdem ich zuvor für jedes meiner Bücher einen Vorschuss von fünftausend Dollar bekommen hatte, war ich jetzt etwas raffinierter und fragte: »Wie viel Vorschuss sind Sie bereit, mir zu zahlen?«

»Ähm, wie wäre es mit hundert Dollar?«, sagte er.

»Hmm ... und wie viel planen Sie, für Marketing und Werbung auszugeben?«

»Ich werde Briefe an die Buchketten und unabhängigen Läden schreiben, um sie über die neue Taschenbuchausgabe Ihres Buches zu informieren.«

»Und wie viele Leute arbeiten in Ihrem Verlag?«

»Im Moment nur ich«, antwortete er.

Ich dachte etwa fünf Sekunden über Hals nicht gerade überwältigendes Angebot nach, bevor ich die Hand ausstreckte, um seine zu schütteln. »Wir haben einen Deal.« Es war schließlich das beste (und einzige) Angebot, das ich seit fast vier Jahren bekommen hatte. Hal Kramer schickte meinem Agenten einen einfachen Vertrag, und der riet mir dringend, ihn nicht zu unterschreiben.

Ich habe trotzdem unterschrieben – ein Vertrauensbeweis, den Hal und ich noch viele Jahre lang feiern sollten. Hal hatte in den 1960er-Jahren den Celestial-Arts-Verlag gegründet und war am Puls der Human-Potential-Bewegung. Er verstand mein Buch und seine Leserschaft. Als ich ihm den Stapel Briefe zeigte, die ich erhalten hatte und die fast alle fast denselben Satz enthielten, beschloss er, dem Buch den provokanten Untertitel *Das Buch, das Leben verändert* zu geben.

Hal Kramer brauchte mehr als ein Jahr, um die großen Buchketten davon zu überzeugen, ein Exemplar in jedes Geschäft zu stellen. Er verkaufte das Buch mit Handschlag und gab jedem, den er traf, ein Exemplar. Das Buch stieß auf eine bescheidene, aber enthusiastische Gruppe von Lesern, die mehr davon wollten. Im Laufe der Monate drang die Mundpropaganda immer weiter durch. Irgendwie berührten die Worte, die ich geschrieben hatte und die meine Jahre des Suchens und Studierens widerspiegelten, die Herzen und das Denken der Leser. Diesmal war die Stunde des Buches wirklich gekommen.

Joy erinnert sich

Allmählich bekamen wir mehr Briefe zum Pfad des friedvollen Kriegers, *und viele Menschen stellten ähnliche Fragen. Anstatt ähnlich lautende, langatmige Antworten zu schreiben und jede per Post zu verschicken, kam mir der Gedanke, Dan könnte einen Vortrag aufzeichnen. Er erstellte ein neunzigminütiges Audiokassettenprogramm mit dem Titel* The Peaceful Warrior in Daily Life *(»Der friedvolle Krieger im Alltag«). Wir gestalteten eine einseitige Broschüre zu dem Kassettenprogramm und zu einem neuen Workshop, den Dan entworfen hatte.*

Danach fand ich bei meinen Besuchen im Postamt oft einen oder mehrere Umschläge mit Bargeld oder einen Scheck für das Kassettenprogramm in unserem Fach, was nicht nur bei der Beantwortung der meisten Fragen, sondern auch beim Bezahlen unserer Einkäufe half.

Wir blieben länger in der Gemeinschaft von Da Free John, als wir es sonst vielleicht getan hätten, damit unsere Töchter die Big Wisdom School der Gemeinschaft besuchen konnten, was wir damals für eine einzigartige Bildungserfahrung hielten. Als jedoch immer mehr über Da Free John bekannt wurde, wollten wir nicht mehr, dass unsere Töchter oder wir mit der Gemeinschaft in Verbindung gebracht wurden, und machten den Weg für unseren Ausstieg frei.

Öffentliche Enthüllungen

Als 1985 eine ehemalige Anhängerin und Ehefrau eines leitenden Angestellten der Gemeinschaft den Guru wegen sexuellen Missbrauchs verklagte, erschien im *San Francisco Chronicle* ein Artikel mit dem Titel »The Sex Guru«. Einige Mitglieder der Gemeinschaft rechtfertigten diese Tatsache selbst dann noch oder taten sie einfach ab – entweder weil sie glaubten, die Anschuldigungen seien übertrieben, oder weil sie dachten, das Verhalten des Gurus transzendiere die konventionelle Moral. Aber es war der Anfang vom Ende. Eine beträchtliche Anzahl von Schülern verließ die Gemeinschaft des Gurus, als sich ihre Familien und Freunde immer mehr Sorgen um ihr Wohlergehen machten und sich das Sex-Guru-Image in der breiten Öffentlichkeit etablierte.

Der Guru hatte sich mittlerweile von Hawaii auf die Fidschiinseln zurückgezogen, blieb dort mehrere Jahrzehnte und wurde nur von ausgewählten Devotees besucht. Aber Joy und ich hatten den Guru physisch und emotional verlassen, lange bevor er uns verließ.

In einer dualistischen Welt neigen wir dazu, Menschen, spirituelle Lehrer eingeschlossen, für gut oder schlecht, freundlich oder gefühllos, weise oder unwissend zu halten. Aber die Wirklichkeit ist paradox und nicht sich gegenseitig ausschließend. In vielerlei Hinsicht benahm sich der Guru wie ein Verrückter, selbst als er Bücher schrieb, die von Suchenden verschlungen und von Gelehrten lobend erwähnt wurden.

»Verrückte Weisheit« benutzte der Guru als transzendentalen Freibrief, um sich alles erlauben zu können, wobei er wohl übersehen hatte, dass in unserer Welt immer noch bestimmte Regeln gelten. Wie Albert Schweitzer einmal schrieb: »Das gute Beispiel ist nicht nur eine Möglichkeit, andere zu beeinflussen, es ist die einzige.« Anstatt als ein solches Vorbild zu dienen wie etwa Mahatma Gandhi, der den berühmten Satz »Mein Leben ist meine Lehre« sagte, schien der Guru nach dem Prinzip »Tu, was ich sage, nicht, was ich tue« zu handeln. Dies kam uns nun nicht nur heuchlerisch, sondern auch dumm vor, und nicht nur uns, sondern sogar denjenigen, die bereit waren zu glauben, dass die Orgien im inneren Zirkel des Gurus so etwas wie ein tantrisches Lehrstück oder eine sexuell-emotionale Katharsis waren.

Wenn Weisheit einen in die Lage versetzt, die Folgen des eigenen Handelns vorherzusehen, war der Guru zumindest unklug und im schlimmsten Fall ein ausbeuterischer, selbstgefälliger sexueller Missbrauchstäter.

Wenn sich einige Mitglieder der Gemeinschaft eine Erkältung oder Grippe eingefangen hatten, schrieben sie dies der Gnade des Gurus zu, und wenn sie sich wieder erholten, war auch das auf die Gnade des Gurus zurückzuführen. Wenn Mitglieder einer Sekte, einschließlich religiöser Mainstream-Gruppen, glauben, dass alles, was Priester, Rabbiner, Lehrer, Therapeut oder Guru sagen oder tun, zu ihrem Nutzen ist oder ihrem Erwachen dient, werden sie anfällig für Ausbeutung.

Der Guru, einst ein junger spiritueller Lehrer mit strahlenden Augen, war jetzt fast fünfzig Jahre alt. Sein ehemals üppiges Haar war fast verschwunden. Er machte einen müden Eindruck, und in seinem runden Gesicht und seinem aufgeschwemmten Körper spiegelte sich eine hedonistische, ja ausschweifende Lebensweise wider. Auch Rajneesh alias Osho oder Bhagwan Rajneesh, sowie Yogi Bhajan, Swami Muktananda und zahlreiche andere yogische und buddhistische Meister waren trotz ihres Charismas und ihrer Gaben irgendwann gefallene Seelen. Ein Devotee beschrieb Muktananda (in auffälliger Ähnlichkeit mit Da Free John) als »einen erleuchteten spirituellen Lehrer und Praktizierenden … der sich mit vielen Schülern auch an Aktionen beteiligte, die nicht ethisch, legal oder befreiend waren«. Adi Da war keineswegs der Einzige, der den Bogen vom brillanten Lehrer zum feigen Ausbeuter spannte.

Wie ein Freund und ehemaliges Mitglied der Gemeinschaft über den Guru sagte: »Er war ein großer spiritueller Meister, der vom Zwölf-Schritte-Programm der Anonymen Alkoholiker profitiert hätte.« Lehrer der verrückten Weisheit wie Adi Da oder auch Chögyam Trungpa scheinen mit der Zeit dazu überzugehen, weniger Weisheit und mehr Verrücktheit zum Ausdruck zu bringen.

Ein Beispiel für die Entgleisungen des Gurus war die zunehmende Tendenz, mehr und mehr Worte in seinen Schriften mit Großbuchstaben beginnen zu lassen, vermutlich um die Transzendenten (nicht etwa transzendenten) Ideen zu vermitteln, die sein Werk durchdrangen. Ein extremes Beispiel für seine Schwülstigkeit ist diese kurze Passage aus *Aham Da Asmi*, einem Buch, das er im späteren Verlauf seiner Karriere schrieb: »Diejenigen, die Mich Nicht mit dem Herzen Erkennen und Mir nicht mit dem Herzen Antworten – und die (Daher) Ohne Glauben An Mich sind, Begreifen Mich Nicht (und Können Mich Nicht Begreifen). Daher Bleiben sie (Dadurch, Dass sie sich Vor Mir in sich selbst Zurückziehen) dem Ego Verhaftet …«

Nach all den öffentlichen Enthüllungen gingen einige unserer Freunde davon aus, dass Joy und ich einer Sekte beigetreten waren oder uns einem Kult angeschlossen hatten. Auf eine Art war das verständlich. Aber früher in seiner Arbeit hatte der Guru alles Kultische auf witzige und klare Weise angesprochen und uns daran erinnert, dass wir eine Sekte oder einen Kult als etwas definieren können, bei dem eine Gruppe von Menschen eine gemeinsame Hingabe an einen Lehrer oder eine andere Autorität oder eine Band oder einen Sportler oder eine politische Theorie pflegt, und dass es dann in der modernen Welt Hunderte (wenn nicht Tausende) große und kleine Kulte oder Sekten gibt, einschließlich der Mainstream-Kulte Christentum, Buddhismus, Islam und Judentum.

»Die Frage«, hatte der Guru damals festgehalten, »ist nicht, ob eine Gruppe eine Sekte ist, sondern ob diese Sekte destruktiv ist und mit Zwang arbeitet oder ob sie auf Freiwilligkeit setzt und lebensbejahend ist.«

Dann hatte er noch angemerkt: »Ihr wisst, dass diese Gemeinschaft kein schändlicher Kult ist, weil es schwierig ist, ihr beizutreten, und leicht, sie zu verlassen.« Das stimmte, abgesehen von einem fast unsichtbaren Faden, der Devotees an ihren auserwählten Meister bindet – eine psychische Bindung hart wie Stahl.

Den Stahlfaden zerreißen

In Übereinstimmung mit Einsteins Mahnung, dass man Probleme nicht mit derselben Denkweise lösen kann, durch die sie entstanden sind, besteht die erklärte Aufgabe vieler spiritueller Gruppen darin, die menschliche Kultur dadurch zu retten, dass sie das Bewusstsein einer ausreichenden Anzahl von Menschen erleuchten. Der Appell bestimmter Lehrer und Gruppen hat also etwas mit einer großen Mission zu tun. Eine Vielzahl von ihnen (einschließlich der Schule des Professors und der Gemeinschaft des Gurus) bringen diese Mission in ähnlichen Worten zum Ausdruck: dass wir nur dadurch, dass wir unsere innere Einheit erkennen, die Spaltung, den Krieg und die politischen Streitereien, die uns belasten, verringern oder beseitigen können, um eine friedliche und produktive Gesellschaft zu schaffen. Dieses hochherzige Ziel erwartet uns auf dem Gipfel der menschlichen Reife. Aber zwischen unserem gegenwärtigen Bewusstseinszustand und dem Berggipfel gehen wir durch einen dunklen Wald, um uns unterwegs mit Verleugnung, Angst und anderen Herausforderungen auseinanderzusetzen. Wir streben nach Idealen. Die Wirklichkeit jedoch spiegelt uns, wer und wie wir jetzt sind.

Ich hatte gesehen und mich damit beschäftigt, wie einige Kulte bedürftige Neophyten mit offenen Armen und Liebesbomben willkommen heißen, nämlich mit Lächeln, Umarmungen, Aufmerksamkeit und Zuneigung. Sie bieten auch inspirierende oder faszinierende Einstiegskurse an. Aber die Wesensart genau dieser Organisationen kann sich mit der Zeit verdunkeln, und es kann außerordentlich schwierig werden, sie wieder zu verlassen. Wenn es darum geht, vor dem Ausstieg abzuschrecken, können Interventionen anderer Mitglieder, stillschweigende oder tatsächliche Drohungen, Manipulation, Ächtung und manchmal auch körperliche Nötigung ins Spiel kommen.

Soweit ich weiß, fand in der Gemeinschaft des Gurus nichts dergleichen statt.

In der Praxis war es tatsächlich ziemlich leicht auszusteigen. Ein Devotee konnte einfach aus der Wohngemeinschaft ausziehen und sich wieder den simpleren Anforderungen des täglichen Lebens zuwenden. Aber der Guru hatte die psychischen Turbulenzen, zu denen es bei einem solchen Ausstieg kommt, nicht zur Kenntnis genommen und auch den Stahlfaden nicht erkannt, der selbst desillusionierte Mitglieder binden kann, eine Bindung, die durch die Beziehung zum Guru (sowie zu langjährigen Freunden und Mitbewohnern in der Gemeinschaft) entsteht.

Die Bindung zu einem Lehrer ist nicht gering. Viele Suchende hatten ihr Leben und ihre Lebensumstände geändert, hatten große Opfer gebracht, waren sogar um die halbe Welt gezogen und hatten Familie und Freunde zurückgelassen, um bei ihrem Guru zu sein (wozu auch Jesus seine Jünger ermutigte). Sie taten dies, weil sie von ganzem Herzen glaubten, ihr Guru sei der beste und sein Weg der einzig wahre zum Erwachen. (Nur wenige Anhänger glauben, den zweitbesten Meister gefunden zu haben.)

Da Free John selbst hat einmal vier Gründe genannt, aus denen manche Leute gehen: Sie finden Fehler beim Guru, in den Lehren oder in der Gemeinschaft, oder sie glauben, dass der Fehler bei ihnen selbst liegt, dass sie für diese Lebensweise nicht geeignet sind. In fast acht Jahren in der Gemeinschaft habe ich jedoch nie gehört, dass der Guru einen fünften Grund nannte, aus dem jemand aussteigt, weil es einfach die klügste Wahl für ihn oder sie ist.

Selbstachtung war ein knappes Gut in der Gemeinschaft des Gurus und fehlt in vielen Religionen, sobald sie ihre Mitglieder als Sünder oder verlorene Schafe betrachten, die der Rettung oder Befreiung durch zwischengeschaltete Autoritäten, heilige Bücher, Systeme, Philosophien oder Geistliche bedürfen, weil diese aufgrund ihrer angeblich überlegenen Weisheit angeblich besser als wir selbst wissen, was das Beste für uns ist.

Dieses Muster wiederholt sich immer wieder, auch wenn das Verhalten vieler geistlicher Oberhäupter im Verborgenen bleibt.

Hinweise auf dem Weg

In dieser Zeit stieß ich auf einen Artikel der Autorin Elizabeth Lesser über die Vermeidung von Fallstricken auf der spirituellen Reise, darunter »übermäßige Egozentrik, Oberflächlichkeit, obsessiver Selbstverbesserungsdrang, das Erwarten sofortiger Transformation, magisches Denken, Prunksucht, Romantisierung indigener Kulturen« und schließlich das, was sie »den Guru-Trip« nannte, nämlich die Diskrepanz zwischen den spirituellen Lehren und dem Verhalten der entsprechenden Lehrer.

Stephan Bodian, ehemaliger Herausgeber des *Yoga Journal*, ermutigte Suchende, ihrer Intuition und ihrem gesunden Menschenverstand zu vertrauen, zu hinterfragen und zu zweifeln, klare Grenzen zu wahren, geduldig zu sein und familiäre Probleme zu untersuchen (weil viele Suchende aus alkoholkranken oder dysfunktionalen Familien stammen), Sex mit einem spirituellen Lehrer zu vermeiden und die Demonstration von *Siddhis* (Prunken mit Wunderkräften) nicht zu überschätzen. Er nannte auch Eigenschaften guter Lehrer, wie: »Demut; das Fördern von Eigenverantwortung und Kritikfähigkeit; Direktheit, Ehrlichkeit, Authentizität und Klarheit; dass sie den eigenen Worten entsprechende Taten folgen lassen; dass sie mitfühlend und freundlich sind, statt hochmütig, distanziert oder verschlossen.«

Rückblickend kann ich sagen, dass mir diese gesammelten Ermahnungen halfen, die Stärken und Schwächen meiner Beziehung zum Guru zu klären und jede Verstrickung mit anderen charismatischen, aber zwielichtigen oder verblendeten Lehrern oder Gruppen, etwa mit Scientology, der Rajneesh (Osho)-Gemeinschaft, Heaven's Gate, Children of God, Branch Davidians, Jim Jones and the People's Temple, John-Rogers MSIA und zahllosen anderen, neueren Gruppen zu vermeiden. Viele andere gutherzige Sucher fühlten sich zu solchen Organisationen und zu Gurus wie Swami Muktananda, Yogi Bhajan und anderen spirituellen Führern hingezogen, die vielleicht mit den besten Absichten begonnen hatten, von denen aber jeder auf seine eigene Weise abgestürzt war.

Einen Ausweg finden

Nach zwei Jahrzehnten der Vorbereitung, in denen ich lernte, die physischen und die spirituellen Bereiche zu integrieren, war für mich die Zeit gekommen, eine eigene Lehre vorzutragen, den Pfad des friedvollen Kriegers.

Ich hatte meine Aufmerksamkeit auf die Familie verlagert und ein gewöhnliches Leben geführt, das auf Prinzipien und Sichtweisen basierte, die ich im Laufe der Jahre zusammengetragen hatte. Das Lernen war der einfache Teil gewesen. Die Umsetzung dieser Prinzipien im täglichen Leben war die größere Herausforderung. Aber nach der Arica-Arbeit und den Jahren in (und außerhalb) der Gemeinschaft des Gurus hatten Joy und ich einen guten Start. Wir hatten eine lange Reise gemeinsam zurückgelegt.

Wir lebten bescheiden, gerade wie es unser Einkommen zuließ, und kauften Möbel und Kleidung beim gemeinnützigen Netzwerk Goodwill. Unser winziger Schwarz-Weiß-Fernseher und der VHS-Player standen in einer hölzernen Apfelkiste, und, um Videos auszuleihen, nachdem die Mädchen eingeschlafen waren, warfen wir unser Kleingeld zusammen. Aber wir wurden ermutigt durch die wachsende Leserschaft *Der Pfad des friedvollen Kriegers* und durch den Verkauf von Kassetten, was die Einnahmen aus meinen persönlichen Coachingdiensten ergänzte.

Ich hatte nicht unmittelbar vor, weitere Bücher zu schreiben, weil ich das Gefühl hatte, das zum Ausdruck gebracht zu haben, was ich unbedingt teilen musste. Aber als kreatives Projekt begann ich mit der Arbeit an einer Drehbuchadaption von *Der Pfad des friedvollen Kriegers* und lernte mit jedem neuen Entwurf mehr dazu. Ich erlebte jetzt die einfachsten Dinge als bedeutungsvoll. Ich blickte nicht mehr zurück oder nach vorn, sondern nach oben, erfüllt von dem Glauben, dass sich in Zeiten der Not eine Lösung durch Zufall oder Gnade ergeben könnte, allerdings erst, nachdem ich die Voraussetzungen dafür geschaffen und die entsprechenden Grundlagen gelegt hatte.

In der Gemeinschaft des Gurus war mir der göttliche Funke, der in mir und in allen anderen existiert, fast abhandengekommen. Da ich mich nicht länger darauf verließ, einer göttlichen Autorität zu folgen, würde ich wieder lernen müssen, meiner eigenen inneren Weisheit zu vertrauen. Dieses gefühlte Bedürfnis tauchte als Sehnsucht auf, als Gebet, als Frage. Und wie bei den meisten meiner aufrichtigen inneren Fragen kam die Antwort in Form eines Mentors, mit dem ich nicht gerechnet hatte, der aber schon in den Startlöchern stand.

Dialog mit Socrates

Du hast also Jahre gebraucht, um diese Lektion darüber, wie man einem Gottesmann folgt, zu lernen.

»Du sollst aufhören, dich so an anzuschleichen!«

Ich war nie weg. Ich habe nur hier gesessen, ganz still.

»Seit unserem letzten Gespräch?«

Und in all den Jahren, die seitdem vergangen sind.

»Warum hast du dann nichts *gesagt*? Gib mir einen Rat? Darin bist du doch ziemlich gut.«

So funktioniert das nicht. Ich bin nicht hier, damit du mir vertraust. Ich bin hier, um dir zu helfen, dir selbst zu vertrauen.

»Wenn ich meiner Muse nicht trauen kann, wem dann?«

Also, was hast du aus deinen Erfahrungen mit dem Guru gelernt, Dan? Abgesehen davon, dass du seine Bücher gelesen und dich mit den Lektionen beschäftigt hast, die er lehrte.

»Er war ein lebendes Paradoxon, Socrates – eine Quelle höherer Weisheit und hat mit seinen Ausschweifungen und seinem Prunk ein schlechtes Beispiel gegeben.«

Oder vielleicht ein großartiges Beispiel dafür, was passieren kann ...

»Weißt du, Soc, es ist leicht, den Guru als einen weiteren Scharlatan zu karikieren. Aber in seinen besten Jahren hat er regelrecht gestrahlt und einige Menschen von hoher Gesinnung angezogen, die nach einer Verbindung zum Transzendenten suchten.«

Wie du schon gesagt hast, Dan, alle Lehrer sind Menschen, und alle Menschen haben Schwachstellen. Heilige Männer und Frauen sind da keine Ausnahme.

»Es war jedoch so traurig und enttäuschend zu beobachten, wie es im Leben eines Mannes abwärtsging, vom spirituellen Meister zu einem ruinierten Einsiedler. Aber lass mich versuchen, meine Gedanken zu ordnen ...«

Viel Glück damit.

Ich ignorierte seinen Kommentar und fuhr fort: »Ich glaube, ich verstehe die Grenzen der nach innen gerichteten spirituellen Übungen des Professors sowie die Gewohnheit, meine Macht und mein Urteilsvermögen einem Guru oder einer anderen Autoritätsperson zu überlassen. Jeder Weg hängt von der Offenheit des Schülers ab und gelingt oder scheitert je nach Bereitschaft dessen, der ihn geht. Diese Bereitschaft zur Offenheit scheint wichtiger zu sein als der jeweilige Weg.«

Nach einer Pause fuhr Socrates fort: *Nun unterrichtest du also selbst ein wenig –*

»Wie du weißt, unterrichte ich seit meiner Kindheit in der einen oder anderen Form, mit meinen Freunden auf dem Trampolin und dann beim Turnen. Aber jetzt geht es um größere Themen.«

Aus dem Kokon wachsen Flügel –

»Ich würde es nicht so ausdrücken – es ist nur so, dass sich meine Interessen erweitert haben. Aber wozu erzähle ich dir das? Du weißt es bereits –«

Trotzdem lohnt es sich, darüber nachzudenken ...

»Die Sache ist, dass ich nicht nur das lehre, was ich vom Guru oder vor ihm vom Professor gelesen oder gehört habe. Ich habe die praktischsten Erkenntnisse aufbewahrt und den Rest beiseitegelegt. Das ist so ähnlich wie mit den zehntausend Zitaten, die ich im Laufe der Jahre gelesen habe. Ich behalte nur diejenigen, die mit dem Menschsein zu tun haben –«

Das ist alles, was irgendein Lehrer tun kann: Sichtweisen, Beobachtungen, Ermahnungen anbieten. Bleib praktisch. Auf dem Boden.

»Was die Frage aufwirft: Was ist mit den transzendentalen Aspekten des Lebens? Das ist es, wonach ich die ganze Zeit mit dem Professor und dann mit dem Guru gesucht habe.«

Es gibt einen Ort für das Transzendente. Das wird immer so sein. In der Zwischenzeit musst du dich hier und jetzt um deine Angelegenheiten kümmern.

»Wie Ram Dass, der über kosmische Glückseligkeit scherzte, aber auch an unsere Postleitzahl dachte –«

Die Welt erinnert uns jeden Tag daran.

Ich seufzte. »Das kann eine schwierige Welt sein, nicht wahr, Socrates?«

Sicher. Aber wenn du keine Gewichte hebst, wirst du nicht stärker.

»Spirituelles Gewichtheben.«

Jeden Tag. Also, Dan, nach dem Professor, dann nach all den Jahren mit dem Guru, hast du endlich einen Plan?

»Ich hatte nie einen Plan – und habe ihn immer noch nicht. Es ist wie in diesem Spruch: »Lebe aus dem Glauben, nicht nach Plan.« Wer bin ich, zu wissen, was passieren sollte oder was meinem höchsten Wohl dienen wird? Ich weiß nur, dass es mich aus welchen Gründen auch immer antreibt, das zu teilen, was ich gelernt, was ich gesehen habe …«

Das Maß der Lehrer sind ihre Schüler –

»Ich glaube das. Jetzt muss ich nur abwarten und schauen, was sich entwickelt.«

Was für den Moment gut genug scheint. Immer jetzt …

Dann Stille.

Kapitel 11

Der Kriegerpriester

Die schönsten Abenteuer
sind nicht die, die wir suchen.

ROBERT LOUIS STEVENSON

Das Telefon klingelte. Als ich antwortete, stellte sich eine Frau namens Leni vor und lud mich zu einem kostenlosen Vortrag ein, der von jemandem namens Michael Bookbinder gehalten wurde. Sie beschrieb ihn als Lehrer für Kampfkunst, Heilung und praktische Metaphysik und fügte hinzu: »Er hat dein Buch gelesen und würde dich gern kennenlernen.«

Ich bedankte mich höflich und versprach, in meinem Kalender nachzuschauen. Trotz ihrer faszinierenden Beschreibung dieses Burschen hatte ich kein Interesse daran, noch einen Lehrer kennenzulernen, und verdrängte ihre Einladung.

Ein paar Abende später sagte Joy: »Wollte dieser Kampfkunstlehrer nicht heute Abend im Frauenclub sprechen? Warum gehst du nicht vorbei?«

Ich hatte es vergessen, aber da Joy die Buchhaltung zu erledigen hatte, schnappte ich mir meine Jacke und fuhr den kurzen Weg zum örtlichen Frauenclub. An der Tür überreichte mir eine Frau mit einem Lächeln zwei Flyer – einen zu einem Abendseminar mit dem Titel »Die drei Selbste« und ein weiteres, das für ein zweiwöchiges Training mit einem Kriegerpriester warb. Ich fand einen Platz unter etwa zwanzig Leuten, die auf Klappstühlen im Raum verstreut waren.

Ein Gemurmel erhob sich im hinteren Teil des Raums, als Michael Bookbinder eintrat. Ein schlanker, athletisch aussehender Typ etwa in meinem Alter, mit dunklen Haaren und kurzem schwarzem Bart. Er trug ein rotes Stirnband über den Augenbrauen, eine schwarze Kampfsporthose, ein schwarzes T-Shirt mit einem rot-schwarzen Logo und eine Rennfahrerjacke aus Nylon, um die Wirkung eines knallharten spirituellen Lehrers zu vervollständigen. Er kam mir vor wie jemand, mit dem ich mich identifizieren konnte, der Typ, der ein guter Freund oder ein gefährlicher Gegner sein konnte. Als er sich in der Gruppe umsah und seine Augen kurz auf mir ruhten, hatte ich ein sehr seltsames Gefühl des Wiedererkennens, als sehe ich einen lang verloren geglaubten Bruder.

Er beschrieb eine Organisation, die er Search & Rescue International nannte und deren Hauptaufgabe darin bestand, verlorene Seelen zu retten, einschließlich der Außenseiter, die ihre eigene Bestimmung vergessen hatten. Mir kam der Gedanke: *Bin ich vielleicht einer von denen?*

Dann skizzierte er einige Dienste und Seminare, die er anbot, darunter auch Möglichkeiten, die Außenseiterseelen unter uns zu erkennen – Möglichkeiten, die er in seinem anstehenden Kriegerpriester-Programm vorstellen wollte. Er beschrieb auch eine Reihe von Kursen zur Gewinnung von Selbstvertrauen aus dem Bauch heraus, wie Stuntautofahren und Messerkampf, bei denen es darum ging, Zentrierung und Anmut unter Druck zu lernen. Da seine Arbeit Kampfkunst mit Metaphysik verschmolz, schien die Bezeichnung *Kriegerpriester* gut zu ihm zu passen.

Anders als die großartigen Missionen des Professors oder des Gurus, die beide darauf abzielten, die Menschheit zu erleuchten, fand die Arbeit des Kriegerpriesters in den Schützengräben des täglichen Lebens statt. Während die Landkarten, Modelle und Theorien des Professors eher den Intellekt ansprachen, wirkten die des Kriegerpriesters auf einer instinktiven Ebene. Er benutzte nicht einmal das Wort *Erleuchtung*, was mir zu diesem Zeitpunkt sehr recht war. Und dass er die Betonung auf Selbstvertrauen legte, war ein erfrischender Kontrast. Er riet uns: »Prüft, ob irgendetwas, was ihr von mir oder jemand anderem lest oder hört, dem widerspricht, was euch euer inneres Wissen sagt.«

Je mehr er sagte, desto besser gefiel mir, was ich hörte. Ich wurde nicht aufgefordert, mich für ein langwieriges und teures Programm in mehreren Stufen anzumelden oder mich ganz einer höheren Quelle hinzugeben. Er bot kurze, erschwingliche Vorträge zu verschiedenen Themen sowie ein zweiwöchiges Kriegerpriester-Training an, um die Teilnehmer besser auf die Herausforderungen der realen Welt im Alltag vorzubereiten. Und als Zeichen der Zeit gab er eine Geld-zurück-Garantie ohne Wenn und Aber.

Während jemand eine Frage stellte, flüsterte ein Mann, der direkt hinter mir saß und mich erkannt hatte: »Dan, ich habe gehört, dass Socrates auf Michael Bookbinder basiert. Stimmt das?«

Ich flüsterte zurück: »Mein Buch wurde vor fünf Jahren zum ersten Mal veröffentlicht. Und diesen Bookbinder sehe ich heute zum ersten Mal.«

Als der Vortrag des Kriegerpriesters zu Ende war, wartete Leni an der Tür auf mich und bat mich, noch ein wenig zu bleiben, damit Michael und ich uns unterhalten konnten.

Der Kriegerpriester und ich sprachen kurz miteinander und tauschten Kontaktinformationen aus. Ein paar Tage später lud ich ihn zum Abendessen zu uns nach Hause ein, wo er Joy kennenlernte und Sierra und China eine Gute-Nacht-Geschichte vorlas. Wir waren alle ganz verzaubert von seiner Präsenz und seiner Art. Dass er Kinder liebte, war eindeutig, und er erzählte uns, wie sehr er seinen Sohn aus einer kurzen Ehe vor zwanzig Jahren vermisse. Ich dachte sofort an meine eigene Geschichte mit Linda und Holly und konnte demnach mit ihm mitfühlen. Mit der Zeit entdeckte ich, dass Michael in Menschen eine Begeisterung für all das wecken konnte, was ich »das Leben hinter dem Leben« oder »die Dramatik des Alltäglichen« nenne.

Ein paar Tage später lernte ich mehrere Mitglieder des Betreuungsteams kennen, die mit dem Kriegerpriester in Los Angeles und Boulder, Colorado, zusammenarbeiteten: einen gut aussehenden, kantigen Fitnesstrainer und Kampfkünstler namens John; ein cleveres, dunkeläugiges ehemaliges Model namens Karen und eine Kriegerin mit lateinamerikanischen Wurzeln, die von allen A. C. genannt wurde. Sie alle waren von einer beeindruckenden Präsenz und Echtheit.

Joy erinnert sich

Auch wenn er metaphysische Ideen zum Ausdruck brachte, fand ich Michael Bookbinder zugänglich: manchmal fast leutselig, dann wieder sehr ruhig und immer selbstbewusst und charismatisch. Da ich Oscar nie kennengelernt und Da Free John nur als Figur auf einem Podest erlebt hatte, war Michael eine erfrischende Abwechslung. Man konnte mit ihm reden, und er hat einem immer klar und deutlich geantwortet.

Wie Dan manchmal sagt, war Michael wie ein Schutzengel oder ein großer Bruder – zur Stelle, wenn man ihn brauchte, aber nie im Weg. Egal, worüber er sprach, es schien immer unterstützend und immer wieder inspirierend. Seine Schüler schienen von seinen Vorträgen emotional genährt und dadurch immer selbstsicherer zu werden. Das war genau das, was wir nach unserer Zeit in der Gemeinde von Da Free John brauchten.

Wir spürten beide, dass Michael in unser Leben getreten war.

Die drei Selbste

Weil er meinem Buch so große Wertschätzung entgegenbrachte, lud Michael mich und Joy ein, als seine persönlichen Gäste an einer seiner Schulungen teilzunehmen. So besuchten wir in den folgenden Wochen mehrere Vorträge von ihm, gefolgt von seinem Kriegerpriester-Training, das in einem Privathaus stattfand und an dem etwa zwanzig Personen teilnahmen. Er präsentierte den Inhalt über das, was er *Raps* nannte – kurze Vorträge zu verschiedenen Themen, darunter seine Ansichten zur Meditation und anderen spirituellen Übungen (SEs, wie er sie nannte, für Spiritual Exercises) sowie zu Ernährung und Sport.

Auch präsentierte er eine einfache, kraftvolle Landkarte seiner Arbeit und seines Lebens, abgeleitet von den hawaiianischen *Kahuna*-Lehren. Er nannte diese Karte die drei Selbste – drei separate und unterschiedliche Aspekte des Bewusstseins, die zu jedem Menschen gehören. Nach der *Huna*-Kosmologie tritt die Seele in jeden Menschen ein, sobald das Kind lebensfähig ist und seinen ersten Atemzug macht. Zusätzlich zur Seele hat jeder menschliche Körper-Geist drei Selbste: das höhere Selbst, das bewusste Selbst und das elementare Selbst.

Michael beschrieb das höhere Selbst (von dem er behauptete, er könne es sehen) als »Schutzengel, ein strahlendes Wesen aus wirbelnden Farben und Licht, das wir als inspirierend und erbaulich empfinden«.

Das bewusste Selbst, erklärte er, ist unser Ego oder unsere Identität, deren primäre Funktion darin besteht, sich an das gegenwärtige Leben anzupassen. »Das Ego hat in spirituellen Kreisen einen schlechten Ruf«, meinte er, und wies darauf hin, dass jemand, der sich in alten Zeiten schlecht benahm, sagte: »Der Teufel hat mich dazu gebracht«, während die Menschen heute dem Ego, einem notwendigen Teil unseres Wesens, die Schuld geben. »Probleme gibt es«, fügte er hinzu, »wenn wir uns *nur* mit dem bewussten Selbst identifizieren.«

Das elementare Selbst, auch Unterbewusstsein genannt, steht mit dem Bauch- oder Vitalbereich in Verbindung. Michael verglich es mit »einem mächtigen inneren Kind, vier bis sieben Jahre alt«. Das elementare Selbst ist für die Aufrechterhaltung des physischen Körpers verantwortlich und arbeitet über das autonome Nervensystem. »Wie die meisten Kinder«, sagte er, »ist das elementare Selbst höchst beeinflussbar, fantasievoll und lebensfroh. Es mag Humor und Vergnügen. Allein das zu begreifen kann helfen, Energie, Motivation und Selbstvertrauen zu steigern. Es kann auch die Heilung durch den sogenannten *Placebo-Effekt* beschleunigen.«

Er fügte hinzu: »Elementare Selbste sind hier, um sich zu bewussten Selbsten zu entwickeln, und bewusste Selbste sind hier, um sich zu höheren Selbsten zu entwickeln.« Dieses Modell der drei Selbste war nur ein Modell – wie Freuds Ich, Es und Über-Ich oder Jungs Anima und Animus. Aber das Modell des Kriegerpriesters hatte unmittelbare und praktische Einsatzmöglichkeiten im täglichen Leben, die mir weit mehr halfen als sämtliche Landkarten des Professors zur Psyche.

Die Arbeit des Kriegerpriesters bestand zum Teil darin, das elementare Selbst zu stärken und Kommunikationskanäle zwischen diesem Selbst, dem bewussten Selbst und dem höheren Selbst zu öffnen. Er erklärte: »Wenn das bewusste Selbst die Bedürfnisse des elementaren Selbst dominiert oder ignoriert, kann das innere Kind in Rebellion verfallen, was zu Selbstsabotage, Krankheit, Unfällen und im Extremfall zum Tod führen kann.« Er wollte damit auch sagen, dass sich jeder hin und wieder ein paar billige Nervenkitzel gönnen muss und dass Auszeiten dazu beitragen, die Verbindung zwischen dem elementaren und dem bewussten Selbst aufrechtzuerhalten. *Vielleicht ist das einer der Gründe, warum der Guru regelmäßig zu wilden Wochenendpartys ermuntert*, dachte ich.

Der Kriegerpriester stellte nicht nur Theorien darüber auf, wie das elementare Selbst funktioniert. Er erzählte auch anschauliche und eindringliche Geschichten dazu, die an dieses instinktive innere Kind appellierten. Eine davon begann so: »Vor einigen Jahren fuhr ich gerade rückwärts in eine Parklücke, als die Hupe eines hinter mir geparkten Autos ertönte. Weil ich dachte, es handle sich um ein Versehen, parkte ich weiter ein. Als die Hupe erneut ertönte, stieg ich aus meinem Auto und ging zu dem anderen Fahrzeug, um zu fragen, ob es ein Problem gebe. Das Fenster wurde heruntergekurbelt, eine 12-Kaliber-Schrotflinte tauchte auf und zielte direkt auf mein Gesicht. Der Mann hinter der Flinte sagte: »Verschwinde von hier. Jetzt.« Ich stieg in mein Auto, fuhr einmal um den Block und kam gerade noch rechtzeitig zurück, um zu sehen, wie ein maskierter Mann aus der Bank rannte und in das Auto sprang, das davonraste. Nach diesem Vorfall«, schloss Michael, »fragte ich mich: Was wäre gewesen, wenn der Fluchtfahrer abgedrückt hätte? Was hätte ich unerledigt gelassen? Welchen Menschen hätte ich noch danken oder sagen müssen, dass ich sie liebe?«

Alle Geschichten des Kriegerpriesters waren wie diese – dramatisch und inspirierend – und sollten die Aufmerksamkeit des elementaren Selbstes erregen, um seine Unterstützung zu bekommen. In einer anderen Geschichte beschrieb Michael eine junge Frau namens Wilma Rudolph, die als Kind an Kinderlähmung erkrankt war und nur mit Beinschienen gehen konnte und die später als Weltrekord-Olympiasiegerin im Sprint zu Ruhm gelangte. Damit erstickte er sämtliche Entschuldigungen, die seine Zuhörer möglicherweise vorbringen wollten, im Keim. Die Geschichte von Wilma Rudolph war wahr. Und Michaels persönliche Geschichten? Nun, sie waren in der Regel aufschlussreich – egal, ob sie Wort für Wort wahr waren oder nicht.

Eine praktische Methode, um direkt mit dem elementaren Selbst zu arbeiten, bestand darin, mich vom sogenannten Gott der Meinung zu befreien (damit ich mich besser mit dem Gott meines Herzens beziehungsweise dem inneren Wissen verbinden konnte). Michael wies mich an, einen kleinen Altar zu bauen und einen kleinen Gott der Meinung draufzustellen. In den nächsten paar Wochen sollte ich jeden Morgen auf die Knie gehen, mich vor diesem kleinen Gott verneigen und laut Sätze sagen wie: »Ich bete dich an, oh Gott der Meinung. Sehe ich okay aus? Bist du einverstanden mit dem, was ich tue?« Diese alberne kleine Zeremonie brachte eine unbewusste Tendenz ans Licht des Bewusstseins und half mir, meine übermäßige Sorge um die Meinung anderer Menschen zu überwinden. Er schlug vor, meinem kleinen Gott der Meinung einen lustigen Namen zu verleihen, der ihn nicht mehr als lieb und nett erscheinen ließ.

Mit einer weiteren, bestechend einfachen Übung gewöhnte ich mir die schlechte Angewohnheit ab, mich selbst für vermeintliche Fehler zu schelten. Immer wenn ich niedergeschlagen war, riet er mir, eine dieser Groucho-Marx-Brillen mit der riesigen Nase, dem Schnurrbart und den pelzigen Augenbrauen aufzusetzen, mich im Spiegel zu betrachten und alles Schreckliche auszusprechen, was mir über mich einfällt, während ich diese Brille (oder eine andere alberne Verkleidung) trug, um das Lächerliche an dieser Herabsetzung meiner selbst zu erkennen.

In beiden Übungen spielt Humor eine Rolle, wie ihn auch Kinder lieben und damit auch das elementare Selbst. Diese Techniken hatten eine unmittelbare, praktische Wirkung, die mir half, die Macht des elementaren Selbst und seine Wirkungsweise zu verstehen. Ich erinnere mich, dass ich damals dachte: *Das ist die Art von praktischem Stoff, den ich gern unterrichten würde.*

Das elementare Selbst (innere Kind) ist sowohl beeinflussbar als auch mächtig. Daher kann das, was es glaubt, die körperliche Heilung auf eine Weise unterstützen, die es verdient, intensiver erforscht zu werden. Dieses Wissen half mir auch zu verstehen, warum sich die meisten Glaubens- und Energieheiler, Homöopathen, Akupunkteure, Chiropraktiker und andere Gesundheitsexperten, darunter auch Ärzte, bis zu einem gewissen Grad auf den Placebo-Effekt verlassen, um jede Art von Behandlung zu ergänzen und zu verbessern, und zwar durch Verminderung von Stress, Anspannung und Schmerzen, was Kräfte freisetzt, um die Heilung zu beschleunigen.

Auch wenn der Kriegerpriester in gewissem Sinne ein Ideenverkäufer und charismatischer Trickster war, verhielt er sich im Dienst anderer nicht ausbeuterisch. Seine Anleitung zur Arbeit mit den drei Selbsten und zu ihrer Integration war eine Art kosmische Gebrauchsanleitung für den menschlichen Körper-Geist im täglichen Leben. Ein paar Jahre später sollte mich dieses Material dazu inspirieren, wieder mit dem Schreiben zu beginnen.

Ein bisschen Drama

In seiner Mietwohnung in Mill Valley zeigte mir der Kriegerpriester im Rahmen seiner Arbeit am Selbstvertrauen (für das elementare Selbst) zunächst, wie man eine Glock-17-Pistole und ein AK-47-Sturmgewehr (auch als »Kalaschnikow« bekannt) zerlegt und wieder zusammenbaut. Dann forderte er mich auf, diese Aufgabe schneller zu erledigen, so schnell wie geübte Soldaten. Vor dieser Trainingseinheit hatte ich, abgesehen von dem Luftgewehr meiner Kindheit, noch nicht einmal eine Pistole in der Hand gehabt, geschweige denn eine halbautomatische Waffe. Ich bin zwar nicht wirklich ein Fan von großen Knarren, muss aber zugeben, dass mich der Umgang mit ihnen beeindruckte und ein Selbstvertrauen aus dem Bauch heraus vermittelte, wie ich es seit Jahren nicht mehr verspürt hatte. Jetzt konnte ich verstehen, warum Menschen, die sich in anderen Bereichen ihres Lebens vielleicht weniger mächtig fühlen, Spaß daran haben, diese mächtigen Schusswaffen zu sammeln und damit zu schießen.

In der darauffolgenden Woche erlebte ich einen ähnlich sprunghaften Anstieg meiner persönlichen Macht, als ich Techniken aus dem Autorennsport zum Lenken, Beschleunigen und Abbremsen lernte, gefolgt von einem Besuch auf einer örtlichen Rennstrecke, wo ich auf Schleuderplatten absichtlich die Kontrolle verlor und dann wiedererlangte. Ein Großteil der Begeisterung bei diesen Aktivitäten war auf die Dramaturgie Michaels zurückzuführen. Er ließ alles eher wie die Vorbereitung auf eine Geiselbefreiung oder einen Personenschutzeinsatz wirken als wie eine Fahrausbildung.

Eine persönliche Beziehung

Binnen eines Monats nach unserem ersten Treffen lud mich der Kriegerpriester zum Abendessen in ein gehobenes Restaurant in Larkspur ein. Nach einem entspannten Gespräch und einem vorzüglichen Essen bat er den Kellner, die Vitrine mit den Dessertproben zu bringen. Es lag wohl fast ein Dutzend teure Gebäckstücke darin. Michael sagte: »Das nehmen wir.«

»Sie nehmen was?«, fragte der Kellner.

»Alles«, sagte der Kriegerpriester mit einer lässigen Handbewegung. Wir genossen nicht mehr als einen einzigen Bissen von jedem Dessert! Dieser dramatische, unberechenbare Stil seines Lehrens spiegelte die verrückten Exzesse Mitte der 1980er-Jahre wider. Michael hatte es einfach drauf, einem das Gefühl seiner ganzen Aufmerksamkeit zu geben und selbst etwas Besonderes zu sein – als eine spirituelle Verführung des elementaren Selbst. Mit John, Karen, A. C., Joy und anderen ging er auch so um.

Nach diesem Abendessen teilte er mir noch mit, er werde mir im Traumbewusstsein eine Nachricht senden. Also sollte ich am nächsten Morgen alle Symbole oder Botschaften notieren, an die ich mich erinnern konnte. Es fühlte sich an wie eine aufregende Herausforderung, meine Fähigkeit auszutesten, im Traumbewusstsein besondere Botschaften zu empfangen.

Am nächsten Tag musste ich ihm berichten, keine Traumbotschaften aus der vergangenen Nacht erkennen zu können. Mein Traum erschien zwar seltsam, aber belanglos. Er zuckte nur mit den Achseln und sagte, das sei keine große Sache. Ich war enttäuscht, weil ich dachte, ich hätte diesen Test nicht bestanden. Nun hätte er mir auch sagen können, mein Traum bedeute, dass ich die Botschaft schon erhalten hatte, aber das tat er nicht. Er bauschte nichts auf, weil er integer war, und weiter ging's zur nächsten Lektion.

Metaphysische Lehren und Warnungen

»Der Geist ist wie ein Fallschirm. Er funktioniert am besten, wenn er offen ist«, erinnerte mich Michael. Und so behielt ich einen offenen Geist und eine kritisch hinterfragende Einstellung gegenüber dem eher spekulativen Teil seiner Lehren. Metaphysisch orientierte Menschen haben ihre eigene Sprache und Interpretation der Welt. Beim einen bleibt es bei einer Erkältung, während der andere sie als reinigende Krise interpretiert.

Da der Kriegerpriester klares Fachwissen und originelle Einsichten in die Kampfkünste demonstrierte, war ich bereit, im Zweifelsfall zu seinen Gunsten zu entscheiden, selbst wenn er in spekulativ-metaphysische Ideen abdriftete. Ich nahm auch an seinen Seminaren über Astralreisen, Fernheilung sowie Wesenheiten und Besessenheit teil. In dem zuletzt genannten Vortrag beschrieb er, wie bestimmte Personen nach übermäßigem Genuss von Alkohol und anderen Drogen »aufgrund von Rissen in der Aura« anfällig für den »Einfluss feinstofflicher Wesenheiten aus der ätherischen Dimension« werden. Er sprach auch von Engeln, Meisterheilern und Geistführern, denen wir im Traumzustand begegnen. Ich fand solche Informationen faszinierend, obwohl ich nichts dergleichen persönlich erlebt und daher nicht die Absicht hatte, es zu unterrichten. Aber manchmal konnte man Michaels metaphysische Vorstellungen im Alltag durchaus praktisch umsetzen.

Die Flammenmeditation beispielsweise basierte auf der Vorstellung, dass negative Gedanken dunkle Flecken bilden, die in der menschlichen Aura oder im Bioenergiefeld schweben. Wenn ich von unangenehmen Gedanken geplagt werde, kann ich diese Gedankenformen aus meinem Bewusstseinsfeld löschen, indem ich in eine Kerzenflamme starre und zulasse, dass sie die dunklen

Flecken auflöst und in den Äther schickt. Wie die meisten seiner Techniken schien auch diese zu funktionieren. Haben wir nicht alle schon einmal einen entspannten Zustand der Träumerei genossen, während wir in die Flammen eines Kamin- oder Lagerfeuers blickten?

In einer anderen inneren Übung, die Michael »Die geistigen Sinne« nannte, ging es darum, meine Stimme (oder meine Berührung oder sogar meine Gedanken) mit meinem Herzen in Verbindung zu bringen. Er erklärte: »Stellt man zwei gut gestimmte Gitarren nebeneinander und zupft eine beliebige Saite der einen Gitarre, so schwingt auch die entsprechende Saite der anderen Gitarre mit – ein Beispiel für mitfühlende oder harmonische Resonanz. Dasselbe Prinzip gilt auch für die menschliche Stimme: Wenn du aus dem Kopf heraus sprichst, findet das Gesprochene seinen Widerhall im Kopf der anderen Person. Wenn du aus deinem Herzen sprichst, gibt es einen Widerhall im Herzen der anderen Person.« Alles, was ich tun musste, war, meine Aufmerksamkeit auf mein Herz zu lenken, wenn ich sprach (oder körperlichen Kontakt herstellte). Ich konnte mein Herz sogar mit Gedanken wie »Ich liebe dich, ich unterstütze dich, Gott segne dich« und so weiter verbinden. Ich stellte fest, dass solch einfache Handlungen zu emotionaler Heilung und einer tieferen Verbindung zwischen Menschen führen können.

Der Kriegerpriester lehrte auch Techniken wie das Klopfen oder Pochen auf die Brust, über der Thymusdrüse (direkt unter dem Brustbein), um bei Bedarf zusätzliche Energie bereitzustellen und das Immunsystem zu stimulieren. Dies war eine weitere einfache Übung, die ich eins zu eins im Alltag anwenden konnte.

Kollegen im Geiste

Ein paar Monate nachdem wir uns kennengelernt hatten, fuhren Michael und ich gegen Mitternacht über die Bucht zum KPFA-Radiosender in Berkeley und gaben ein improvisiertes Interview für Nachtschwärmer. Kurz darauf lud er mich ein, mit ihm zusammen einen Workshop für eine Gruppe von Psychotherapeuten zu geben, und zwar an einem Ort, den er vage mit »irgendwo nördlich von Santa Cruz« angab. Als wir auf dem Weg nach Santa Cruz kurz davor waren, den San Francisco International Airport zu passieren, nahm Michael plötzlich die Flughafenausfahrt. Es stellte sich heraus, dass wir nach Alaska flogen.

Als ich im Flugzeug saß, entdeckte ich in meiner Vordersitztasche ein schwarz-rotes »Search & Rescue«-T-Shirt wie das, das Michael selbst trug, und eine Nylonjacke, wie sie Autorennfahrer tragen. Er hatte mir auch ein kleines tragbares Aufnahmegerät geschenkt, damit ich mir Notizen machen konnte. Keine große Sache im heutigen Smartphone-Zeitalter, aber damals, 1985, war es modern, cool und ziemlich praktisch.

Während wir in die Nacht hineinflogen, reichte mir Michael eine spezielle *Hemi-Sync*-Kassette, von der er behauptete, der dort aufgezeichnete Sound würde mir in neunzig Minuten mindestens so viel Schlaf verschaffen wie sonst in vier Stunden. »Praktisch auf der Reise«, sagte er. Ich muss irgendwann eingeschlafen sein, aber mitten in der Nacht wachte ich wieder auf und dachte über die Veränderungen nach, die seit meiner ersten Begegnung mit dem Kriegerpriester in mir stattgefunden hatten.

In meiner Zeit als Athlet, Trainer und College-Lehrer war es mir leichtgefallen, mir selbst Achtung und Respekt entgegenzubringen. Aber in den späten 1970er-Jahren war ich vom Karrierepfad abgekommen und musste mitverfolgen, wie meine

Teamkollegen ihre Abschlüsse in Medizin, Physik oder Jura machten oder sich dem Finanzsektor zuwandten und dann erfolgversprechende Berufswege einschlugen. Als meine Fakultätstage am Oberlin zu Ende waren, geriet meine Identität ins Wanken. Ich war ein Weisheitssucher ohne festen Halt. (Meine Freunde fragten manchmal: »Hey, Dan, was hast du *diese* Woche vor?«)

Wie Michael gesagt hatte: »Manche Leute lassen etwas geschehen. Manche beobachten, was geschieht. Und andere denken darüber nach, was geschehen ist.« In den frühen 1980er-Jahren hatte ich beobachtet und nachgedacht – erst über eine gescheiterte erste Ehe und dann über zwei Bücher, die sich als Flops erwiesen hatten. Und nur ein paar Monate bevor ich Michael kennenlernte, hatten Joy und ich eine Einladung ins Sanctuary des Gurus bekommen. Aus reiner Neugier nahmen wir sie an, um festzustellen, ob es noch funkte. (Tat es nicht.) Auf unserem geführten Rundgang durchs Sanctuary trafen wir einen langjährigen Devotee des Gurus, der für den Einkauf von Büchern für die Bibliothek zuständig war. Er hatte eines der damals vergriffenen Hardcoverexemplare von *Der Pfad des friedvollen Kriegers* gesehen und merkte an: »Ah, jetzt bist du also auch ein Guru, Millman?« Damit wollte er wohl sagen, dass ich, weil ich ein Buch geschrieben hatte, meinen Platz in der Gemeinschaftshierarchie nicht mehr kannte – in einer Hierarchie, in der demütige Unterwerfung die einzig angemessene Beziehung war.

Dann kam Michael Bookbinder, der Kriegerpriester, der sich selbst als Cheerleader der Seele bezeichnete. Und er kam genau in dem Moment, in dem meine Seele ein wenig Aufmunterung brauchte.

Bevor wir an jenem Morgen in Alaska landeten, machte Michael zwei ungewöhnliche Aussagen: erstens, dass unsere gemeinsame Zeit relativ kurz sein würde, und zweitens, dass er die

Umstände seines Todes vorhergesehen habe, nicht jedoch den Zeitpunkt. Auf beides wollte er jedoch nicht näher eingehen.

Nach unserer Ankunft in Juneau mietete er ein Auto, fuhr mich herum und machte mich auf typisch alaskische Häuser aufmerksam, vor denen in der kurzen Sommersaison ein oder zwei Autos auf Klötzen standen. Außerdem legte er besonderen Wert darauf, mir ein Resort namens Alyeska zu zeigen.

Später an diesem Tag rief ich Joy vom Hoteltelefon aus an, um ihr mitzuteilen, dass ich gerade einen kühlen Abend nördlich von Santa Cruz genieße. Erst dann sagte ich, wie weit im Norden.

Da die Psychologen aus der Gruppe in Juneau alle Fans von Michael Bookbinder waren, übernahm er fast den gesamten Unterricht. Ich war sozusagen als Hospitant dort. Aber ich führte eine fließende, vierminütige Übungsreihe ein (abgeleitet von dem, was ich aus Tanz, Turnen, Kampfkunst, Yoga und den Arica-Bewegungen mitbrachte). Ich nannte sie *Peaceful Warrior Workout* und habe sie von da an täglich praktiziert und jahrzehntelang unterrichtet.

Neuanfang

Während meine Leserschaft durch Mundpropaganda immer größer wurde, kamen Einladungen zu Vorträgen per Post. Ich war zwar nicht bekannt genug, um ein ganzes Auditorium zu füllen, konnte aber durchaus zehn bis zwanzig Leser für einen Wochenendworkshop gewinnen. Menschen aus Kleinstädten in ganz Amerika meldeten sich, um eine Wochenendveranstaltung in ihrem Haus oder einem gemieteten Raum in einer örtlichen Schule oder einem Buchladen zu organisieren. Sie machten lokales Marketing, hängten Plakate auf, legten in lokalen Buchläden

Lesezeichen in meine Bücher und bearbeiteten die Anmeldungen. Als Gegenleistung für ihre Bemühungen übernahm ich ihre Kosten, gab ihnen ein paar Hundert Dollar plus zwei oder drei freie Plätze im jeweiligen Workshop.

In diesen frühen Workshops ging es um Prinzipien und Praktiken, die ich aus dem Turnen und der Kampfkunst zusammengetragen hatte, sowie um Sichtweisen auf Gesamtzusammenhänge, die ich von dem Professor, dem Guru und dem Kriegerpriester adaptiert hatte, besonders um die Arbeit mit den drei Selbsten. Inspiriert von einer Flut neuer Erkenntnisse, gab ich einen Workshop in der Nähe unseres Wohnortes.

Michael schenkte mir sehr viel mehr als Stoff für die Workshops. Er war auch ein Vorbild für mich, dessen Worte und Gesten nicht nur das bewusste Selbst der Teilnehmer erreichten, sondern auch ihr elementares und ihr höheres Selbst und damit die Wirkung und die geistige Autorität meiner Worte vervielfachten. So gesehen führte meine Verbindung mit dem Kriegerpriester zu einer neuen Herangehensweise an meinen Unterricht.

Aber ein unvorhergesehenes Problem tauchte auf: Am Ende meines ersten Workshops nahm mich mein Verleger und Freund Hal Kramer beiseite. »Dan, du hast mehrmals gesagt: ›Michael hat mir das beigebracht‹ und ›laut Michael Bookbinder …‹ Hör auf, diesen Bookbinder zu zitieren! Es ist gut, seine Lehrer zu würdigen, aber die Leute, die an deinem Workshop teilnehmen, haben den *Pfad des friedvollen Kriegers* gelesen und sind gekommen, weil sie hören wollen, was *du* zu sagen hast. Das ist jetzt ein Teil deines Unterrichts, also sprich aus deiner eigenen Kompetenz, nicht aus der eines anderen.« Das war ein wertvoller Rat, den ich mir zu Herzen nahm. Er zwang mich, in meine eigenen Fußstapfen zu treten.

In den darauffolgenden Monaten suchte ich bestimmte Kampfkunstelemente aus, die ich gelernt hatte, darunter Bruchtests, die

Kosmische Haltung und »Der unbeugsame Arm«, und passte sie entsprechend an. Ich stellte auch die drei Selbste vor und unterrichtete das *Peaceful Warrior Workout.* Ich sprach in meinen eigenen Worten darüber, wie und warum es hilft, wenn es darum geht, sich auf den gegenwärtigen Moment zu konzentrieren, und skizzierte die Vorteile der Meditation ebenso wie die Mythen, die darüber kursieren. Die Kernfrage war immer: *Was kann ich den Teilnehmern in der uns zur Verfügung stehenden Zeit mitgeben, das einen direkten Bezug zu ihrem Alltag hat?*

Dann bot mir ein kleiner Verlag in Vermont an, mein erstes Buch *Whole Body Fitness* unter dem Titel *The Warrior Athlete* neu zu veröffentlichen, um das Kriegerthema noch weiter zu vermarkten. Bald nahm ich einen zweiten Vortrag auf, dann einen dritten, und dann ließ ich noch mehr Aufnahmen zu verschiedenen Themen machen. Mit diesen Audioprogrammen und dem Work-out-Video gründeten wir ein Unternehmen, das Joy und ich *Peaceful Warrior Services* nannten.

Ein Rollenwechsel

Nachdem wir von unserem Trip nach Alaska zurückgekehrt waren, ließ ich mir einen kurzen, dunklen Bart wachsen, so wie Michael einen hatte. Das war nicht ungewöhnlich. Ich ließ mir in regelmäßigen Abständen einen Bart stehen – aber jetzt, wo Michael und ich beide schwarze Kampfsporthosen, schwarze »Search & Rescue«-T-Shirts und weiße Turnschuhe trugen, sahen wir aus wie zweieiige Zwillinge. Ich hatte die runden, magnetischen »Search & Rescue«-Logos, die er mir gegeben hatte, an den Türen meines alten Honda angebracht und ihn damit in einen offiziell aussehenden Dienstwagen verwandelt.

Bei einem regionalen Abendvortrag, den Michael in San Rafael hielt, war der Raum voll von Leuten, die ich kannte, darunter einige aus dem inneren Kern der Guru-Gemeinschaft. Die geheimnisvolle, abenteuerliche, wenn nicht gar gefährliche Aura des Kriegerpriesters übte eine unwiderstehliche Anziehungskraft auf spirituelle Aspiranten in der Bay Area aus. In Anbetracht der Tatsache, dass ich früher eher die unsichtbare Arbeitsbiene in der Gemeinschaft gewesen war, war es mir ein Vergnügen, in ihre überraschten Gesichter zu schauen, als der Kriegerpriester mich als »Search & Rescue«-Lehrer vorstellte.

Solange ich denken kann, habe ich versucht, mich zu verbessern, in Kampfsport- und Turnkursen, in Gedächtnis- und Schnelllesekursen. Ich habe versucht, meinen Wortschatz mit *Word Power Made Easy* zu erweitern, und mich sogar mit dem Trachtenberg-Schnellrechensystem beschäftigt. Ich hatte Jonglieren und Zaubern gelernt, und ein paar Lieder auf der Gitarre zu spielen.

Nun, meine Zeit mit dem Kriegerpriester kennzeichnete eine grundlegende Veränderung. Mir wurde eines klar: Wie sehr ich mich auch verbesserte, davon profitierte nur eine Person, aber wenn ich dazu beitragen konnte, das Leben anderer Menschen zu verbessern, gab das meinem eigenen Leben mehr Sinn. Es war an der Zeit, »mich innerlich aufzurichten«, wie der Kriegerpriester es ausgedrückt hatte.

Plötzliche Selbsterkenntnis

Meine sich entwickelnde Beziehung zu dem Kriegerpriester fühlte sich an wie ein Rennwagen, der in wenigen Sekunden von null auf hundertfünfzig Sachen beschleunigt. Und an dem

Morgen, an dem er mich in das Haus einlud, das er in den Mill-Valley-Hügeln gemietet hatte, legten wir einen höheren Gang ein.

Auf meiner fortwährenden Suche nach Erkenntnis hatte ich mich intensiv mit Biorhythmen, dem Lüscher-Farbtest, dem Myers-Briggs-Typenindikator, der auf den Jungschen Archetypen basiert, und dem Minnesota Multiphasic Personality Inventory (MMPI) beschäftigt, außerdem mit Orakeln wie I-Ching und Tarot sowie mit nordischen Runen. Astrologie hatte ich eher aus der Distanz betrachtet, mir aber viele Landkarten, Modelle und Lehren des Professors und des Gurus sehr genau angeschaut.

Ich wusste auch über Cold Reading Bescheid. Es wird von sogenannten Hellsehern, Medien, Wahrsagern und Trickbetrügern angewendet, indem sie vage Informationen geben oder mit Allgemeinplätzen aufwarten, die ihre Klienten möglicherweise als sinnvoll interpretieren, und dann Leitfragen stellen, um an weitere Informationen zu kommen.

Dann kam das Life Purpose System. Gleich nach meiner Ankunft sagte Michael: »Ich gebe dir jetzt ein paar Informationen über deinen Lebensweg und deine Bestimmung.« Während wir mit geschlossenen Augen dasaßen, begann der Kriegerpriester mit einer anrührenden Beschwörung, die er »Das Licht anrufen« nannte. Dann erzählte er eine Geschichte, die, wie er sagte, von einem meiner früheren Leben im 16. Jahrhundert handelte. Die Reinkarnationsidee ist ein Teil sowohl der hinduistischen als auch der buddhistischen Philosophie und wird auch im Westen von vielen angenommen. Wenn ich diese Vorstellung von früheren und künftigen Leben akzeptierte, würde mir das helfen, bestimmte Phänomene zu erklären, etwa Sympathie (Resonanz) oder Antipathie für eine bestimmte Gegend oder Kultur, mit der ich (zumindest in diesem Leben) noch nie Kontakt gehabt hatte, oder sogar dieses Gefühl des Erkennens, das ich hatte, als ich Joy und anderen Schlüsselpersonen zum ersten Mal im Leben begegnet bin.

Ob Michaels Wiedergabe meines früheren Lebens der Wahrheit entsprach oder eher metaphorisch war, die Geschichte fühlte sich aus Gründen, die ich erst später verstehen sollte, sowohl wahr als auch bewegend an. Es war keine fröhliche Geschichte, aber eine lehrreiche, die mir deutlich machte, dass es einen Grund gab, warum meine Seele wieder hier war, um es diesmal richtig (oder zumindest besser) zu machen.

Dann beschrieb der Kriegerpriester latente Fähigkeiten, die ich besaß und die nur darauf warteten, zum Vorschein zu kommen, sowie Hürden, die zu überwinden ich hier war. Alles traf ins Schwarze. Ich war verblüfft darüber, wie er Licht auf einen Lebensweg werfen konnte, den ich all die Jahre im Dunkeln entlanggestolpert war. Michael Bookbinder schien meinen Lebensweg besser zu erkennen, als ich es konnte – bis jetzt.

Ich erinnere mich, dass ich ihn gefragt haben: »Hast du außersinnliche Fähigkeiten?«

»Nicht wirklich«, antwortete er. »Nicht einmal die meisten Hellseher haben hellseherische Fähigkeiten. Aber ich wurde darauf trainiert, zu ahnen, wo ich suchen muss.« Er gab keine weiteren Erklärungen, aber diesen Satz habe ich mir gemerkt. Ausgestattet mit Klarheit über meinen angeborenen Drang, andere zu beeinflussen, nahm ich mir vor zu lernen, wie genau man das macht.

Ich war fasziniert von der Methode des Kriegerpriesters, weil er immer wusste, wo man hinschauen muss. Und als er eine vierwöchige Weiterbildung auf der hawaiianischen Insel Maui ankündigte, ergriff ich die Gelegenheit und hatte wieder dieses Gefühl der Gewissheit, der Bestimmung. Er wollte unter anderem das System vorstellen, das ihm über die Lebensweglesung einen so verblüffenden Einblick in das Leben der Menschen gab. Würde es auch mir ermöglichen, für andere Menschen das zu tun, was er für mich getan hatte?

Joy und ich bereiteten alles für die Reise nach Maui vor und nahmen eine vertrauenswürdige Bekannte mit, die sich um unsere kleinen Töchter kümmern sollte, während wir am Unterricht teilnahmen. Bei unserer Ankunft trafen wir vierzehn andere Teilnehmer, die ebenfalls an den Fortgeschrittenenkursen Michaels hochinteressiert waren.

Jeden Morgen führte ich die Gruppe durch das Peaceful Warrior Workout. Danach verbrachten wir den größten Teil des Morgens damit, grundlegende Bewegungen des philippinischen Messerkampfs (*Kali-Escrima-Arnis*) zu üben, um uns auf das vorzubereiten, was der Kriegerpriester eine Graduiertenfeier am Ende der Ausbildung nannte. Nachmittags lernten wir andere Massage- und Heiltechniken. Außerdem übten wir Schattenboxen zu Musik, wobei wir unsere Hände wie Boxer umwickelten, während die Zeit gemessen wurde, und andere Elemente, um unsere innere Stärke und unser Selbstvertrauen zu steigern.

John hatte das Selbstvertrauenstraining im Messerkampf bereits zusammen mit Michael unterrichtet. Daher fungierte er neben A.C. als Assistenztrainer. Sie machten jeden Tag die Runde unter uns, ermutigten und korrigierten. Hier herrschte nicht die nüchterne Atmosphäre wie in vielen Kampfsportschulen. Es war vielmehr ein »Shaolin-Tempel mit Sinn für Humor«, wie Michael es ausdrückte, während er mit dramatischer Geste ein Gummihuhn aus seiner Vorratstasche zog. Er erklärte: »Während du lernst, dich von der Angriffslinie zu entfernen, richtig zu blocken und zu kontern, machst du Fehler. Das ist gut. Deine Lehrer werden dich korrigieren. Aber mach *denselben* Fehler nicht zweimal. Wenn du das tust, lernst du ... das Gummihuhn kennen!« Er demonstrierte es, indem er auf mich zuging, als wollte er meine Haltung korrigieren. Der lange Hals und der Kopf des Gummihuhns schwenkten plötzlich herum und zeigten auf den Fuß, der bei meinem Motorradunfall schwer verletzt worden war.

Diese witzigen Methoden waren durchaus ernst gemeint – weil sie funktionierten. Wann immer irgendjemand bemerkte, dass Michael oder John das Huhn zur Hand nahm, korrigierten alle hektisch ihre Form.

Manchmal exerzierten wir schweigend, manchmal zu Musik. Wir übten Angriffe und Abwehr, und zwar so entspannt wie möglich, und bewegten uns dabei langsam wie im Tai-Chi, bis die Fähigkeiten vom Frontallappen des Gehirns auf eine eher instinktive Region übergingen, wenn die Bewegungen automatisch wurden – was der Kriegerpriester als Gedächtnis auf der Zellebene bezeichnete.

Michael sprach jeden Morgen über Kampfkünste und das Leben. Er machte uns darauf aufmerksam, dass wir instinktiv reagieren mussten, um den kommenden Test zu »überleben«. »Im Kampf wie im Leben bist du tot, wenn du anfängst, zu viel nachzudenken. Wir arbeiten mit Messern, weil viele von euch in früheren Inkarnationen Schnittwunden erlitten haben oder getötet wurden. Wir könnten die gleichen Bewegungen auch unbewaffnet ausführen, aber die Arbeit mit dem Messer schafft einen

Fokus und erregt eure Aufmerksamkeit. Euer elementares Selbst nimmt das Messer ernst.«

Damit lag er richtig.

Einmal erzählte der Kriegerpriester, wie er bei seinen Unterrichtsbesuchen in Staats- und Bundesgefängnissen – eine Arbeit, die sein »Search & Rescue«-Ethos widerspiegelte – seine Glaubwürdigkeit vor den muskelbepackten, tätowierten Insassen unter Beweis stellte. Er bat um einen Freiwilligen, der aufstehen und ihm in die Augen schauen sollte. Michael nahm dann eine Kampfsporthaltung ein, schaute den Mann an, und innerhalb weniger Sekunden schaffte er es irgendwie, die Knie des Mannes zum Einknicken zu bringen, und das, obwohl dieser am anderen Ende des Raums stand. »Diese Demonstration«, sagte Michael, »erregte die Aufmerksamkeit aller und machte sie offen für meine Worte und Interventionen.«

Als er gefragt wurde, wie er das gemacht habe, antwortete er: »Ich habe *seinem* elementaren Selbst *mein* elementares Selbst gezeigt« (was, wie wir annahmen, beängstigend war). Natürlich fragte ich ihn, ob er dieses Kunststück demonstrieren würde. Er schüttelte den Kopf. »Ich habe mit dieser Art von Demonstration aufgehört, nachdem einer der Insassen, der sich als Freiwilliger gemeldet hatte, einen Krampfanfall bekam.«

Gegenwärtig war niemand, ich eingeschlossen, bereit, sich freiwillig zu melden, bis der Kriegerpriester sich bereit erklärte, eine modifizierte Demonstration zu geben, die einen Freiwilligen nur momentan schwächen würde, anstatt ihn zu Fall zu bringen. Bob meldete sich freiwillig. Und Joe, ein Chiropraktiker, erklärte sich bereit, Bobs Kraft vorher und nachher zu testen.

Bob und Joe bestätigten beide, dass er sich danach schwächer fühlte, was entweder ein Beweis für Michaels Fähigkeit oder für die Macht der Suggestion war.

Den Messertest überleben

Als der bevorstehende Messertest näher rückte, wurde das Üben plötzlich sehr real. Ich erinnerte mich daran, wie ich mein Turnteam in Stanford auf akrobatische Übungen in sehr großer Höhe vorbereitet hatte, und behandelte jede Trainingseinheit wie den finalen Test.

Dann raste die Zeit, weil der Kriegerpriester den Test für den nächsten Morgen ankündigte. »Ihr werdet alle am Rande des Raums sitzen. Jeder, der aufgerufen wird, stellt sich einzeln in die Mitte und wendet sich mir zu. Nachdem wir uns verbeugt haben, greife ich jeden von euch mehrmals mit diesem Messer an.« Er zeigte ein stumpfes Trainingsmesser aus Stahl anstelle der Gummimesser, die wir alle zum Üben verwendet hatten. »Diejenigen, die unter Druck Anmut zeigen, werden die Prüfung bestehen. Die das nicht tun, werden scheitern. Und für alle, die den Test nicht bestehen, ist dieses Training vorbei.«

Ein Angstschauer schien die ganze Gruppe zu durchdringen. Der Kriegerpriester hatte seine Methode, mit der er den Lebensweg eines Menschen sehen konnte, hier bisher noch nicht offenbart. Ich fragte mich: *Werden diejenigen, die den Messertest nicht bestehen, diese wichtigen Informationen gar nicht mehr bekommen?*

Am nächsten Morgen betraten wir den Raum und setzten uns wie beschrieben hin. Mein Mund war trocken und wattig. Dieses Gefühl war noch intensiver als zur Zeit meiner Wettkämpfe. Hier ging es nicht darum, ein Programm vorzuführen, sondern darum, sich dem Kriegerpriester zu stellen, der so entspannt wie immer daherkam. Er begann mit ein paar Worten, die ich hier paraphrasiere: »Bei diesem Test geht es nicht nur um Geschick im Messerkampf, sondern darum, wie ihr euren Zweifeln, eurer Unsicherheit und eurer Angst begegnet. Die Frage, die ihr mit eurem Körper beantworten werdet, lautet: Könnt ihr die notwendige Veränderung vornehmen, um nicht nur den Test zu bestehen, sondern ein erfüllteres Leben zu führen?«

Der Kriegerpriester fuhr fort: »Wenn ihr noch nicht bereit seid, dieses Wagnis in euch selbst einzugehen, werdet ihr den Test nicht bestehen. Wer durchfällt, lernt zwangsläufig doppelt so viel wie derjenige, der besteht. Dennoch«, wiederholte er, »für diejenigen, die scheitern, ist dieses Training vorbei. Es liegt nicht an mir. Es liegt an euch. Ich bin nur ein Spiegel dafür, wie ihr euch den Herausforderungen eures Lebens stellt.«

Während die anderen und ich in nervöser Wachsamkeit dasaßen, kam Michael zum Schluss: »Ich beginne mit ein oder zwei sanften, langsamen Angriffen, indem ich links oder rechts schräg an euch vorbeilaufe, wie wir es geübt haben, oder vielleicht laufe ich, mit dem Messer auf euren Hals oder Bauch gerichtet, direkt auf euch zu. Nach den ersten paar Angriffen gebe ich Gas und teste eure Grenzen aus. Vergesst nicht, der einzige Unterschied zwischen Angst und Begeisterung ist, ob ihr atmet. Vertraut euch selbst und eurem Training. Ich wünsche euch alles Gute.«

Ich spürte, wie das Adrenalin durch meinen Blutkreislauf schoss, als der Kriegerpriester Joy aufrief. Mit gespannter Aufmerksamkeit beobachtete ich, wie er sie anwies, sich etwa drei Meter von ihm entfernt hinzustellen und ihn anzuschauen. Sie verbeugten sich, wobei sie einander im Auge behielten, wie er es uns aufgetragen hatte. Er stand angriffsbereit da. Dann sprintete er auf sie zu und holte zum Stoß aus …

Joy machte einen Schritt zur Seite, wehrte den bewaffneten Arm ab und schnitt mit ihrem Gummimesser in seinen anderen Arm. Er drehte sich um und kam dann schneller auf sie zu, genau wie er es vorhergesagt hatte. In Reaktion darauf bewegte sich Joy, genau wie sie es geübt hatte. Wieder und wieder. Dann war es vorbei. Er bedeutete ihr, sich zusammen mit ihm zum Abschied zu verbeugen. Dann sagte er: »Du hast bestanden.«

Joy setzte sich neben mich, begeistert und von der Anstrengung immer noch schwer atmend. Nachdem sie kurz meine Hand gedrückt hatte, wendete sie sich dem weiteren Geschehen zu, um alles Weitere zu beobachten und die Betreffenden zu unterstützen. Es schien, als ob im Schulungsraum jetzt Gedanken herumschwirrten wie: *Das ist zu machen. Es ist nicht unmöglich. Aber was ist, wenn ich scheitere oder stehen bleibe?*

In meinem Fall war Scheitern kein Problem. Ich hatte eine lange Geschichte von Scheitern und Wieder-Aufstehen, ebenso wusste ich, dass Anmut der Gegenpol zu Druck ist, um kreative Lösungen zu ermöglichen. Hybris aber konnte mein Untergang sein, und ich wusste, dass Michael das wusste. Meine ganze frühere Abneigung, mit jemandem zu kämpfen, der mich angreift, kam zum Vorschein. *Könnte das mein Untergang sein?*

Die nächste Person verlor die Beherrschung und scheiterte. Mein Magen zog sich zusammen. Eine dunkle Wolke schien sich über den Raum zu legen. Als schließlich mein Name aufgerufen wurde, ahnte ich, dass Michael es mir vielleicht schwer machen würde.

Es fühlte sich an, als sei ich in eine Zeitschleife eingetreten. Ich wich aus und wehrte nicht nur seine Angriffe ab, sondern auch meine eigene innere Geschichte darüber, wie ich es besser machen könnte oder sollte. Dann verbeugten wir uns, und er sagte: »Du hast bestanden.«

Moment mal, dachte ich, *schon vorbei? Hat er es mir leicht gemacht?* Andere folgten. Die meisten haben bestanden. Zwei Weitere scheiterten.

Der Kriegerpriester sagte: »Im Alltag lernen die Menschen harte Lektionen: Autounfälle, Krebs. Das Leben gibt keine zweiten

Chancen. Aber dieses Training war ein geschützter Ort, um etwas über euch selbst zu lernen. Deshalb gebe ich denen von euch, die durchgefallen sind, die Gelegenheit, erneut zu prüfen, ob ihr bereit seid, alles aufzubieten, was ihr braucht, um das zu überwinden, was euch zurückgehalten hat.«

Von den drei Personen, die einen zweiten Test machen wollten, bestanden zwei. Eine Person fiel ein zweites Mal durch. Sobald diese Person zu ihrem Platz zurückgekehrt war, sagte der Kriegerpriester zu ihr: »Du hast das Beste getan, was du derzeit tun konntest. Doch wie gesagt, dieses Training ist für dich vorbei.«

Während einer langen Pause erfüllte eine melancholische Stille den Raum. Dann sprach Michael wieder: »Ich erkläre dieses Training jetzt für beendet. Heute, und zwar genau jetzt, beginnen wir ein neues Training für die letzten drei Tage.« Dann wandte er sich an die Person, die versagt hatte, und sagte: »Willkommen zurück.«

Damit war klar: Das Messertraining war eine Initiation für das, was nun folgen sollte.

Joy erinnert sich

Ich erinnere mich an den Messertest. Es ging schnell und war beängstigend. Als es vorbei war, atmete ich erleichtert auf. Da ich zuvor keine Kampfkünste erlernt hatte, fand ich, dass der Test viel Übung erforderte. Und dann musste man einfach loslassen, um in den Flow zu kommen. Sonst würde man den Test nicht bestehen, aber dafür musste niemand ein Spitzensportler sein. Also war die Prüfung für alle fair. Eigentlich war er eine Mutprobe. Deshalb nannte Dan seine Version davon später das Peaceful Warrior Courage Training *(»Muttraining für friedvolle Krieger«).*

Offenbarung der Lebensaufgabe

Als ich an diesem Abend den Seminarraum betrat und mich umschaute, konnte ich die Aufregung spüren. Endlich war der Moment gekommen, in dem der Kriegerpriester das System enthüllen würde, das jedem von uns ein klares Zielbewusstsein geben sollte und uns vielleicht befähigen würde, das auch anderen zu ermöglichen.

Michael begann mit den Worten: »Als du geboren wurdest, haben dir deine Eltern einen Namen gegeben, und das Universum gab dir eine Zahl oder Frequenz, die etwas mit deinem Geburtsdatum zu tun hat …«

Das hört sich nach Numerologie an, dachte ich – eine esoterische Methode, die mich nie angesprochen hatte, weil es mir nicht einleuchtete, wie das Addieren der Ziffern ihres Geburtsdatums einer beliebigen Person wertvolle Informationen über Kernelemente ihres Lebenswegs aufdecken sollte. Aber wir hatten erfahren, dass alles, was der Kriegerpriester bisher behauptet und gelehrt hatte, der Wahrheit entsprach.

Michael erklärte: »Viele Kulturen haben nach ihren eigenen Kalendern numerologische Systeme entwickelt. Selbst wenn man heute den genaueren gregorianischen Kalender verwendet, addieren und interpretieren verschiedene Systeme die Zahlen auf unterschiedliche Weise. Wie ihr bemerken werdet, habe ich eine exaktere Interpretation gefunden.«

Dann begann er mit einem Vortrag, der an den nächsten beiden Abenden fortgesetzt werden sollte und in dem er uns seine Methode vorstellte, Einblicke in das Leben eines jeden Menschen zu bekommen. Ich machte mir sorgfältig Notizen von seinen Vorlesungen, schrieb alles anschließend ins Reine und ordnete es so, wie ich es damals im College getan hatte. Ich hielt es für entscheidend, mich eingehend mit diesen Informationen zu beschäftigen, solange sie noch frisch waren.

Die Geburtszahl eines Menschen wird durch Addition aller Ziffern in seinem Geburtsdatum berechnet und auf bestimmte Schlüsselthemen seines Lebensweges (ursprünglich gab es 27 davon, und nach dem Jahr 2000 erfolgte die Erweiterung auf 45) angewendet. Jetzt verstand ich, wie der Kriegerpriester die Informationen über den Lebensweg benutzt hatte, um das resonante Szenario eines früheren Lebens zu erschaffen, das Probleme widerspiegelt, die wir alle auf unserem jeweiligen Lebensweg hatten.

Bald begann ich damit, meine Notizen, insgesamt zwanzig Seiten, auswendig zu lernen, und zog schon Lesungen in Erwägung, die ich Freunden, Verwandten und Klienten anbieten würde. Natürlich konnte das System nicht »bewiesen« werden – jeder Versuch käme der Aufgabe gleich, die Quadratwurzel eines Gedichts zu ziehen. Es war keine Wissenschaft, sondern ein raffiniertes System, das Klarheit über einen selbst schafft, indem es den Fokus erhöht. Es ist kein Witz, sondern es liegt eine feine Ironie darin, dass man sich über Astrologen und Numerologen lustig macht, aber den Prognosen von Ökonomen glaubt. Die menschliche Neigung, elegante, aber unbewiesene Theorien zu akzeptieren, etwa die von Jungs Anima und Animus, die von Freuds Ich, Über-Ich und Es, das psychologische Inventar von Myers-Briggs oder kosmische Hypothesen von Physikern wie die Stringtheorie oder die Urknalltheorie, ist wohl kaum zu leugnen.

Was Michael aufgedeckt hatte, war nicht beweisbar und nicht einmal erklärbar, aber ich hatte keine Zweifel an seiner Nützlichkeit. Jene Lebensweglesung, die er mir zur Verfügung gestellt hatte, hatte es mir ermöglicht, vollständiger in meine derzeitige Rolle als Lehrer einzusteigen, ausgestattet mit neuen Werkzeugen, um anderen zu dienen.

In seinem letzten Vortrag fasste Michael bestimmte spirituelle Gesetze (oder universelle Prinzipien) zusammen, die Klienten möglicherweise anwenden konnten, um Hindernisse auf ihrem jeweiligen Lebensweg zu überwinden. Abschließend warnte er uns davor, Auswendiggelerntes einfach nach Schema F anzuwenden, und ermutigte uns, über die Eindrücke zu sprechen, die in der Vortragsreihe hochgekommen waren. Als ich später Readings zum Thema »Leben im Einklang mit den geistigen Gesetzen« anbot, war ich manchmal überrascht von dem, was dabei auftauchte.

In einer offenen Diskussion sagte ich: »Michael, das Gesetz des Gleichgewichts legt nahe, dass jeder Stärke eine entsprechende Schwäche gegenübersteht. Wir haben deine Stärken gesehen. Kannst du uns etwas über deine Schwächen erzählen?« Michael brachte nur vor: »Ich kann manchmal ein harter Hund sein, wie einige von euch wissen.« Ich hörte hier und da ein Kichern im Raum, aber er war der Frage ausgewichen. Da wurde mir klar, dass es sich bei unseren wahren Fehlern um die handelt, die uns selbst verborgen bleiben. Wenn mich jemand nach meinen eigenen Fehlern fragt, lautet die ehrlichste Antwort, die ich geben kann: »Da musst du Joy fragen.«

Krise

Am letzten Morgen des Trainings ereignete sich ein tragischer Vorfall, der eine Reihe von Ereignissen in Gang setzte, die wie ein Dominoeffekt meine Beziehung zum Kriegerpriester sowie dessen eigenen Lebensweg wie auch den meinen verändern sollten.

Es begann mit einem Bild, das sich in mein Gedächtnis eingebrannt hat: Joy und ich frühstückten gerade zusammen mit unseren kleinen Töchtern und unserem Babysitter, als John plötzlich zur Tür hereinplatzte. Das allein wäre noch kein Grund zur Aufregung gewesen. Doch auf den Armen trug er den Kriegerpriester, der wie leblos schien. In dessen Zimmer kümmerte sich Joe, der Chiropraktiker, dann um ihn, bis die Rettungssanitäter eintrafen. Michael kam ins Krankenhaus. Wir alle waren wie betäubt und versuchten vergeblich, das Geschehene zu verarbeiten.

Am Abend, als wir uns bereit gemacht hatten, um am nächsten Morgen nach Hause zu fliegen, rief John die Gruppe zusammen und erklärte, dass Michael aufgrund einer angeborenen arteriovenösen Malformation (AVM) eine Gehirnblutung erlitten hatte. Immerhin hatte er gute Überlebenschancen. Es würde allerdings zu einer vorübergehenden Sprachbeeinträchtigung und zur Lähmung einer Körperseite kommen.

Mit dieser traurigen Nachricht im Gepäck verabschiedeten wir uns voneinander. Zu Hause stand so einiges an. Joy musste den Mädchen helfen, weil sie unmittelbar darauf den Unterricht in einer neuen Schule aufnahmen, und ich hatte mich auf mehrere Workshops vorzubereiten. Gleichzeitig mussten mehrere Schreibprojekte bearbeitet werden.

Später erfuhr ich, dass Michael, nachdem er in sein Haus in Mill Valley zurückgeflogen worden war, Physio- und Ergotherapie sowie häusliche Pflege erhielt. Nachdem man die Blutung genau lokalisiert hatte, hielten die Ärzte eine Operation für zu riskant. John und Karen zogen bei ihm ein, um ihn auf jede erdenkliche Weise zu unterstützen. Ich blieb mit John in Kontakt, um immer auf dem neuesten Stand zu bleiben. Der Kriegerpriester wollte keinen Besuch, während er sich ganz auf den harten Weg zurück ins Leben konzentrierte. Wenn jemand nach so einem Schlag Mobilität und Sprachfähigkeit zurückerlangen konnte, dann wohl er!

On-the-Job-Training

Nachdem ich meine zwanzig Seiten Aufzeichnungen zum Lebensweg-Material analysiert und überdacht hatte, kontaktierte ich Freunde vor Ort und ein paar Verwandte und bot ihnen eine kostenlose Beratung zum Thema Lebensaufgabe an. Unter Verwendung meiner Notizen begann ich mit einigen einleitenden Bemerkungen. Und dann, nachdem ich das Licht angerufen hatte, gab ich weiter, was ich konnte. Das schien meine ersten Klienten tief zu berühren, genau wie meine Sitzung mit dem Kriegerpriester mich selbst im Innersten bewegt hatte.

Innerhalb weniger Wochen hatte ich sämtliche Informationen verinnerlicht und brauchte keine Notizen mehr. Indem mein Selbstvertrauen mit zunehmender Kompetenz wuchs, begann ich eine Gebühr für diese Dienstleistung zu verlangen. Wann immer ich irgendwohin reiste, um einen Vortrag zu halten oder einen Workshop zu geben, plante ich auch Zeit für ein paar Einzelsitzungen ein.

Einen Monat nach dem Maui-Training fragte John, ob ich ihm auf freiwilliger Basis helfen würde, ein fünftägiges Messertraining zu unterrichten, zu dem sich der Kriegerpriester verpflichtet hatte, bevor er ausfiel. Alle Einnahmen flossen, nach Abzug unserer Reisekosten, in Michaels Betreuung. A.C. und Karen halfen ebenfalls. Es war eine intensive und positive Erfahrung, auf der lehrenden Seite dieser transformierenden Arbeit zu stehen, und eine Chance, in der Praxis zu lernen. Ich half John auch bei den Tests und lernte dabei einzuschätzen, wie schnell und bestimmt ich sein konnte, wenn es darum ging, die Grenzen eines jeden Schülers zu erweitern. Wir haben uns immer beraten, bevor wir bekannt gaben, ob jemand bestanden hatte oder durchgefallen war.

Ich war so beeindruckt von den Einsichten und Veränderungen, von denen die Teilnehmer berichteten, dass ich beschloss, alle auf meiner Mailingliste zu kontaktieren und unsere Broschüre dahin gehend zu aktualisieren, dass ich eine Beschreibung des *Peaceful Warrior Courage Trainings* (»Muttraining für friedvolle Krieger«) aufnahm, von dem ich mittlerweile sicher war, dass ich es unterrichten konnte.

Das erste dieser Messertrainings fand an drei Wochentagen abends statt und dann an einem ganzen Wochenende im Mehrzweckraum einer ehemaligen Schule. Die zwölf Teilnehmer, einige aus der Region, andere aus dem ganzen Land, machten bedeutsame Veränderungen durch, und einige von ihnen schlossen sogar lebenslange Freundschaften. Eine Frau, die nicht besonders engagiert zu sein schien und sogar eine Trainingseinheit verpasste, kehrte am nächsten Tag zurück, holte auf und bestand ihren Test. Eine Woche später schickte sie mir eine Geldprämie, weil ihr die Ausbildung so viel bedeutet hatte. Ein anderer Teilnehmer, ein Arzt aus den Niederlanden, hatte während des Trainings die meiste Zeit Probleme mit der Koordination, bis er sich eines Abends mit vor Staunen weit aufgerissenen Augen zu mir umdrehte und erklärte: »Ich kann meine Beine spüren!« Endlich hatte er Verbindung mit der Erde aufgenommen. Obwohl er seinen Test erst ein paar Tage später bestand, war dieser Moment der Erdung während des Trainings vielleicht das Wichtigste, was er mitnahm – sein *Kensho*.

An einem späteren Muttraining nahm ein Ehepaar aus Großbritannien teil. Als die beiden wieder zu Hause waren, schickten sie mir eine Postkarte mit einer Zusammenfassung ihrer Erfahrung in Gedichtform: *The trusting knife teaches trusting life* (»Das stoßende Messer lehrt Vertrauen ins Leben«). Wie heißt es so schön in Amerika: »Überlass es den Briten, den richtigen Spruch zu finden.«

Als mich einer der Kursteilnehmer fragte, ob ich Pazifist sei, antwortete ich mit »ja und nein« und wies darauf hin, dass diejenigen, die Gewaltfreiheit am extremsten praktizieren, Frutarier werden. Frutarier essen nur Früchte, die vom Baum fallen, und vermeiden so das Töten, auch das einer Karottenpflanze. Doch selbst Frutarier töten mit jedem Atemzug Millionen von Bakterien. »Absolute Harmlosigkeit ist nicht möglich«, sagte ich, »deshalb praktiziere ich relativen Pazifismus.« Wenn ich mich gegen das Selbstverteidigungstraining entschieden hätte, mit der Begründung, es sei gewalttätig, dann hätte mich diese Entscheidung nicht unbedingt zu einem Pazifisten gemacht, wohl aber hätte sie mich zu einem Opfer machen können. *Weil niemand das Recht hat, mich anzugreifen oder zu verletzen,* dachte ich, *ziehe ich, wenn ich mich verteidige, indem ich den Angreifer ausschalte, eine Konsequenz aus seinem Verhalten. Also praktiziere ich relativen Pazifismus, indem ich meinen Körper und meine Grenzen wahre.* In meinen Gruppen sagte ich: »Dafür, dass man lernt, sich selbst zu verteidigen, muss man sich nicht rechtfertigen. Vielmehr scheint Selbstverteidigung eine Pflicht und eine wichtige Lebenskompetenz zu sein.«

Ich bot das Muttraining vierzehn Jahre lang drei- oder viermal im Jahr an, und jeder Kurs war voll. Die Teilnehmer kamen aus der ganzen Welt. Die meisten hatten keine Kampfsporterfahrung, aber wir zogen auch ein paar hochrangige Schwarzgurtträger an, die neugierig auf den Prozess waren.

Neue Rolle, neue Lebensumstände

Die Gebrechen des Kriegerpriesters wären für jeden eine schwere Last gewesen, aber weitaus schlimmer waren sie für ihn, den einst so fitten Abenteurer, dem seine Unabhängigkeit und seine lockere Art so viel bedeutete. Als ich schließlich zu einem Besuch bei ihm eingeladen wurde, saß er immer noch im Rollstuhl und wirkte dünn, ja sogar gebrechlich. John hatte ihm in seine Rennfahrer-Nylonjacke und die gestreifte Kampfsporthose geholfen, aber er trug auch etwas Neues: eine schwarze Baskenmütze mit zahlreichen Anstecknadeln, die er angeblich für seinen Beitrag bei Spezialeinsätzen erhalten hatte. Auch wenn mein Bullshit-Alarm aufheulte, als ich diese Totems sah, brach es mir das Herz, und ich glaube, er merkte das.

Von da an ließ ich Michael einen Teil meiner Einnahmen aus Workshops, Seminaren und Readings zum Thema »Leben im Einklang mit den geistigen Gesetzen« zukommen, um ihm in dieser Übergangszeit zu helfen, für seine Miete und seinen Unterhalt aufzukommen. Unser Einkommen hatte sich zu einem großen Teil dank dessen verbessert, was ich von ihm lernen durfte.

Jetzt hatte ich neue Arbeitsmittel und andere Perspektiven und trug ausgewählte Aspekte seiner Arbeit in die Welt hinaus, vor allem das Muttraining und das Lebensweg-Material. Ihm finanziell zu helfen schien mir also sowohl angemessen als auch verantwortungsvoll. Als Überlebenskämpfer, der er war, schaffte Michael es auch später, sein eigenes Einkommen zu erzielen, etwa mit Readings am Telefon und gelegentlichen Abendseminaren. Ich half ihm, einige seiner Dienste bekannter zu machen, und assistierte gelegentlich im Betreuerstab.

Michael verkaufte Gesundheitsprodukte, etwa sogenannte »Pulsare«, die man tragen konnte, um »potenziell schädliche

EMF-Strahlung« von Computerbildschirmen auszugleichen. Er verkaufte auch gehirnsynchronisierte Kassettenaufnahmen, die die Meditation vertiefen und die Gehirnhälften »einstimmen und ausbalancieren« sollten. Später erfuhr ich, dass auf den neuesten Brain-Sync-Tapes Aufnahmen von seinem Staubsauger waren. Als ich Michael darauf ansprach, wich er mit dem für ihn typischen Humor aus und sagte: »Wenn sie sich das angehört haben, berichten die meisten Kunden, dass sie sich sauberer fühlen.«

Im Laufe der Monate führten meine Arbeit als Lehrer und meine familiären Verpflichtungen mich und Michael in parallele Leben. Latente Aspekte seiner Persönlichkeit, die möglicherweise schon immer da gewesen waren, spitzten sich aufgrund des tiefgreifenden und schwächenden Zusammenbruchs, den er erlebt hatte, zu. Als ich zu arteriovenösen Malformationen recherchierte, erfuhr ich, dass der Jazzgitarrist Pat Martino eine Amnesie und bipolare Symptome entwickelte, nachdem er eine Gehirnblutung erlitten hatte, was vielleicht half, die zunehmende Paranoia und andere Persönlichkeitsveränderungen zu erklären, die ich beim Kriegerpriester bemerkte.

Ein paar Wochen später erfuhr ich, dass Michael mit Johns und Karens Hilfe die meisten seiner Sachen eingelagert hatte und nach Südkalifornien gezogen war, in ein Gästezimmer eines seiner treuesten Klienten und Unterstützer.

In jenem Winter des Jahres 1986 hatten Joy und ich genug Geld gespart und zusätzlich beide ein Darlehen von unseren Eltern bekommen, was reichte, um unser erstes Haus in San Rafael zu kaufen, in dem wir und unsere heranwachsenden Töchter in den kommenden Jahrzehnten leben sollten. Nachdem ich jahrelang mit einem sehr knappen Budget ausgekommen war, stellte ich fest, dass mir das Anbieten der Workshops den Weg in eine neue Karriere öffnete, die zu meiner langjährigen Berufung als Lehrer passte.

Das zunehmende Interesse an meiner Arbeit bedeutete, dass ich immer öfter nicht zu Hause war. Bald war ich an zwei oder drei Wochenenden im Monat weg. Meine Abwesenheit von zu Hause war ein Opfer für mich und für meine Familie, die mich genauso vermisste wie ich sie. Einmal rief ich zu Hause an, und nachdem ich erst mit Joy und dann mit Sierra gesprochen hatte, hielt Joy den Telefonhörer ans Ohr der dreijährigen China. Sie sagte: »Bist du mein Papa?« Joy erzählte mir, wie China den Hörer liebevoll streichelte, als ich Ja sagte.

Selbst wenn ich zu Hause war, konzentrierte ich mich so intensiv auf meine Arbeit, dass ich meinen Töchtern weniger Aufmerksamkeit schenkte, als ich ihnen hätte schenken können, und überließ es im Wesentlichen Joy, meine Mängel auszugleichen. Das tat sie auf bewundernswerte Weise. Aber in ihrer Teenagerzeit wurde mir klar, dass meine relativ geringe Beteiligung am täglichen Leben meiner Töchter unsere Beziehung zueinander beeinflusste. Aber ich habe meine Töchter sehr geliebt, und das wussten sie auch. Doch sie begriffen, dass mir der berufliche Erfolg wichtiger war als die weniger klar definierten, nicht selten chaotischen Familienpflichten, mit denen ich mich manchmal ziemlich abmühte.

Was mir ungeheuer wichtig war: Zum ersten Mal hatte ich das Gefühl, ein ordentliches Einkommen zu haben, mit dem ich meine Familie ernähren konnte, und gleichzeitig das zu tun, worauf das Leben mich vorbereitet hatte. Der Eindruck, den die Arbeit des Kriegerpriesters hinterlassen hatte, veränderte mein Leben und brachte mich beruflich voran. Und das hätte zu keinem besseren Zeitpunkt kommen können.

Immer wieder dachte ich an jenen Abend zurück, als Joy mich ermutigte, am Einführungsvortrag des Kriegerpriesters teilzunehmen. Sonst hätten er und ich uns vielleicht nie kennengelernt.

Am Scheideweg

Alle meine Abenteuer mit dem Kriegerpriester spielten sich innerhalb von zwei Jahren ab – eine Zeit radikaler Veränderungen für mich und, wie sich herausstellen sollte, in ganz anderer Weise auch für ihn. Wie Michael selbst zu sagen pflegte: »Manchmal steigst du in den Aufzug, manchmal fällst du in den Schacht.«

Im späten Frühjahr 1988 rief Michael an und fragte, ob ich bereit sei, einen Lieferwagen zu mieten, seine Sachen aus dem Lager zu holen, sie nach Südkalifornien zu fahren und in dem Haus abzuliefern, in dem er jetzt lebte. »Klar«, sagte ich, bevor er hinzufügte: »Wenn du ein paar Tage bleiben kannst, kannst du gern an meinem Wochenendworkshop über außerkörperliche Erfahrungen teilnehmen.« Ich sagte, ich müsste in meinem Terminkalender nachschauen, aber auf jeden Fall würde ich alle, die auf meiner Mailingliste standen, über seinen Workshop informieren.

Es stellte sich heraus, dass ich am Sonntag eine familiäre Verpflichtung hatte. Ich kam am späten Freitagnachmittag an und lud Michaels Sachen ab. Das Hotel hatte ich nur für eine Nacht gebucht, weil ich am nächsten Morgen wieder nach Hause fliegen musste, aber ich kam rechtzeitig zum Workshop, um die für Michael typische, verlockende Einführung zu hören. Er beschrieb verschiedene Ebenen des Bewusstseins und wie wir durch eine bestimmte Art von Meditation Zugang zu immer höheren Ebenen bekommen können – bis hin zum nicht körperlichen Bewusstsein. Über diesen Ansatz wollte er am nächsten Tag genauer informieren.

Ich nickte ein paar alten Freunden zu, die ich über das Training informiert hatte, darunter auch Judy, die mir bei mehreren Muttrainings assistiert hatte. In einer Pause bat mich Michael für ein paar Minuten in sein Zimmer. Ich sagte ihm, wie sehr ich mich freue, ihn zu sehen. Dann erwähnte ich, dass seine Sachen in der Garage seien und ich aus familiären Gründen morgen früh nach Hause fliegen müsse. Er umarmte mich und sagte: »Es ist schön, dich wiederzusehen, Bruder.«

Ich wusste es zwar noch nicht, aber wir sollten uns nie wiedersehen.

Als die Workshopteilnehmer am Abend wieder zusammenkamen, fuhr ich zu meinem Hotel in der Nähe des Flughafens. Ein oder zwei Stunden später, kurz bevor ich einschlief, rief mich Joy auf meinem Zimmer an. Sie klang besorgt: »Ist etwas zwischen dir und Michael passiert?«

»Nein«, sagte ich. »Was ist los?«

»Judy hat gerade angerufen, um mir zu sagen, dass Michael nach deiner Abreise am Ende des Abends bekannt gegeben hat, dass du nicht mehr berechtigt bist, mit ›Search & Rescue‹ zu arbeiten.«

Später rief ich Judy an, die mir bestätigte, was der Kriegerpriester gesagt hatte.

Ich versuchte, Michael über seinen Gastgeber zu erreichen, aber ohne Erfolg. Dann wandte ich mich an John, um herauszufinden, ob er mir vielleicht einen Einblick geben konnte, aber sie hatten, nachdem Michael in den Süden gezogen war, keinen Kontakt mehr zu ihm.

Bücher und Workshops

Da ich den Kriegerpriester, der unterdessen nach Alaska zurückkehrte, nicht mehr erreichen konnte, richtete ich mein Augenmerk auf neue Buchprojekte. Neun Jahre nach der Erstveröffentlichung von *Der Pfad des friedvollen Kriegers* hatte ich vor, ein kleines Buch zu schreiben, das die drei Selbste beschreibt, aber daraus wurde schließlich ein Lehrroman über meine Begegnungen mit einem hawaiianischen Kahuna namens Mama Chia in einem Regenwald auf der Insel Molokai. Ich nannte es *Die Rückkehr des friedvollen Kriegers*. Im folgenden Jahr schrieb ich *Die Goldenen Regeln des friedvollen Kriegers*, einen Leitfaden für den Alltag. Beide Bücher schickte ich an Michael. Die Päckchen kamen ungeöffnet zurück. Er hatte alle Verbindungen zu mir ebenso abgebrochen wie die zu John und Karen, die sich zu Beginn seines Genesungsprozesses um ihn gekümmert hatten.

Mittlerweile entwickelte sich meine Arbeit immer weiter. In den frühen 1990er-Jahren, damals hatte ich das Muttraining schon mehrere Jahre lang unterrichtet, stellte ich zwei Workshops für Fortgeschrittene zusammen, als Teil eines inneren Prozesses, der sich auf Sterblichkeit und Mut konzentrierte. Dazu gehörten auch zwei Tage in einem Wald mit einem schwierigen ROPES-Challenge-Parcours (ROPES steht für *Repetitive Obstacle Performance Evaluation System*, etwa »Leistungsbewertungssystem für wiederkehrende oder sich wiederholende Hindernisse«, Anm. der Übersetzerin).

Ein paar Tage später weckte ich alle vor Tagesanbruch und händigte ihnen Anfahrtsskizzen zu einem kleinen Flughafen in der Nähe aus. Dort machten wir nacheinander Bungeesprünge aus einem Heißluftballon, der neunzig Meter über der Landebahn schwebte (das war, als würde man aus einem dreißigstöckigen Gebäude springen) – wieder eine Erfahrung, bei der es darum ging, uns unseren Ängsten zu stellen. Nach einem dreißigminütigen Vorbereitungskurs versuchten wir uns alle im Tandem-Fallschirmspringen, indem wir uns aus 3.700 Meter Höhe aus einem Flugzeug stürzten. Unser witziger australischer Sprungmeister sagte: »Wenn sich der Fallschirm öffnet und die

Menschen unten aussehen wie Ameisen, ist es gut, aber wenn die Ameisen wie Menschen aussehen, ist es schlecht.«

Der größte Teil des nächsten Tages war dem von Stanislav und Christina Grof entwickelten Holotropen Atmen gewidmet, bei dem man über ausgedehnte Hyperventilation in Kombination mit kraftvoller Musik eine Erfahrung machen kann, die einem LSD-Trip ohne Drogen recht nahe kommt. Die Teilnehmer schrieben auch ihre eigene Grabinschrift, ihren Nachruf und eine Grabrede, was ihnen die Möglichkeit gab, über ihren Tod nachzudenken und das Leben zu würdigen. All dies sollte die Erfahrung intensivieren, die sie als friedvolle Krieger in der Schule des Lebens machten.

Weil ich erkannt hatte, dass ich mit meinen Readings zum Thema »Leben im Einklang mit den geistigen Gesetzen« und den Tonbändern nur eine begrenzte Anzahl von Menschen erreichen konnte, bot ich mittlerweile einen siebentägigen Life-Purpose-Zertifizierungskurs für Gesundheitsexperten und Lebensberater an, die mit Lebensweginformationen im Dienst anderer praktisch arbeiten konnten. In sieben Tagen teilte ich alles, was ich gelernt hatte mit, zusammen mit neuen Erkenntnissen über Lebensaufgaben, geistige Gesetze und verwandte Themen. Anschließend übten die Teilnehmer, sich gegenseitig Readings zu geben.

Einige ihrer Notizbücher waren so umfangreich und so gut organisiert, dass sie Buchmanuskripten glichen. Doch weil keiner der Teilnehmer so viel Erfahrung mit dem Material hatte wie ich, fühlte ich mich verpflichtet, ein Buch zu schreiben, in dem alle Facetten des Life-Purpose-Systems für die breite Öffentlichkeit dargelegt wurden. Nachdem ich diese Entscheidung getroffen hatte, versuchte ich erneut, den Kriegerpriester zu kontaktieren – mehrmals und ohne Erfolg.

Ich brauchte zwei Jahre des intensiven Schreibens, bis das Buch endlich zur Veröffentlichung bereit war. Und der Titel? Ich plagte mich mit der Entscheidung. Aber wieder einmal half das Leben selbst aus. Während Joy und ich ein Brainstorming machten, schauten unsere Mädchen sich im Wohnzimmer den Film *The Sound of Music* (dt. »Meine Lieder – meine Träume«) an. Die Mutter Oberin sagte gerade: »Maria, du musst rausgehen und das Leben finden, für das du geboren wurdest.«

Bücher am laufenden Band

Als *The Life You Were Born to Live* (wörtlich: *Das Leben, das zu leben du geboren wurdest*; deutscher Titel *Die Lebenszahl als Lebensweg*) 1994 veröffentlicht wurde, fand es eine beachtliche und immer noch wachsende Leserschaft. Aus den ursprünglich zwanzig Seiten Notizen, die ich während der Fortbildung des Kriegerpriesters getippt hatte, war ein Buch mit vierhundert Seiten geworden. In einem Schlüsselkapitel werden siebzehn verschiedene geistige Gesetze skizziert, die helfen sollen, die Hürden auf bestimmten Lebenswegen zu überwinden. Ein Jahr später fand ich, dass diese Gesetze so wichtig waren, dass sie ein eigenes Buch verdienten. Dieses entwickelte sich zu einer Lehrgeschichte, die ich *Die universellen Lebensgesetze des friedvollen Kriegers* nannte.

Auf meiner Lesereise für *Die Lebenszahl als Lebensweg* erklärte ich, dass die Lebensaufgabe nur ein Element auf dem Weg des friedvollen Kriegers ist – eine Facette des persönlichen Wachstums. Was die Frage aufwarf: Welche Themen bilden das ganze Spektrum des persönlichen Wachstums? Als Antwort auf diese Frage kam mir eine Liste mit zwölf Bereichen in den Sinn – zwölf Kurse in der Schule des täglichen Lebens, die ein paar Jahre später die Grundlage für ein weiteres großes Buch bilden sollten, *Die zwölf Entwicklungsschritte des friedvollen Kriegers.*

Im Sommer 1996 führten wir alle, Joy, ich und unsere Töchter, die jetzt im Teenageralter waren, ein geschäftiges und produktives Leben – als Familie und auch jeder und jede in seiner und ihrer ganz eigenen Welt. In der Zwischenzeit wurde der Kreis derer, die *Der Pfad des friedvollen Kriegers* gelesen hatten, immer größer, und meine Arbeit expandierte in den gesamten Vereinigten Staaten und in verschiedenen anderen Ländern.

Joy erinnert sich

In den nächsten paar Jahrzehnten war Dan vor allem Schriftsteller und Lehrer. Ich verbrachte meine Zeit damit, unsere Töchter großzuziehen (natürlich mit seiner Hilfe), Manuskripte zu lesen, die Workshops mit ihm zu besprechen, Briefe zu beantworten, die Buchhaltung zu machen und unser Büro zu leiten, nachdem wir noch jemanden eingestellt hatten. Ich arbeitete auch ehrenamtlich in den jeweiligen Schulen unserer Töchter.

In dieser Zeit blickte ich oft auf die Jahre zurück, die wir mit verschiedenen Lehrern verbracht hatten. Waren wir naiv gewesen, waren wir leicht zu beeinflussen? Ich glaube nicht. Dan und ich suchten auf unsere Weise nach der besten Art zu leben, in der Welt zu sein, hilfreich zu sein. Keiner von uns war damit zufrieden, sich ganz auf den Weg eines anderen einzulassen. Wie ich bereits erwähnt habe, blieben wir meistens an der Peripherie, außer bei Michael, der ein so tiefes Engagement aber gar nicht erst voraussetzte.

Nach den Erfahrungen, die wir gemeinsam in diesen verschiedenen Gruppen gemacht hatten, verstand ich den Unterschied zwischen dem Lernen von einem Lehrer und der Kontrolle durch ihn.

Dialog mit Socrates

Das war ein ziemlich wilder Ritt mit diesem Bookbinder, mischte sich Soc ein, als setzten wir eine begonnene Unterhaltung fort.

Ich war jetzt sehr viel schneller von Begriff, atmete tief durch und sagte: »Du denkst, es war vorherbestimmt?«

In der Rückschau scheint alles vorherbestimmt.

»Nun, es war eine ziemliche Achterbahnfahrt. Mit dem Kriegerpriester war es nie langweilig.«

Wenn du auf diese Zeit zurückblickst, was denkst du von ihm?

»Der Kriegerpriester war ein spiritueller Placebo-Künstler, ein brillanter Lehrer, ein Verkäufer von Ideen.«

Ich nehme an, du hattest weniger Interesse an seinen eher – wie hast du es genannt? – spekulativen Ideen.

»Ja, das ganze metaphysische Zeug. Nun, es gibt die Physik, die vom kleinsten Quantenteilchen bis zum Kosmos alles abdeckt. Dann gibt es noch die Metaphysik – eine andere Sicht auf die Realität ...«

Du hattest diese ganze Arica-Arbeit gemacht und bist dann mit dem Guru rumgehangen für –

»Fast acht Jahre. Mit Unterbrechungen.«

Dann trat der Kriegerpriester in dein Leben – ein spiritueller Schlägertyp, der dir geholfen hat, deinen Lebensweg und deine Bestimmung in den Griff zu bekommen, was du dringend gebraucht hast.

»Skurril, aber wahr. Wie du weißt.«

Was, wenn du sie in einer anderen Reihenfolge kennengelernt hättest – sagen wir, zuerst den Guru, dann den Professor –

»Ich glaube nicht, dass das sinnvoll gewesen wäre, weil mich jeder Mentor in gewisser Weise auf den nächsten vorbereitet hat ... Wie auch immer, es ist abgelaufen, wie es abgelaufen ist. Aber wenn ich nur von dem Professor, nur von dem Guru oder nur von dem Kriegerpriester gelernt hätte, würde mir vielleicht der Weitblick fehlen, der es mir ermöglicht hat, dieses Buch zu schreiben.«

Jeder von ihnen hat eindeutig weit mehr gelehrt, als das, was du beschrieben hast.

»Absolut. Ich konnte es nicht annähernd …«

Interessant, dass du nur einen Bruchteil dessen vermittelst, was du von deinen Mentoren gelernt hast.

»Wollte ich alles, was ich heute lehre, analysieren, um seine Quelle zu finden, könnte ich das vermutlich gar nicht. Es ist, als hätte mir jeder meiner Mentoren geholfen, eine Schatzkammer aufzuschließen – eine Kammer voller universeller Wahrheiten, die zu mir gekommen oder durch mich dorthin gelangt sind …«

Manche Leute waschen Geld. Du wäschst spirituelle Lehren.

Hier musste ich schmunzeln. »Ich bin nur froh, dass manche Leute meinen Wäscheservice mögen. Weißt du, es ist ein bisschen wie damals, als wir in eine kleinere Wohnung gezogen sind: Ich musste mich entscheiden, welche Bücher ich mitnehme und welche ich weglasse. Das ist der Sortierprozess, den ich bei den Zitaten, die ich gesammelt habe, und bei allem, was ich gelernt habe, angewendet habe ... Socrates? Bist du noch da?«

Eine ferne Stimme: *Immer ...*

Kapitel 12

Der Weise

Das Tiefgründige und Transzendente
findet sich auch in den Fabriken, den Läden.
Solche Orte erfüllen euch vielleicht nicht mit Glückseligkeit …
wie die spirituellen Erfahrungen, von denen ihr gelesen habt,
aber auch hier ist die Wirklichkeit zu finden,
und zwar in der Art und Weise, wie wir mit
alltäglichen Problemen umgehen.

CHÖGYAM TRUNGPA

An einem Sonntagmorgen im Herbst des Jahres 1996 – der Japanische Ahorn vor unserem Fenster färbte sich gerade scharlachrot in der Morgensonne – saß ich in unserer Frühstücksecke und blätterte träge durch einen Audio-Katalog, den ich in der Post gefunden hatte. Ich überflog verschiedene Programme zu den Themen Achtsamkeit, Wellness, Beziehungen und Selbstakzeptanz, als mein Blick plötzlich auf ein Programm mit dem Titel *Constructive Living with David K. Reynolds* fiel. Es wurde beschrieben als »eine Möglichkeit, gut zu leben, egal wie man sich fühlt« und sollte zeigen, wie man das tägliche Leben einfacher und unmittelbarer bewältigen kann. Das schien mir eine ehrliche Präsentation mit Bodenhaftung und ohne hochtrabende oder grandiose Ansprüche zu sein. Praktisch und realistisch. Es kam mir vor wie ein fehlendes Puzzleteil, das von keinem meiner früheren Mentoren je angesprochen worden war. Bereit für eine Dosis Realität und Authentizität, bestellte ich das Audioprogramm von Reynolds und las dann, auf die für mich typische Weise beeindruckt davon, wie jeder Mentor mich irgendwie auf den nächsten Schritt vorbereitete, auch die meisten seiner Bücher.

Jahrzehntelang war ich davon ausgegangen, dass spirituelle Praxis unbedingt innere Arbeit erfordert: die eigenen Gedanken und Gefühle korrigieren oder verbessern, spirituelle Übungen machen oder mit einem erleuchteten Meister zusammensitzen, um gut zu leben. Wenn ich von dem ausging, was ich gerade gelesen hatte, schlug David Reynolds – den ich hier als den Weisen bezeichnen werde – einen Ansatz vor, der von Gedanken und Gefühlen unabhängig ist. Seine Lektion war einfach, aber mein Denken war immer noch durch Karten, Modelle, Techniken und Theorien verkompliziert. Als ich dann von einem zehntägigen Präsenztraining auf der anderen Seite der Bucht in San Francisco erfuhr, schrieb ich mich dafür ein.

Hintergrund und Lehren des Weisen

Ein paar Monate vor meinem fünfzigsten Geburtstag – *wo waren die Jahre geblieben?* – stand ich vor der Tür eines Doppelhauses in San Francisco. Wieder einmal war ich Schüler mit entsprechendem Anfängergeist und erhoffte mir von dieser Ausbildung zum zertifizierten *Constructive Living*-Lehrer eine erfrischende Abwechslung.

Ich stellte meinen Koffer ab und drückte auf den Klingelknopf. Die Tür öffnete sich. Da stand ein Mann von etwa meiner Größe und vielleicht fünf Jahre älter als ich. Sein Haar war kurz geschnitten genau wie sein grau melierter Bart. »Willkommen«, sagte er, nahm meinen Koffer und trug ihn die Treppe hinauf. *Ein höflicher Typ*, dachte ich.

Auf dem obersten Treppenabsatz fragte ich: »Wann lerne ich David Reynolds kennen?

»Das hast du gerade«, antwortete er und streckte seine Hand aus, um meine zu schütteln. »Ich lasse dich erst mal ankommen.« Als er lächelte, bildeten sich Lachfältchen um seine Augen. Ich beschloss, ihn zu mögen.

Mit Paul, einem meiner Mitstudenten, teilte ich mir ein gemütliches Zimmer im Souterrain. Ein paar Minuten später lernte ich Lynn kennen, die Frau des Weisen, die, wie ich bald erfuhr, auch Lehrerin an einer Schule, begeisterte Tennisspielerin und eine von vier anderen Schülern in der Ausbildung war. Anscheinend pflegte der Weise kleine Gruppen netter Leute anzuziehen.

In seiner Eröffnungspräsentation machte er sehr klar, welche Herausforderungen auf uns warteten: von morgens bis abends Lernen, Diskussionen, Tests, verschiedene Herausforderungen, Kontemplationen, Lesen, Schreiben und Koans sowie persönliche Interviews und eine strenge Abschlussprüfung. Ich würde nicht nur zeigen müssen, dass ich Constructive Living (CL) wirklich verstanden hatte, ich würde es auch unter seinen wachsamen Augen leben müssen. Mir kam der Gedanke: *Entspann dich, Dan. Du musst deine Tasse nicht leeren. Du brauchst nur eine größere Tasse.*

In seiner Jugend war David Reynolds ein echter Überflieger gewesen: Präsident des Schachclubs, Co-Kapitän der Junioren-

Schulbasketballmannschaft, Bibelgelehrter und Richter am Obersten Schülergericht. Doch weil er nicht aus einer Akademikerfamilie stammte, trat er nach der Highschool der Marine bei und war als Funker in Japan stationiert. So kam er in Kontakt mit einer Kultur und mit Menschen, die sein Lebenswerk beeinflussen sollten. Nach seiner Dienstzeit besuchte er zunächst das College, dann die Graduiertenschule und promovierte schließlich in psychologischer Anthropologie an der University of California, Los Angeles (UCLA), zusammen mit einem Kommilitonen und künftigen Autor namens Carlos Castaneda.

Während eines längeren Forschungsaufenthalts in Japan lernte der Weise zwei seiner wichtigsten Mentoren kennen: einen bekannten Psychiater namens Shōma Morita und einen buddhistischen Laienpriester namens Ishin Yoshimoto.

Dr. Morita bot eine verhaltensorientierte Therapie an, die sensiblen Menschen half, trotz komplizierter und widersprüchlicher Emotionen gut zu funktionieren. Seine wesentliche Botschaft war: Wir haben wenig bis gar keine Kontrolle über aufkommende Gedanken oder sich ständig verändernde Emotionen und tragen daher keine Verantwortung dafür. Aber wir haben die Kontrolle über unser Verhalten und sind daher für alles verantwortlich, was wir tun, egal was wir fühlen.

Moritas Ansatz kann in drei Schritten zusammengefasst werden. Erstens: Akzeptiere deine Gefühle und Gedanken als natürlich für dich in diesem Moment (akzeptieren bedeutet in diesem Zusammenhang, einfach wahrzunehmen, wie es jemand in der Meditation tun würde). Zweitens: Wähle eine konstruktive Absicht oder Zielsetzung. Drittens: Tu das, was im Einklang mit deiner gewählten Absicht getan werden muss. Dies sind überaus praktische Ratschläge, um gut zu funktionieren und Dinge zu erledigen. *Und,* dachte ich, *Menschen, die Dinge erledigen, führen wahrscheinlich ein erfüllteres Leben und sind glücklicher als diejenigen, die dies nicht tun.*

Doch weil Moritas drei Richtlinien auch Kriminellen bei ihrer Arbeit helfen könnten, brauchte der Weise eine ergänzende Methode, um Moritas utilitaristische Therapie ins Gleichgewicht zu bringen. Er fand sie in einer Form von Reflexion, die Yoshimoto *Naikan* nannte, was Innenschau bedeutet. *Naikan* ist sowohl eine kontemplative Praxis als auch eine authentische und dreidimensionale Art, uns von Moment zu Moment selbst zu sehen (und zwar im Verhältnis zu anderen Menschen und der Welt).

Die *Naikan*-Reflexion konzentriert sich auf drei Fragen, die ich mir am Ende eines jeden Tages in Bezug auf meine Frau (oder jeden anderen Menschen) stellen konnte. Erstens: *Was habe ich heute von ihnen erhalten?* Zweitens: *Was habe ich ihnen gegeben?* Drittens und am wichtigsten: *Welche Probleme oder Schwierigkeiten habe ich ihnen bereitet?* Laut dem Weisen musste ich die vierte Phantomfrage – *Welche Schwierigkeiten haben sie mir bereitet?* – gar nicht stellen, da, wie er sagte, »die meisten von uns bereits Experten darin sind, die Steine zu bemerken, die andere uns in den Weg legen«.

David K. Reynolds war der Erste in einem helfenden Beruf, der die Ansätze von Morita und Yoshimoto zu einer einzigen Lebensweise zusammenfasste, die er treffend *Constructive Living* nannte.

Abgesehen von dem, was ich gerade beschrieben habe, hatte der Weise keine Theorien, keine Theologie und keine abstrakte konzeptionelle Untermauerung zu bieten – nur realistische Ermahnungen, die, in seinen Worten, »New-Age-Überzeugungen, psychodynamische Theorien und Selbsthilfe-Patentlösungen unterminierten und transzendierten«.

Später wurde mir klar, dass Constructive Living eine doch eher beschränkte Anziehungskraft hatte, weil es nicht dazu gedacht war, Menschen zu helfen, sich besser zu fühlen. Es bot keinen Trost, nur Einsicht. Manche fanden die Herangehensweise des Weisen abschreckend, besonders Psychotherapeuten, die sich stattdessen darauf konzentrierten, mit Gefühlen in Kontakt zu treten, sich durch den archäologischen Schutt der Vergangenheit zu graben und eine emotionale Katharsis anzustreben, um vermeintliche emotionale Wunden zu heilen, damit sich ihre Klienten besser fühlen konnten.

»Gefühle sind wichtig«, erklärte der Weise. »Sie können nützliche Informationen liefern.« (Der Kriegerpriester hat es so ausgedrückt: »Jede emotionale Ladung enthält eine Lektion.«) »Allerdings«, fügte Dr. Reynolds hinzu, »ist ein emotionszentriertes Leben chaotisch, weil sich Gefühle und Impulse ständig ändern. Weder dürfen sie unser Leben dominieren noch diktieren, was wir zu tun haben.«

In den eigenen Worten des Weisen

In einem Interview mit *New Dimensions Radio* gab der Weise im März 1990 ein persönliches Beispiel dafür, was es bedeutet, die eigenen Gefühle zu akzeptieren und dann zu tun, was immer wir tun müssen:

> Ich habe Flugangst. Ich habe viele Erkenntnisse darüber, warum ich Angst vor dem Fliegen habe, aber all das zu wissen hat mir nie geholfen, die Angst loszuwerden. Ich habe nie eine Möglichkeit gefunden, mich beim Fliegen wohlzufühlen. Dennoch fliege ich seit vielen Jahren zweimal im Jahr nach Japan, nach Hawaii und in die Vereinigten Staaten. Ich habe Angst, aber ich

> fliege. Was mich in dieses Flugzeug bringt, ist meine Absicht. Ich muss zur nächsten Vorlesung. Es ist nicht die Angst, die Menschen vom Fliegen abhält. Sie fliegen nicht, weil sie kein Ticket kaufen, weil sie nicht die Rampe hinuntergehen, ins Flugzeug steigen und sich anschnallen.

Als ich dieses Interview hörte, erinnerte ich mich an mein eigenes Turntraining, daran, dass ich jeden Tag »die Angst spüren und es trotzdem tun« musste. Seitdem habe ich, wie viele spirituell Suchende, Jahrzehnte in selbstorientierte innere Arbeit investiert, die darauf abzielt, den Zustand meiner Psyche zu verbessern, um Erfüllung und Frieden zu finden. Die Beobachtungen des Weisen über die Realität fingen allmählich an, solche Annahmen zu untergraben. Er war von der »Mach es einfach«-Schule und erinnerte uns daran, dass unser Leben nicht von dem geprägt wird, was wir fühlen oder denken, sondern am unmittelbarsten von dem, was wir tun. Aus diesem Grund sagte Morita einmal: »Wenn du einen Hügel hinaufrennst, ist es in Ordnung, (in Gedanken) aufzugeben, sooft du willst, solange deine Füße in Bewegung bleiben.«

Als jemand den Weisen nach der Angst vor öffentlichen Auftritten fragte, sagte er: »Der Kern des Lampenfiebers ist die Selbstbezogenheit: *Werden sie mich mögen? Werden sie mich hassen? Wie sehe ich aus? Werde ich es vermasseln und mich zum Narren machen?* Aber wenn sich die Aufmerksamkeit von dir selbst auf die anstehende Aufgabe verlagert, ändert sich auch deine Erfahrung.« Dann gab er den Rat von Yoshimoto Ishin an uns weiter: »Wenn du an einem Spiegel vorbeigehst, achte auf den Rahmen. Die meisten unglücklichen Menschen konzentrieren sich gewohnheitsmäßig auf ihr Bild im Spiegel. Glücklichere

Menschen achten auf den Rahmen – auf andere Menschen und ihre Umwelt.«

Nachdem ich meine selbstbezogenen Sprachmuster bemerkt hatte, forderte mich der Weise heraus, das Wort »ich« einen ganzen Tag lang zu vermeiden. Ich fand die Aufgabe so schwierig, dass ich die Zähne gar nicht mehr auseinanderbekam. Das zwang mich, mich der Tatsache zu stellen, dass ich mich jahrzehntelang für einen Star gehalten hatte, der von Nebenfiguren umgeben war. Das hatte für mich gut funktioniert, solange ich der kleine Prinz in unserer Familie war, und dann als Turner, aber in meinen persönlichen Beziehungen hatte es nicht so gut funktioniert.

Nach all den Erfahrungen, die ich im Leben und mit meinen drei früheren Mentoren gemacht hatte, wusste ich die Arbeit des Weisen besser zu schätzen. Nach dem schrittweisen Theorie- und Praxisprozess des Professors, dem transzendenten Licht des Gurus, auf das anscheinend ein Schatten gefallen war, und dem selbstbewussten Vorbild des Kriegerpriesters, das mich zu neuen Büchern und Workshops inspirierte, war ich bereit für den Schwerpunkt, den der Weise auf gegenwartsbezogenes, zielgerichtetes Handeln legte – als Schlüssel für ein weises und gutes Leben.

Radikale Realitäten

Wie der Junge im Märchen »Des Kaisers neue Kleider« wies der Weise entgegen allgemeiner Annahmen auf Gegebenheiten hin, die viele Menschen, insbesondere neofreudianische Therapeuten, übersahen oder leugneten: »So etwas wie eine unterdrückte Emotion gibt es nicht.« Er sagte. »Entweder du fühlst etwas, oder du fühlst es nicht. Wie kann man ein ungefühltes Gefühl haben? Ist das so, wie einen nicht gedachten Gedanken zu haben?«

Der Weise äußerte sich auch skeptisch gegenüber verdrängten Erinnerungen, die durch therapeutische Intervention scheinbar wiederhergestellt werden, und sagte: »Diejenigen, die eine traumatische Erfahrung gemacht haben, haben keine Probleme, sich daran zu erinnern. Es fällt ihnen vielmehr schwer, sie zu vergessen.« (Ausnahmen sind Schädel-Hirn-Traumata oder Blackouts durch Alkohol.)

Er behauptete auch, Schuldgefühle seien gut für uns, weil sie auf notwendiges Handeln hinweisen können. Er gab folgendes Beispiel: »Ein Klient kam zu mir, um Erleichterung von den Schuldgefühlen zu finden, die er hatte, weil er seine Mutter, die in einem nahe gelegenen Pflegeheim untergebracht war, so selten besuchte. Er fragte, ob ich ihm helfen könne, diese Schuldgefühle zu reduzieren oder zu beseitigen. Ich schlug ihm vor, seine Mutter öfter zu besuchen.«

Und als ihn ein New-Age-Journalist nach spirituellen Erlebnissen fragte, antwortete der Weise:

> Ich hatte heute Morgen beim Frühstück ein spirituelles Erlebnis, ein anderes beim Schreiben einer E-Mail, beim Umziehen … wenn ich an die Bemühungen anderer denke, die alle diese Aktionen unterstützen, die Designer und Ingenieure und Landwirte und Lkw-Fahrer und die Eltern all dieser (Leute) und anderer, die es mir ermöglichen, den Kühlschrank zu öffnen, mich an den Computer zu setzen. Alltägliche Wunder. Welches davon würden Sie gern als »spirituell« herausstellen?

Als ich David fragte, wie ich einen friedlichen Geisteszustand kultivieren könne, antwortete er: »Wenn dein Haus brennt, ist ein wacher, handlungsorientierter Geist angemessener als ein friedlicher. Das Beste, was du erreichen kannst, ist ein flexibler Geist, der sich an veränderte Umstände anpasst.«

Prüfungen in der realen Welt

Eines Abends gegen Ende unseres Trainings in seinem Haus, als wir alle um den Esstisch saßen und fertig gegessen hatten, bat uns der Weise, die Augen zu schließen. Dann sagte er: »Erinnert euch bitte an das Muster und die Farbe eures Tellers … und an die Position der Lampen in diesem Raum … und wie viele Spiegel an der Wand hängen … und wo Blumen oder Blumenbilder zu sehen sind.« Er forderte uns auf, die Augen zu öffnen und auf unseren Teller zu schauen und uns dann im Raum umzusehen. Dabei wurde mir klar, dass die Wirklichkeit viel lebendiger war als meine Erinnerungsbilder. Die Übung machte auch deutlich, dass ich meiner Umgebung beim Essen und Reden wenig Aufmerksamkeit geschenkt hatte – dass sie immer noch weitgehend auf den Spiegel meines denkenden Geistes gerichtet war und nicht auf den Rahmen, also auf die Welt um mich herum.

Am nächsten Morgen gab Dr. Reynolds mir und allen anderen Teilnehmern ein Blatt Papier mit einem mysteriösen Rätsel, das wir nur lösen konnten, indem wir durch die Nachbarschaft spazierten, unsere Umgebung sorgfältig beobachteten und nach Hinweisen suchten, die er in dem Rätsel gegeben hatte: ein einzelnes Auge und ein grünes Brüllen. Während ich so herumwanderte und mich umschaute, erspähte ich schließlich die moosbedeckte Statue eines wettergegerbten Löwen, dem ein Auge fehlte. Solche Übungen wurden entwickelt, um unsere Aufmerksamkeit von Tagträumen und Grübeleien weg auf den gegenwärtigen

Moment zu lenken, während wir auf die Details in unserer Umgebung achteten.

Der Weise gab uns auch verschiedene Koans, um zu testen, was wir verstanden hatten. Hier ist eines davon: »Eine Teilnehmerin fragte mich: ›Wenn ich die Realität wirklich verstehe, dann brauche ich doch kein Buch mehr von dir zu lesen, oder?‹ Im nächsten Moment duckte sie sich vor einem Buch, das ihr entgegengeflogen kam. Warum habe ich das Buch nach ihr geworfen? Und inwiefern ist ihr Wegducken die Antwort auf ihre Frage?«

Eine mögliche Antwort: Die Realität passiert, egal ob der Schüler die Bücher des Weisen liest oder nicht. Und sie musste auf jeden Moment reagieren und tun, was nötig war, Wegducken eingeschlossen.

Obwohl einem dieses zehntägige Training im Vergleich zu meinen vierzig Tagen im ersten Arica-Training oder meinen sieben Jahren der intensiven Auseinandersetzung mit den Lehren des Gurus geradezu schlicht vorkommen mag, dienten mir die Anforderungen eines konstruktiven Lebens als Wiedereintritt in eine einfache, klare, unmittelbare Beziehung zum Leben, wie es ist.

Es war wie in diesem alten Zen-Sprichwort über Anfang, Mitte und Ende der spirituellen Reise: »Zuerst sind Berge Berge und Flüsse Flüsse. Dann, wenn du tiefe Einsichtsarbeit geleistet hast, sind Berge nicht mehr nur Berge und Flüsse nicht mehr nur Flüsse, sondern hintergründige und bedeutungsvolle Metaphern. Und am Ende der Suche sind Berge Berge und Flüsse Flüsse.« Jetzt war der Alltag mein Übungs- und Trainingsplatz.

In den paar Wochen nach dem Zertifizierungstraining stellte ich fest, dass sich meine Sichtweise ebenso veränderte wie mein Verhalten und die Schwerpunkte, die ich in meiner Lehrtätigkeit setzte. Mir fiel auf, dass ich vorbeiziehende Gedanken und Emotionen bemerkte und sogar akzeptieren konnte, während ich mich auf das im Moment Notwendige konzentrierte. Anstatt zu versuchen, meine subjektive Meinung zu ändern, erkannte ich zum ersten Mal wirklich, dass ich in der Welt gut funktionieren konnte, egal welche Gedanken oder Gefühle auftauchten.

Ohne jede Anstrengung wurde das tägliche Leben zu einer ständigen Meditation: Bemerken. Loslassen. Tun, was getan werden musste. Für all die Unterstützung danken, die ich ständig bekam.

Joy erinnert sich

Die Lektüre von Davids Buch Constructive Living *hinterließ bei mir gemischte Gefühle. Ich schätzte es, konstruktiv zu leben, aber mit ihm oder seiner Lehre fühlte ich mich weniger verbunden. Dan und ich waren bereits hochfunktionierende Menschen und auch dankbar für all die Unterstützung, die wir von anderen erhielten. Doch als Dan beschloss, dieses Zertifizierungstraining vor Ort zu absolvieren, habe ich ihn voll und ganz unterstützt.*

Ich glaube nicht, dass sich Dan hauptsächlich für sein persönliches oder spirituelles Wachstum mit Constructive Living *beschäftigt hat, sondern eher, um Davids Herangehensweise an die Realität zu verstehen, damit sie seine Friedvolle Kriegerarbeit inspirieren konnte.* Constructive Living *schien praktisch und bodenständig, aber selbst so zu sein, war für mich nur selbstverständlich. Dan tauchte also in* Constructive Living *ein, und ich ließ ihn diese Karte allein ausspielen.*

Gegenwind für positives Denken

Im ersten Seminar, das ich nach Abschluss des CL-Trainings gab, stellte ich mich, wie der Weise, gegen die Lehrmeinungen der Psychologie und die Vorstellungen des New Age. Mir tat es gut, nach meinem Aufstieg in die höheren Chakras und den Himmel des denkenden Geistes auf die Erde und in die Realität zurückzukehren. Allerdings verstand ich jetzt auch, warum die Leute dem Weisen und seiner Arbeit nicht in Scharen zuströmten. Sein Ansatz für ein gutes Leben war nicht einfach umzusetzen – vielleicht sogar deshalb, weil er so geradlinig war. Constructive living half nicht, sich gut zu fühlen, sondern »nur«, gut zu funktionieren.

Wenn Leute mir Fragen stellten wie: »Wie kann ich meinen Ängsten begegnen … in einem Vorstellungsgespräch gut abschneiden … mich ehrlich zum Ausdruck bringen … besser in Form kommen … ein ordentliches Einkommen haben … in der Öffentlichkeit sprechen … ein Buch schreiben … neue Leute kennenlernen … das Haus sauber halten … mehr Disziplin an den Tag legen?«, erinnerte ich sie daran, dass sie doch eigentlich bereits wussten, wie das geht. Unzufrieden mit »Bemühe dich über einen längeren Zeitraum« oder »Tu es einfach«, fragten manche: »Ja. Aber wie kann ich mich dazu motivieren, es einfach zu tun?« Die Idee, etwas zu unternehmen, ob motiviert oder nicht, schien den meisten Menschen neu. Aber bringen wir nicht alle den Müll raus und machen unsere Arbeit, auch wenn uns nicht danach ist?

Als ich in einem Seminar darauf hinwies, dass wir keine direkte Kontrolle über zufällig auftauchende Gedanken haben und daher keine Verantwortung dafür tragen, hob ein Teilnehmer die Hand und sagte: »Dan, ich habe gerade ein erweitertes Yoga-Zertifizierungsprogramm abgeschlossen, in dem wir ermutigt wurden, positives Denken zu praktizieren.«

Ich stimmte zu, dass es angenehmer sei, positive Gedanken zu haben als negative, und dass ich diese Fähigkeit sicher kultivieren würde, wenn sie unter meiner bewussten Kontrolle wäre. »Leider«, sagte ich, »hat niemand einen Spamfilter im Kopf, und wir sagen uns auch nicht: Als Nächstes denke ich dies und das. Gedanken geschehen einfach, sie ziehen durch unser Bewusstseinsfeld. Manchmal sind sie positiv, manchmal negativ.«

Als ich die Teilnehmer fragte, wer von ihnen ein Buch über positives Denken gelesen hatte, gingen viele Hände hoch. »Großartig«, sagte ich. »Jetzt heben bitte diejenigen die Hände, die nach der Lektüre dieses Buches, beispielsweise ein oder zwei Wochen danach, nur positive Gedanken hatten.« Alle Hände ging nach unten. »Ah«, sagte ich, »hättet ihr nur das Buch nur zweimal gelesen, alle Übungen gemacht und einen Textmarker verwendet ...« Dann aber fügte ich hinzu: »Oder vielleicht ist die Vorstellung, negative Gedanken zu beseitigen, einfach unrealistisch? Nun, es ist auch unrealistisch, zu viel Verantwortung für aufkommende Gedanken und Gefühle und nicht genug Verantwortung für das eigene Verhalten zu übernehmen.«

In diesem Moment wurde mir klar, dass ich mich sehr nach dem Weisen anhörte. Ich brauchte immer Zeit, um mich vom Vorbild (also vom Imitieren anderer) zu lösen und meine eigene Art, das auszudrücken, was ich verstanden und verkörpert hatte, zu finden.

Dann brach eine andere Frage in meinen introspektiven Moment ein: »Was ist mit Antiaggressionstraining oder Kursen zur Wutbewältigung?«

»In diesen Kursen geht es nicht wirklich um das Bewältigen von Wut, sondern um das Steuern des eigenen Verhaltens. Unsere Emotionen, unsere Überzeugungen und die Umstände schaffen zwar *Tendenzen*, sich auf eine bestimmte Weise zu verhalten, aber wir sind hier, um uns über diese Tendenzen zu erheben. Wir tun das die ganze Zeit. Wann bist du das letzte Mal zur Schule oder zur Arbeit gegangen oder hast Dinge getan, obwohl du überhaupt keine Lust darauf hattest?«

Ich erinnerte mich an das vorbildliche Leben meines Freundes und Mannschaftskollegen Rick Field. Er war laut Coach Frey »der einzige Turner, den ich je trainiert habe, der *nie* eine schlechte Trainingseinheit abgeliefert hat«. In der Mittelstufe war Rick nach seinen eigenen Worten »übergewichtig, unsportlich und bekam höchstens befriedigende Noten«. Aber als er in die Highschool kam, nachdem er jahrelang vom Stiefvater gehänselt worden war, »machte es klick«, wie er mir erzählte. »Ich habe mir geschworen, von da an in der Highschool und am College nur noch Einsen zu bekommen und ein Top-Turner zu werden.«

Rick hat sein Leben reorganisiert und andere Prioritäten gesetzt, um sein Versprechen halten zu können. Was ihm an Talent fehlte, machte er mit Disziplin wett. Und in der Turnhalle fiel er nie aus der Form. Er bekam die Bestnote, promovierte in Physik, schrieb fünf wissenschaftliche Veröffentlichungen zusammen mit seinem Freund und Kollegen Richard Feynman und lehrte jahrelang theoretische Physik.

Ich hatte auch noch andere Teamkollegen, die mich ähnlich inspirierten, etwa Eric Courchesne, der, weil er Kinderlähmung gehabt hatte, zunächst an Krücken und mit Beinschienen in die Turnhalle kam. Später gewann er eine Ligameisterschaft an den Ringen. Und Tom Bruce, der trotz seiner attestierten Blindheit bei jeder Gelegenheit trainierte.

Kindheit und Jugend sowie Vorbilder wie Rick, Eric und Tom haben mich auf ein konstruktives Leben vorbereitet, lange bevor ich die vier Mentoren kennenlernte. Ich wusste schon damals, dass Taten wichtiger sind als Worte. Oder, nach E. M. Forster: »Woher soll ich wissen, was ich denke, bevor ich sehe, was ich tue?«

Eine andere Einstellung zur Erleuchtung

Zentrales Thema in einigen spirituellen Traditionen ist der Aufstieg des Bewusstseins durch die Chakras in immer höhere Bereiche. In der Tat hatte ich mir das Erwachen früher als dramatisches Ereignis mit ekstatischen Visionen und Gefühlen wie Glückseligkeit, Frieden, Harmonie und Zufriedenheit vorgestellt. Jetzt lebte ich eher in Übereinstimmung mit einer Zen-Definition: »Wenn ich Hunger habe, esse ich. Wenn ich Durst habe, trinke ich. Wenn ich müde bin, ruhe ich mich aus« – man kann auch sagen: mit dem Tao fließen und sich ganz natürlich auf jeden Moment beziehen, wie er kommt, ohne etwas zu verkomplizieren.

So gesehen standen die sechs zur Erleuchtung führenden Stufen des Weisen im krassen Gegensatz zu den Bewusstseinsebenen des Professors oder den sieben Lebensstufen des Gurus. In meinen Notizen fasste ich seine Stufen wie folgt zusammen:

Stufe eins: Ich bin aufgebracht und merke gar nicht, dass in meinem Zimmer das reinste Chaos herrscht.

Stufe zwei: Ich bin aufgebracht, merke aber sehr wohl, dass in meinem Zimmer Chaos herrscht, und es stört mich sehr, in einem unordentlichen Zimmer zu leben. Aber ich tue nichts dagegen.

Stufe drei: Ich bin aufgebracht, merke aber sehr wohl, dass in meinem Zimmer Chaos herrscht. In dem Versuch, meine aufgebrachten Gefühle abzumildern, fange ich an aufzuräumen.

Stufe vier: Ich bin aufgebracht, und als ich das Chaos in meinem Zimmer bemerke, räume ich auf, weil das Zimmer unordentlich ist und gereinigt werden muss. Das ist ein Wechsel von gefühlszentriertem zu zweckzentriertem Verhalten. Ich glaube immer noch, dass das Zimmer nur durch meine eigene Anstrengung gereinigt werden kann.

Stufe fünf: Immer noch aufgebracht, bemerke ich mein unordentliches Zimmer und räume es auf – dank eines Elternteils, der mir das Staubsaugen beigebracht hat, dank des Erfinders des Staubsaugers und dank der Leute, die den Strom liefern. Ich bin keine einsame Heldenfigur mehr, die mein Leben gestaltet, sondern Teil eines Teams aus unzähligen Menschen. Mir ist klar, dass es keine selbst gemachten Erfolge gibt.

Stufe sechs: Ich werde vielleicht immer noch von Wut, Trauer und Angst gequält. Das heißt, meine Gefühle haben sich nicht unbedingt geändert. Aber wenn ich bemerke, dass in meinem Zimmer Chaos herrscht, sehe ich mich selbst als Mittel, mit dem die Realität etwas vollbringen kann. Dank der Unterstützung vieler Menschen wird aufgeräumt. (Jetzt sind wir auf Zen-Territorium.)

Der Weise erinnerte mich daran, dass niemand dauerhaft auf die letzte Stufe gelangen kann. In Wirklichkeit bewegen wir uns von einem Moment zum anderen die Stufen hinauf und hinab.

Meine Notizen aus dem Training enthalten auch ein zum Nachdenken anregendes Koan des Weisen: »Würdest du lieber mit einem Buddha leben, der sich verrückt benimmt, oder mit einer verrückten Person, die sich wie ein Buddha benimmt?« Mit anderen Worten, was zählt mehr: das Innenleben eines Menschen oder das Verhalten, das er in die Welt trägt? Dieses Koan bedarf keiner Antwort, aber es lohnt sich, über die Frage nachzudenken.

Neue Erkenntnisse, neues Verhalten

Jedes meiner Bücher markiert eine Etappe meiner spirituellen und beruflichen Entwicklung. Im Winter 1996 halfen mir Erkenntnisse, die ich durch den Weisen gewonnen hatte, mehrere Kapitel des vor Jahren konzipierten Buches über die zwölf Schritte des friedvollen Kriegers oder zwölf Schauplätze des persönlichen Wachstums zu überarbeiten.

Mittlerweile ermutigte ich aufgrund der Ermahnungen des Weisen niemanden mehr, sich glücklich, dankbar, liebevoll, friedlich, mutig, selbstbewusst oder freundlich zu fühlen. Vielmehr ermutigte ich sie nur, sich so zu verhalten! Diesen Rat umzusetzen kam einigen Menschen nicht »authentisch« vor, etwa so, als würde man beispielsweise vorgeben, gelassen zu sein, wenn man doch wütend ist. Andere verwechselten meine Worte mit dem alten »Fake it 'til you make it«-Mem. Dabei geht es nicht darum, ein Gefühl vorzutäuschen oder zu versuchen, ein solches Gefühl zu erzeugen. Es hat vielmehr nur etwas mit Handeln zu tun.

Um diesen neuen Ansatz zu verdeutlichen, fragte ich: »Was wäre, wenn du Angst davor hättest, in ein brennendes Haus zu laufen, um ein Kind zu retten, es aber trotzdem tun würdest?« Der weltberühmte Boxtrainer Cus D'Amato drückte es so aus: »Helden und Feiglinge haben die gleiche Angst, sie reagieren nur unterschiedlich.«

Das Beispiel, trotz Angst mutig zu handeln, lässt sich auch auf jede andere Emotion und Verhaltensweise anwenden, etwa trotz Schüchternheit selbstbewusst zu handeln oder, obwohl man genervt ist, höflich zu bleiben. Ganz klar, das ist eine erworbene Fähigkeit. Na und? Und ja, wie bei jeder anderen Fähigkeit gilt auch hier: Übung macht den Meister.

Eine Perlenkette der Momente

In meinen Vorträgen wies ich, wie der Weise es vor mir getan hatte, darauf hin, dass das Leben aus lauter Momenten besteht. Jeder von uns hat stabile und neurotische Momente, intelligente und ignorante Momente, irrationale und erleuchtete Momente. Wenn also jemand nach einem Seminar auf mich zukam und sagte: »Dan, ich bin so inspiriert«, konnte ich nur antworten: »Keine Sorge, das geht vorüber.«

Weil die Inspiration vergeht und die Motivation kommt und geht, habe ich aufgehört, nach beiden zu suchen oder mich darauf zu verlassen, zu schreiben, »wenn es an der Zeit war«. Das Gleiche gilt fürs Trainieren und eigentlich für alles, was immer ich tun muss. Deshalb empfehle ich anderen, was ich selbst tue: Wähle ein Ziel und streng dich dann über einen längeren Zeitraum an. Träume groß, aber fang klein an. Verbinde dann die Punkte.

Als ich nach einem Vortrag Bücher signierte, sagte ein Teilnehmer zu mir: »Sie scheinen ein wirklich netter Kerl zu sein, Dan.«

»Manchmal«, antwortete ich.

Ein edler, aber schwieriger Weg

Bald nachdem ich angefangen hatte, *Reality's Reminders* (»Ermahnungen der Realität«) in meine eigene Arbeit zu integrieren, fand ich heraus, wie schwierig es war, die Perspektiven des Weisen an Menschen weiterzugeben. In der Regel kamen sie in der Erwartung zu mir, »unterstützende«, »inspirierende« und »motivierende« Botschaften zu erhalten, etwa in Form dramatischer Appelle an das elementare Selbst. Nun wurde mir klar, dass nur wenige Menschen bereit waren, darüber nachzudenken, was sie anderen Menschen schuldeten, oder einfach nur gut zu funktionieren, egal wie sie sich fühlten. Das ist vielleicht der Grund, warum viele auf diese Ermahnungen reagierten, als sollten sie eine bittere Medizin einnehmen, auch wenn sie sich – teilweise widerwillig – eingestanden, dass sie heilsam war.

Dass es schwierig war, die Prinzipien eines konstruktiven Lebens zu lehren (und zu leben), bedeutete ja keineswegs, dass der Weise falschlag. (Wie kann die Realität falsch sein?) Neben der Lehrerin Byron Katie ist der Weise einer der größten Fürsprecher und Liebhaber der Lebensrealität. Allerdings gab Katie leidenden Menschen vier verlässliche Fragen – eine Technik, die sie anwenden konnten, um ihren Widerstand aufzugeben und das Leben so anzunehmen, wie es nun einmal ist. Menschen lieben eben Techniken und Prozesse, die ihnen helfen, sich auch besser zu fühlen!

Ich bin mir immer noch nicht sicher, ob die Lehren des Weisen das Verhalten der Menschen wirklich verändern oder eher Altruisten anziehen, die bereits von der kritischen Selbstprüfung profitieren. Ich habe festgestellt, dass nur wenige Menschen (mich selbst eingeschlossen) diese hohen Standards dauerhaft erfüllen können. Während viele andere Lehrer beispielsweise empfehlen, regelmäßig spazieren zu gehen, bringt der Weise es auf eine andere Ebene und ermutigt die Wanderer, einen Müllbeutel mitzunehmen und unterwegs Müll aufzusammeln.

Manche Kritiker der Arbeit des Weisen behaupten, sie passe besser in die japanische Kultur. Darauf antwortet er normalerweise, dass Produkte von Sony, Toyota und Mitsubishi anderswo auch recht gut funktionieren. Stimmt, aber ein Toyota ist keine Lehre. *Naikan* funktioniert vielleicht wirklich am besten für diejenigen, die einen Bezug zur japanischen Kultur und zum japanischen Temperament haben. Bei Zusammenkünften mit anderen Lehrern der Methode stellte ich fest, dass sie Umgangsformen pflegten, die durchaus Ähnlichkeit mit traditionellen japanischen Umgangsformen hatten. Sie hielten beispielsweise plötzlich inne und verbeugten sich voreinander.

Als ich den Weisen kennenlernte, war ich als Lehrer bereits etabliert und suchte nach neuen Sichtweisen, um meine Arbeit weiterzuentwickeln. Ich näherte mich seinen Lehren auf ähnliche Weise wie denen meiner früheren Mentoren, nämlich indem ich tief in sie eintauchte, um meinen eigenen Weg in diesem Wissen zu finden, eine neue Art, die Realität und die Welt zu sehen.

Mittlerweile habe ich etwas Abstand gewonnen. Weil ich erkannt habe, dass nur wenige Menschen (einschließlich meiner Workshop-Teilnehmer) für diese Variante innerer Arbeit bereit sind, bin ich erneut auf den Weg des friedvollen Kriegers zurückgekehrt. Doch habe ich wesentliche Elemente, die ich vom Weisen gelernt hatte, selbst zu verkörpern versucht und sie auf meine eigene Weise zum Ausdruck gebracht – mit meinen eigenen Worten und indem ich sie selbst lebe. Das ist das, was ein Lehrer tun sollte, wie ich finde.

Ich schätze David Reynolds und seine Arbeit nach wie vor, und wir pflegen eine kollegiale Beziehung, die auf gegenseitigem Respekt basiert.

Leben und Tod der vier Mentoren

Es war an der Zeit, die Vergangenheit hinter mir zu lassen und aus meiner eigenen Autorität heraus zu sprechen, aber jeder der Mentoren, die ich in diesem Buch vorgestellt habe, hat einen besonderen Platz in meiner Erinnerung.

Der Professor mit seinem konkurrenzlosen spirituellen Lehrplan und den Übungen, die er entwickelt hatte, um Selbsterkenntnis bis hin zu Erleuchtung, integrierte Aufmerksamkeit und körperliche Vitalität durch Atmung und Bewegung zu erzeugen. Die transzendente Lehre des Gurus mit seinem Angebot an eine Bindung, wie sie von den meisten unabhängigen Westlern selten eingegangen (oder auch nur gewünscht) wird, ein Weg, der einem alles abverlangt und als *Prasad* oder Gnade eine erleuchtete Lebensweise zurückgibt. Der Kriegerpriester, der sich mit mir sogar anfreundete, Bestätigung in einer Zeit der Not gab und mir neue Perspektiven vermittelte, die ich mit anderen teilen konnte. Die bodenständigen Lehren des Weisen, die mir halfen, mich wieder mit der einfachen Tatsache zu verbinden, dass es im Leben darauf ankommt, was wir tun, von Moment zu Moment, unterstützt von zahllosen anderen Menschen und sie selbst unterstützend.

Heute habe ich meine Mentoren nicht als Professor, Guru, Kriegerpriester und Weiser in Erinnerung, sondern als Oscar, Franklin, Michael und David – Menschen, deren Kombination aus Gaben, Sehnsüchten und Erfahrungen sie in ein so unerwartetes Leben geführt hat wie deines oder meines.

Während ich diese Memoiren schreibe, geht es dem Weisen gut. Er ist Anfang achtzig und lebt mit seiner Frau an der Küste von Oregon. Meine anderen drei Mentoren sind von uns gegangen und werden mir in Erinnerung bleiben.

Der Professor, Oscar Ichazo, verbrachte seinen Lebensabend auf der hawaiianischen Insel Maui, bis er 2020 im Alter von 89 Jahren eines natürlichen Todes starb. Einige seiner umfangreichen Schriften werden vielleicht eines Tages veröffentlicht. Im Moment brennen die Arica-Schule und das Curriculum, das er der Menschheit hinterlassen hat, immer noch wie Glut unter dem Schnee und bleiben uns als sein Vermächtnis.

Der Guru, der in seinen letzten Lebensjahrzehnten als Adi Da bekannt war, starb 2008 im Alter von 69 Jahren an einem

Herzstillstand. Er hatte zurückgezogen an seinem Zufluchtsort auf Fidschi gelebt und sich als bildender Künstler betätigt. Obwohl er Jahre zuvor den Kommentar abgegeben hatte, dass einem »tote Gurus nicht in den Arsch treten können«, behauptet eine Handvoll seiner verbliebenen Anhänger, die größtenteils auf Fidschi leben, seine Anwesenheit mehr denn je zu spüren. Einige seiner ehemaligen Schüler, die jetzt älter und weiser sind, sind froh, diese Ära hinter sich gelassen zu haben, aber eine kleine Gruppe bleibt seinem Andenken treu. Und wir alle tragen etwas von dem Licht und dem Schatten, die ihn ausgemacht haben, in uns.

Michael Bookbinder, der Kriegerpriester, kehrte in sein geliebtes Alyeska, Alaska, zurück und benannte sich dort in Snow Leopard um. Es ist eine traurige Ironie des Schicksals, dass dieser einst so schneidige Lehrer, der auch Menschen aus fragwürdigen Sekten rettete, anscheinend selbst eine eigene Sekte gründete, deren Mitglieder ihn mit romantisierenden Begriffen wie Reverend, Commander und Miquon Medicine Chief belegten. Er starb 1999 im Alter von 55 Jahren an einem Schlaganfall nach einem aktiven und dramatischen Leben im Dienst an anderen, das viele andere Leben bewegte.

Ich messe meine Mentoren nicht daran, wie sie gestorben sind, sondern daran, wie sie gelebt haben, nicht nur an irgendwelchen Mängeln, sondern an den bedeutenden Beiträgen, die sie zu leisten imstande waren.

Dialog mit Sokrates

Als ich in einem Moment, wo die Zeit wieder einmal fast stillzustehen schien, allein im Park herumspazierte, sagte ich laut zu mir selbst: »Oh Gott, es fühlt sich so friedlich an, nicht mehr auf der Suche zu sein …«

Willst du mich verarschen?, fragte eine vertraute Stimme.

»Äh, warum sollte ich?«

Dann machst du dir selbst etwas vor, Junior. Natürlich suchst du immer noch nach irgendetwas. Wenn es nicht so wäre, könntest du dich genauso gut für immer hinlegen und die Radieschen von unten betrachten. Etwas zu wollen bringt interessante Literatur und interessante Leben hervor. Vielleicht bist du nicht auf der Suche nach dem Nirwana, und vielleicht musst du dir nichts mehr beweisen. Aber bist du nicht immer noch darauf aus, anderen zu helfen, neue Perspektiven zu teilen?

»Nun, sicher, aber ich fühle mich nicht mehr so getrieben. Nicht mehr wie früher. Mittlerweile reicht es mir, konstruktiv zu leben …«

Jetzt klingst du wie dieser David Reynolds, der übrigens, wenn es nach mir geht, eine niedrige Bullshit-Bewertung hat.

»Stimmt. Deshalb hat er mich nach Schwergewichten wie dem Professor und dem Guru und dann der Dramatik des Kriegerpriesters auch so angesprochen. Jedenfalls bin ich, wie schon gesagt, sehr zufrieden, einfach hier auf der Erde zu sein, genau da, wo ich bin, wie du mich gemahnt hast …«

Wie du bereits kapiert hast, Dan, sonst hättest du es nicht schreiben können.

»Aber vielleicht wusste ich es nicht, *bevor* ich es geschrieben habe.«

Kann ich nicht sagen – ich bin nicht der Autor.

»Aber du bist die Muse, die alles inspiriert hat, Socrates!«

Schön, so gewürdigt zu werden. Auch wenn es mich nicht wirklich gibt.

»Darüber lässt sich streiten.«

Also, was hat der 75-jährige Dan Millman über diesen vierten Mentor und seine bodenständigen, ganz gewöhnlichen Lehren zum Thema Realität zu sagen?

»Hmm, also, erinnerst du dich, wie Peter Pan zu Wendys Haus zurückgekehrt ist, um seinen Schatten zu finden? Mit der Hilfe des Weisen habe ich meinen gefunden.«

Hast du versucht, ihn mit einem Stück Seife wieder anzukleben? (Offenbar kannte er seinen Peter Pan.)

»Sehr lustig, Soc. Jedenfalls fand ich David Reynolds in den meisten Fällen bodenständig. Aber er ist auch ein Idealist mit sehr abgehobenen Ansprüchen.

Auf keinen Fall schleppe ich einen Müllbeutel mit mir herum und sammle Müll auf, weil ›Müll es verdient, aufgesammelt zu werden‹ oder weil ›aufgeräumt werden muss‹.«

Apropos Macken, mir ist bei dir eine aufgefallen –

»Nur eine? Das ist erfreulich!«

Achte mal darauf, wie du einen Mentor findest, dich ganz einlässt, aber später alle möglichen Fehler findest …

»Ich wusste nicht, dass du auch Psychoanalytiker bist.«

Mit Jung war ich ganz eng. Mit Freud eher nicht.

»Was ist falsch daran, tief in eine Lehre einzudringen und dann weiterzugehen? Bin ich verpflichtet, für immer und ewig bei einem Lehrer zu bleiben?«

Ist mir nur aufgefallen.

»Apropos auffallen – wo ich dich sozusagen gerade in der Leitung habe: Weißt du, wie Achtsamkeit eine so große Sache geworden ist? So viele Bücher und Kurse darüber! Ich finde, dass es bei

Achtsamkeit vor allem darum geht, darauf zu achten, was jetzt passiert. Ich meine, was gibt es dazu noch zu sagen? Oh – außer dass es Achtsamkeitsmeditation ist, wenn ich die aufkommenden Gedanken und Gefühle bemerke, aber es scheint noch wichtiger zu sein, auf das zu achten, was um uns herum vor sich geht – den Rahmen zu bemerken, wie der Weise betonte.«

Da rennst du bei mir offene Türen ein, Junior.

»Wie auch immer. Ich hoffe, meine Leser und Schüler machen dasselbe mit mir – meine Arbeit genießen und weitergehen. Ich bin nur eine Brücke, die sie auf ihrem Weg überqueren müssen.«

Bewundernswert.

»Behandle mich nicht so gönnerhaft.«

Ich meine es genau so. Warum, glaubst du, bin ich all die Jahre bei dir geblieben?

»Ähm, bist du gerade auf Kuschelkurs?«

Wohl kaum.

»Nun, dieweil ich all dies nach außen trage, kommt es mir vor, als suchten die meisten Menschen nach Möglichkeiten, sich öfter gut und seltener schlecht zu fühlen. Sie möchten inspiriert werden. Wenn mir Leute erzählen, dass sie *Der Pfad des friedvollen Kriegers* mehrmals gelesen haben, bin ich versucht zu sagen, dass es besser wäre, mehr von meinen Büchern einmal zu lesen.«

So viele Bücher, so wenig Zeit.

»Das bringt mich zurück zu dieser grundlegenden Vorstellung, dass es keinen besten Lehrer, keine beste Religion, kein bestes Buch, keinen besten Weg, keine beste Ernährung oder sonst irgendetwas Bestes gibt – nur das Beste für jeden von uns zu einer bestimmten Zeit in unserem Leben.«

Den Prozess jedes Menschen respektieren – ein guter Abschluss, hörte ich ihn sagen, bevor er aus meinen Gedanken verschwand und zu seinem Wohnsitz in meinem Herzen zurückkehrte.

Dritter Teil

Lehren und Lernen im neuen Jahrtausend

Wahre Lehrer sind Brücken, und sie
laden ihre Schüler zum Überqueren ein.
Dann, nachdem sie ihnen das Überqueren ermöglicht haben,
brechen sie freudig zusammen und ermutigen ihre Schüler,
ihre eigenen Brücken zu bauen.

Nikos Kazantzakis

Meine Arbeit hat sich im Laufe der Jahre weiterentwickelt. Ich mich auch. Bis zum Jahr 2000 und in den folgenden Jahrzehnten hat sich meine Art zu unterrichten verändert. Konstant geblieben sind die Gesetze und Prinzipien, die dem zugrunde liegen. Als Lehrer arbeite ich kontinuierlich an meinen empathischen und kommunikativen Fähigkeiten. Als Schüler bemühe ich mich, einen gewissen Anfängergeist zu bewahren, also offen zu bleiben für neue Lektionen im Dienst anderer.

Die letzten Jahre hielten weitere Lernerfahrungen für mich bereit, sowohl schmerzliche als auch witzige, unmittelbar aus dem täglichen Leben.

Kapitel 13

Aha-Momente

Im Rahmen meiner fortgesetzten Suche nach praktischer Weisheit nahm ich an einer Reihe von Abendvorträgen des Zen-Lehrers Reb Anderson teil. Er ist Abt des San Francisco Zen Center und wurde von Shunryu Suzuki ordiniert. Nachdem der Roshi unsere kleine Gruppe in die Grundlagen des Zazen eingeführt hatte, machte er eine bemerkenswerte Anmerkung, nämlich dass für richtige Meditation zwei Voraussetzungen erfüllt sein müssen: »Erstens«, sagte er, »braucht man eine stabile Haltung, und zweitens muss man sterben.« Er meinte natürlich psychologisch sterben, um Ablenkungen und Anhaftungen wirklich loslassen und den denkenden Geist und die Welt transzendieren zu können.

Seine Beobachtungsgabe und die Klarheit und stille Autorität, mit der er sprach, hinterließen bei mir einen weiteren bleibenden Eindruck. Zwei Jahrzehnte später weitete sich die provokative Aussage des Roshi zu einem Element meines Romans *Der friedvolle Krieger und das Geheimnis der verborgenen Schrift* aus und veranlasste mich dann, eine Meditation über den Prozess des Sterbens zu erstellen und zu lehren – ein Probedurchlauf für das Aufgeben von Zeit, Objekten, Beziehungen und allen Sinnen, einen nach dem anderen. Diese vierminütige Meditation, die ich mehr als ein Jahr lang selbst praktizierte, bevor ich sie unterrichtete, hat mich zu einer tieferen Wertschätzung für das Geschenk des Lebens geführt.

Keine Ausreden

Basierend auf dem angeblich konfuzianischem Spruch »Ich höre und vergesse. Ich sehe und erinnere mich. Ich tue und verstehe«, wurden die Teilnehmer an meinen Workshops aufgefordert, Selbstzweifel zu überwinden und vermeintliche Grenzen zu überwinden. Im Jahr 2004 verbrachten wir den Sonntagmorgen in einem Retreatzentrum außerhalb von Austin (Texas) mit dem Erwecken des Kriegergeistes. Eine der Übungen bestand darin, zentimeterdicke Kiefernholzbretter mit einem Karate-Schlag zu durchbrechen.

Nachdem ich diese Übung zahlreiche Male demonstriert hatte – ich schlug dabei aus einer Ausfallschrittposition heraus mit der Handkante durch das Brett –, vermochte ich voll und ganz zu begreifen, welche mentalen, emotionalen und physischen Ressourcen dafür erforderlich waren: eine klare Absicht, der entsprechende Fokus und Kraft. Man musste *durch* das Brett denken, nicht nur bis zum Brett. »Das Leben entwickelt, was es einem abfordert«, erinnerte ich die Teilnehmer. »Ihr müsst alle die richtige Technik und einen starken Geist zum Einsatz bringen.«

Ich war für das Vermitteln der Technik verantwortlich. Jeder einzelne Teilnehmer war verantwortlich für den Geist, den er in die Aufgabe einbrachte. Sobald die jeweilige Person in die Knie ging und auf das Brett schaute, konnte ich sagen, wer es durchbrechen würde. (Diejenigen, denen es nicht gelang, das Brett zu durchbrechen, stellten sich wieder an und bekamen eine zweite

Chance. Wenn sie beim zweiten Versuch scheiterten, gab ich ihnen einen Hammer, um die Arbeit zu erledigen – genau genommen ein Scheitern, aber immer noch zufriedenstellend.)

Die ersten Freiwilligen hatten normalerweise eine größere Statur und mehr Selbstvertrauen. Die meisten waren männlich, einige hatten Karate-Erfahrung. Diesmal war es anders. Eine Frau namens Maggie Newman trat vor und teilte mir drei Dinge mit: Erstens hatte sie noch nie ein Brett zerbrochen; zweitens war ihre dominante rechte Hand verletzt, sodass sie die linke Hand benutzen musste, und drittens war dies ihr neunundsiebzigster Geburtstag. Mit den Augen eines Tigers brach Maggie das Brett kurzerhand mitten durch. Danach hatte niemand im Raum mehr eine Ausrede. Erst später erfuhr ich, dass Maggie eine hochrangige Schülerin des Tai-Chi-Meisters Cheng Man-Chi'ng war und selbst jahrelang Tai-Chi-Ch'uan in New York City unterrichtet hatte.

Den Kriegergeist erwecken

Eine weitere wichtige Gelegenheit zum Lernen ergab sich in der Person von Matt Thomas, einem meiner ehemaligen Turnschüler in Stanford. Während und nach seinem Grundstudium in Medizin und Psychologie hatte Matt mehrere schwarze Gürtel erworben und später eine realitätsnahe Selbstverteidigungstechnik entwickelt, die er *Model Mugging* nannte – genau das, wonach ich in meiner Jugend immer gesucht hatte. Unter seinen wachsamen Augen absolvierte ich mehrere Trainingseinheiten.

Anfang 2000 wurde Matts System angepasst und weiterentwickelt, und zwar von Bill Kipp, dem ehemaligen Teamleiter einer Spezialeinheit der US-Marine, der die FAST-Methode

(FAST=*Fear Adrenal Stress Training*) zur Selbstverteidigung entwickelt hatte. Bill fügte Kurse zur Verbesserung der Wahrnehmung, zum Erlernen von Vermeidungs- und Ausweichtechniken, zum Setzen von Grenzen sowie Übungen zur verbalen Verteidigung und Ermächtigung hinzu. Ich wurde gut genug ausgebildet, um bessere Chancen gegen einen einzelnen unbewaffneten oder bewaffneten Angreifer sowie gegen mehrere unbewaffnete Angreifer zu haben.

In den Jahren 2005 und 2006 trainierte mich Vladimir Vasiliev, Gründer einer Schule nahe Toronto, Kanada, in der russischen Kampfkunst Systema. In diesem gesunden und effektiven Kampfbewegungssystem, das sich über Jahrhunderte entwickelt hat, gibt es keine Rangfolgen mit farbigen Gürteln, keine speziellen Uniformen, keine starren Techniken und keine einstudierten Angriffe. Vielmehr geht es darum, die instinktiven Reaktionen des Schülers, wenn er einen Angreifer neutralisieren wollte, weiterzuentwickeln, wozu auch das Erlernen einer neuen Bewegungssprache gehört. Ich schloss mich einer Systema-Gruppe in Moskau an, wo wir auf einem Stützpunkt der *Spetsnaz* trainierten und einen Hindernisparcours bei Gewitter absolvierten. Später besuchten einige von uns die Klosterinsel Walaam im Ladogasee nahe Sankt Petersburg, die zu einem Schlüsselort in meinem Roman *Socrates. Der friedvolle Krieger* wurde.

Diese Kriegergeist-Trainingseinheiten gaben mir im fortgeschritten Alter ein Gefühl von Frieden und Sicherheit, als irgendwelche Mobber längst schon aus meinem Leben verschwunden waren.

Eine kleine Geste macht den Unterschied

Vielleicht veranlasste mich die Tatsache, dass ich selbst so in das Unterrichten eingetaucht war, dazu, über einige der begnadeten Lehrer nachzudenken, die ich in meiner Jugend gehabt hatte. Es führte jedenfalls zu dem, was sich als Nächstes entfaltete.

Während ich *Socrates. Der friedvolle Krieger* schrieb, spürte ich den Impuls, Kontakt zu meinem ehemaligen Englischlehrer, Mr. Thompson, aufzunehmen, den ich seit vierzig Jahren nicht mehr gesehen hatte. Meine alte Highschool in Los Angeles hatte keine Personalakte mehr, weil Mr. Thompson schon viele Jahre zuvor in Rente gegangen war. Aber der Wunsch blieb bestehen, also rief ich beim Schulamt an und erklärte, ich wolle mit einem ehemaligen Lehrer Kontakt aufnehmen, den ich sehr bewundert hatte.

Als der Sachbearbeiter, der viele Thompsons auf seiner Liste hatte, nach seinem Vornamen fragte, sagte ich: »Ähm … *Mister*?« Dann fiel es mir ein: »Sein Vorname war Cochran. Ja, Cochran Thompson.« Ich hatte sein warmes Lächeln, das von der Narbe einer Lippenspaltenoperation in der Kindheit gezeichnet war, immer noch vor Augen.

»Ich habe seine Informationen gefunden«, antwortete der Sachbearbeiter, »aber ich weiß nicht, ob sie noch aktuell sind. Wie auch immer, ich darf keine persönlichen Daten herausgeben, aber Sie können einen Brief an unser Büro schicken, und wir werden unser Bestes tun, um ihn weiterzuleiten.«

Es hatte wenig Aussicht auf Erfolg, war aber alles, was ich tun konnte. Also schrieb ich einen Brief an Mr. Thompson und brachte darin meine Dankbarkeit für seinen Witz, seinen Enthusiasmus und seine Ermutigung zum Ausdruck, die ihren Teil zu meiner Karriere als Schriftsteller und Vortragsredner beigetragen hatten. Ich beschrieb auch, wie er die Liebe zum Lesen und

Schreiben in mir erweckt hatte und dass er in seinen vielen Jahren als Lehrer bestimmt dasselbe für unzählige Studenten getan hatte. Ich versiegelte den Brief, von dem ich wusste, dass er ihn, falls er überhaupt noch lebte, vielleicht nie erreichen würde, und wandte mich wieder dem zu, woran ich gerade schrieb.

Etwa drei Wochen später erhielt ich einen Antwortbrief – nicht von Mr. Thompson selbst, aber von seiner Tochter Mary. Sie schrieb, mein alter Lehrer, damals im Pflegeheim, habe geweint, als er meinen Brief zwei Tage vor seinem Tod las. Eine Woche später hat sie meinen Brief bei seiner Trauerfeier vorgelesen, zusammen mit Mr. Thompsons Lieblingstextstelle von Shakespeare.

Kapitel 14

Der Weg geht weiter

Für mich ist das Leben wie ein gutes Buch.
Je mehr man sich hineinvertieft,
desto mehr Sinn ergibt es.

HAROLD KUSHNER

Im Mai 2006 fuhr ich im Rahmen meines wöchentlichen Trainingsprogramms eines Morgens ganz früh mit dem Fahrrad zwei steile Straßen hinauf, und zwar in kurzen, aber intensiven Anstrengungsschüben. Die Fahrt hinauf war hart, die hinunter beglückend. Unten nahm ich aufgrund meiner hohen Geschwindigkeit die Kurve so ausladend wie gewohnt. Dann stürzte ich.

Am selben Abend besuchte ich an Krücken die Berkeley-Premiere des Films *Peaceful Warrior*, weil ich gebeten worden war, nach dem Film eine kurze Rede zu halten. Als der Applaus abebbte und die Saalbeleuchtung anging, ging ich langsam den Gang entlang zur Bühne vor der Leinwand. Der Druckverband um meinen Knöchel war von meiner Jeans verdeckt, und einige

Zuschauer kicherten, weil sie annahmen, dies sei eine scherzhafte Anspielung darauf, dass meine Figur im Film auch einige Zeit an Krücken verbracht hatte.

Das Lachen verstummte, als ich erklärte, was an jenem Morgen passiert war, genau vierzig Jahre nach dem im Film geschilderten Motorradunfall: »Heute Morgen, als ich mit dem Fahrrad einen steilen Hügel hinuntergerast bin, tauchte plötzlich unten ein Geländewagen auf, mitten auf meinem Weg. Anstatt mit ihm zusammenzustoßen, legte ich mich mit dem Fahrrad hin – ein Manöver, bei dem ich mir einen dreifachen Knöchelbruch zugezogen habe. Offenbar«, fügte ich hinzu, »wiederholen sich Lektionen so lange, bis wir sie gelernt haben. Ich habe endlich gelernt, dass ich nicht mehr fünfundzwanzig bin und es an der Zeit ist, das Risikoverhalten, das mir einst auf dem Trampolin gute Dienste geleistet hat, zurückzufahren.« Ich glaube, das Publikum wusste zu schätzen, dass ich überhaupt aufgetaucht bin, aber ich wollte es auf keinen Fall verpassen. Dieses Kino war nur ein paar Blocks von der Tankstelle aus meiner Jugendzeit entfernt.

In dem Moment, in dem ich den Weg des friedvollen Kriegers vermittelte, brachte der Weg auch mir selbst immer etwas bei.

Ständige Weiterbildung

Ich unterrichtete weiter, nicht ohne auch komische und ernüchternde Momente zu erleben. Nachdem der Film *Peaceful Warrior* angelaufen war, ritt ich 2008 immer noch auf einer Welle der Popularität und gab einen Wochenendworkshop für etwa hundert Teilnehmer. Im warmen Nachglühen unseres gemeinsamen Wochenendes sprach ich ein paar abschließende Worte, als der Veranstalter eintraf, um ein paar administrative Anmerkungen zu machen. Ich hatte schon gepackt, war bereit für die Heimfahrt und erzählte zum Schluss eine kurze Geschichte über »Achtsamkeit in jedem Moment«. Dann verabschiedete ich mich.

Während das Publikum applaudierte und der Veranstalter sich hinsetzte, um zu sagen, was er zu sagen hatte, ging ich zur Tür. Jemand rief mir zu: »Hey, Dan, du trägst dein drahtloses Mikrofon immer noch!« Mit einem verlegenen Grinsen ging ich zurück, reichte dem Veranstalter das Mikrofon und steuerte wieder auf die Tür zu. Entzückt über meine Orientierungslosigkeit, riefen mehrere Leute: »Dan, dein Notizbuch!« Hoppla. Ich drehte mich um und schnappte es mir dort, wo ich es liegen gelassen hatte, nämlich an der Tür. Dann winkte ich noch mal kurz und ging.

Als ich auf mein Auto zuging, bemerkte ich, dass ich meine Windjacke samt Autoschlüssel an der Lehne genau des Stuhls hängen gelassen hatte, auf dem jetzt der Veranstalter saß. Da ich ihn nicht unterbrechen und die Gruppe nicht stören wollte, bat ich einen der Teilnehmer, der zufällig außerhalb des Raumes war, ob er leise reingehen, die Gegenstände holen und sie mir bringen könne. Ich hörte brüllendes Gelächter aus der Gruppe, als die Leute merkten, dass er noch mehr Gegenstände einsammelte, die ich vergessen hatte, weil ich so in Eile gewesen war, als ich »achtsam« meinen Abgang machen wollte.

Grundlagen des Weges

In der wahren Geschichte auf diesen Seiten habe ich Aspekte dessen beschrieben, was ich im Laufe der Jahre von den vier Mentoren und durch andere Lebenserfahrungen gelernt habe. Und wohin hat all das geführt? Welche Prinzipien und Praktiken gebe ich heute an andere weiter?

Zunächst blieb meine formale Lehrtätigkeit, mit der ich Mitte der 1980er-Jahre begann, so etwas wie ein Flickenteppich aus den Beiträgen meiner Mentoren, die auch ihren jeweiligen Kommunikationsstil widerspiegelten. Manchmal hörte ich mich an wie der Professor, dann wieder wie der Guru oder der Kriegerpriester oder der Weise. Stellen Sie sich einen großen Wasserbottich aus Kristall vor, in dem all diese funkelnden, bunten Stückchen vieler Lehren – Prinzipien, Praktiken und Perspektiven – herumwirbelten, bis schließlich alle zu Boden sanken und ich mit meiner eigenen klaren Vision zurückblieb.

Meine Bücher haben mittlerweile ihren Platz in der Kategorie Selbsthilfe gefunden. Historisch gesehen befinde ich mich in guter Gesellschaft, da die Human-Potential-Bewegung klassischen Selbsthilfelehrern viel zu verdanken hat, darunter die Taoisten Lao-tzu und Chuang Tzu, Konfuzius, die Athener Philosophen Sokrates und Platon, die Stoiker Epiktet und Mark Aurel, die persischen Dichter Rumi, Hafiz und Gibran, vedantische Weise und Zen-Roshis, die Transzendentalisten Ralph Waldo Emerson und Henry David Thoreau. Alle heutigen Lehrer in dieser globalen Tradition verdanken diesen historischen Vorbildern viel. Immer geht es sowohl uns Schülern als auch uns Lehrern darum, uns selbst zu verstehen, besser zu werden und uns in gewissen Momenten selbst zu transzendieren.

Heute versuche ich nicht mehr, Zuhörer zu motivieren oder zu inspirieren, denn solche Impulse kommen und gehen. Vielmehr säe ich Samen aus, die in Zeiten der Not Früchte tragen können, bringe den Gesamtzusammenhang in Erinnerung und gebe entsprechende Anleitungen. Vor allem bemühe ich mich um Klarheit im Ausdruck, relativ frei von irgendwelchen Fachausdrücken.

Als ich *Der Pfad des friedvollen Kriegers* schrieb, kam es mir so vor, als sei der Goldschatz am Ende jedes Regenbogens ein

Glücksversprechen. Mittlerweile bin ich zu der Überzeugung gelangt, dass das, was wir uns am meisten wünschen, ein Gefühl der Sinnhaftigkeit und Verbundenheit ist.

Diese Sinnhaftigkeit, die ich als junger Sportler erst gefunden, dann verloren und dann wiedergefunden habe, steht im Mittelpunkt meines Schreibens. Ich spreche auch darüber, wie man auf den Wellen der Veränderung surft, die negativen Auswirkungen von Stress eliminiert und im Hier und Jetzt lebt. Alles, was ich weitergebe, ist auf ganz natürliche Weise und intuitiv aus der Summe meiner Erfahrungen hervorgegangen.

Joy erinnert sich

Im Laufe der Jahre ist meine Beziehung zu Dan immer tiefer und reicher geworden. Er war in vielerlei Hinsicht mein Mentor, und vielleicht habe auch ich ihn manchmal geführt. Heute akzeptieren wir unsere Unterschiede und leben auf Augenhöhe. Und wir wissen zu schätzen, wie unsere Erfahrungen in gewisser Weise das Leben unserer eigenen Familie bereichert und das Leben anderer berührt haben. Nach wie vor sind wir dankbar für jeden Tag, den wir zusammen verbringen.

Epilog

Hier und Jetzt

Die Suche nach Gott, Erleuchtung und Wirklichkeit
ist wie die Suche nach einem Weg in
einem schneebedeckten Feld.
Wenn kein Weg da ist und du nach einem suchst,
lauf einfach drüber. Und da ist dein Weg.

Thomas Merton

Ich habe mich nie für einen spirituellen Lehrer gehalten, obwohl mich manche Leute als einen solchen betrachten. Wenn Spiritualität das ist, was sich mit dem höheren Versprechen des Lebens beschäftigt und auf transzendente Möglichkeiten hinweist, akzeptiere ich diese Bezeichnung. Aber es ist der Körper, durch den ich Verbindung mit dem Geist aufnehme. Nachdem ich Techniken und Methoden hintangestellt habe, lebe ich in Beziehung zu jedem aufkommenden Moment.

Meiner Erfahrung nach tragen Meditation und Einsichtsarbeit neben Atemübungen und Ernährungsverbesserung zu einer ganzheitlichen Sichtweise bei, die eine gewisse Resilienz gegenüber Widrigkeiten erzeugt. Meine Neigungen zu kennen und gelegentlich zu überwinden hat mir den Weg zu einem entspannteren, unbeschwerteren Blick auf mich selbst und die Welt mit ihren sich ständig verändernden Dramen geebnet.

Heute leben Joy und ich in Brooklyn, New York, in fußläufiger Entfernung zu zwei Töchtern, ihren Ehemännern und drei unserer fünf Enkelkinder. Im Schoße meiner persönlichen und erweiterten spirituellen Familie aus Schülern und Freunden werde ich weiterhin unterrichten, wo immer man mich eingeladen hat, lernen, solange ich dazu in der Lage bin, und dienen, solange ich lebe.

Die Natur ist und bleibt meine weiseste Lehrmeisterin, die mir ihre Geheimnisse in Hülle und Fülle offenbart, selbst heute Morgen, als ich einen Weg im Prospect Park entlangspazierte. Als ich zu leuchtend gelben Blättern aufblickte, die in der Morgensonne glühten, erblickte ich eine Eintagsfliege mit hauchdünnen Flügeln. Ihr Leben wird nicht in Monaten oder Wochen, sondern in den Stunden eines einzigen Tages gemessen, was mich an die Vergänglichkeit des Lebens erinnerte.

Jetzt, wo ich mein mittleres Alter weit hinter mir gelassen habe, kann ich auf mehr Jahre zurückblicken als die, die noch vor mir liegen, was mich an meine Sterblichkeit erinnert und wiederum dem Leben, das mir gegeben wurde, eine besondere Bedeutung gibt.

Als ich an einem rauschenden Bach vorbeikam, hörte ich auf einer nahen Wiese Kinderstimmen singen: »Row, row, row your boat, gently down the stream, merrily, merrily …« Die restlichen Worte wurden vom Wind davongetragen wie Herbstblätter.

Auf dem Nachhauseweg kam mir der Gedanke: *Socrates lebt noch immer in mir. Seine Stimme ist meine eigene und weist mir den Weg.* Über meine Muse und meine Mentoren, denen ich unendlich dankbar bin, habe ich eine Möglichkeit gefunden, mit dem Kopf in den Wolken und den Füßen auf dem Boden zu leben – mit friedvollem Herzen und dem Geist eines Kriegers.

Der folgende Link bietet Zugriff
auf weitere Informationen in englischer Sprache über die vier Mentoren,
auch über ihre wichtigsten Bücher.
www.peacefulwarrior.com/fourmentors

Danksagung

Ich danke folgenden Personen:

Meine Frau Joy hat jede Fassung dieses Buches gelesen und kommentiert, von der ersten weitschweifigen, fünfhundertseitigen Version bis zur neunten Fassung. Eine monumentale Aufgabe. Ihr Einfluss hat mich zu einem besseren Autor (und Menschen) gemacht.

Meine Tochter Sierra Prasada, Sprecherin, Autorin, Journalistin, Redakteurin und Schreibcoach, hat mehrere Entwürfe gelesen. Ihr scharfes Auge und ihr Urteilsvermögen haben mir geholfen, das Herzstück meiner Geschichte zu finden.

Meine langjährige, freiberufliche Lektorin Nancy Carleton hat mich schon früh beraten und in der Endphase des Buches für ein ausführliches Copyediting gesorgt.

Martin Adams, Diane Millman (meine Schwester), David Moyer, Sandra Sedgbeer und Beth Wilson waren Erstleser und haben ihre einzigartigen und hilfreichen Ansichten mit mir geteilt.

Mein alter Freund und Teamkollege Herb Solomon begutachtete ausgewähltes Material über Oscar Ichazo (den Professor), gab Erläuterungen und machte Vorschläge.

Stephen Hanselman, Autor und Literaturagent, von LevelFive-Media las einen späteren Entwurf und gab nützliche Hinweise zur möglichen Verbesserung des Buches.

Meine Lektoren bei New World Library, Jason Gardner und Kristen Cashman, haben mithilfe der Umschlaggestalter von *the*Book-Designers und der Setzerin Tona Pearce Myers aus einem digitalen Manuskript ein Kunstwerk in Form eines veröffentlichten Buches gemacht. Noch vor der Veröffentlichung des Buches haben Marketingleiter und Mitherausgeber Munro Magruder und Werbeleiterin Monique Muhlenkamp Kontakt mit den Lesern aufgenommen und sie entsprechend informiert.

Ich möchte auch meiner Tochter Sierra Prasada und Serafim Smigelskiy von HiSierrafim Audio für ihre hervorragende Full-Service-Produktion der Hörbuchausgabe dieser Memoiren danken.

Nicht zuletzt habe ich mich von den Erinnerungen meiner Teamkollegen am UC Berkeley College inspirieren lassen, und zwar auf eine Weise, die von Jahr zu Jahr immer deutlicher wird: Rick Field, Sid Freudenstein, Herb Solomon, Gary Diamond, Josh Robison, Tom Bruce, Eric Courchesne, Art Lloyd, Chuck Jenner, Bill Fujimoto, Pat Bailey, Dennis Rowe, Joel Tepp, Paul Benya, Jim Lindstrom, Phil Rockwell, Judd Hammon, Scott Swanton, Lonnie Kapp, John Ford, Paul Orrechia, Paul Newman, Crodd Chin, Steve Zahm und Ray Hadley, Mac Sutherland, Tom Fashinell und das Team, das ich später in Stanford trainierte, einschließlich Steve Hug, Bob Anderson, Hector Neff, Ted Miyamoto, George May, Howard Bessen, Leo Holberg, Bob Horowitz, Brian Morgan, John White, Shawn Skerrett sowie, im Anfängerteam, Steve Rochelle, Dan Young, Chris Harrold, Steve Bryson und Richard Jerome – allesamt junge Männer mit starkem Charakter, die zwar auf unterschiedlichen Kompetenzniveaus waren, aber im Aufbaustudium wesentliche Beiträge auf ihrem jeweiligen Fachgebiet geleistet haben.

Außerdem haben viele Vorbilder mein Leben bereichert, darunter mein Vater und meine Mutter, Freunde aus der Kindheit, Kampfsportlehrer, Trainer, Teamkollegen, Schüler und andere, die ich auf meinem Weg kennengelernt habe. Meine vier Hauptmentoren waren zwar zufällig männlich, aber in *Die Rückkehr des friedvollen Kriegers* und *Die universellen Lebensgesetze des friedvollen Kriegers* habe ich zwei weise Frauen als Hauptfiguren gewählt. Ich bin dankbar für die realen und fiktiven Frauen in meinem Leben – am meisten für meine Töchter und meine Frau Joy, die von Anfang an mein Vorbild, mein Polarstern und mein Kompass war.